JN304012

平和運動と
平和主義の現在

千葉 眞 編

ICU21世紀COEシリーズ
第9巻

風行社

はしがき

編者
千葉　眞

　　　　　　　　＊

　国際基督教大学（ICU）は第二次世界大戦の敗戦による瓦礫と焼盡のただ中から、戦後日本の再生と世界平和のため希望の灯をともすべく「明日の大学」として1949年に創立された。その創立の基盤は、戦争の惨禍を二度と繰り返してはならないとの悲壮な決意のもとに、世界平和に寄与する若者たちを育てようと、日米のキリスト者、日本の数多くの一般人が、国際主義と平和主義の理念に賛同し、提供した貴重な浄財によって賄われた。その献学（建学）の目的は、世界平和に寄与する若者たちを育成することにあった。したがって、学際的および多分野的な広い意味での平和研究、すなわち「広域平和研究」（comprehensive peace studies）は、本学の固有の使命であり、またその存在根拠として、創立以来、全学を挙げて取り組んできた課題であった。爾来、国際基督教大学は、教育研究においてこれまで世界平和と世界友好の理念を旗印に実践的に政策的に実現していく具体的な道筋を模索してきた。ケネス・ボールディング、ヨハン・ガルトゥング、ウィリアム・メンデル、ヤン・エーベルなど、世界のすぐれた平和研究者や平和実践家が、客員教授ないし客員講演者として、本学に短期間滞在して教鞭をとるなどして、院生や学生に多大な刺激や影響を与えてきた。

　　　　　　　　＊＊

　2003年度の文部科学省による21世紀COEプログラムでの本学の採択は、創立以来のこれまでの実績を基盤に、21世紀の将来にむけて東アジアと世界にあって本学を、「広域平和研究」の一翼を担える拠点の一つとして展開していく好機となった。筆者はCOEプログラムとの関連ではジ

ェイムズ・W・トレフソン教授ほかと一つのグループを形成し、(1)「平和憲法を考える研究会」、(2)「世界の平和主義の思想と運動の比較研究」、(3)「言語と社会紛争の研究」を基軸とした共同研究を進めてきた。とりわけ、筆者は (1) および (2) と専ら取り組んだが、本書は (2) に関連する成果の一つである。とくに (2) との係わりでは、9・11事件以降の現代の平和主義と平和運動の理解に焦点を合わせる共同研究を進めてきた。

* * *

　以下の三部から構成されている本書が基本的な問いとして掲げているのは、9・11事件以降の世界においてアフガン戦争およびイラク戦争にみられるテロリズムと国家テロリズムの連鎖が醸し出す好戦的な国際状況の中で平和主義や平和運動のあり方が本質的に変容したのかどうか、という問題である。というのも、日本を含めた多くの国々においてポスト冷戦時代と言われた15年程前には来るべき21世紀に対する一般民衆の楽観的な想定のようなものがあり、新世紀には新しい地球規模の市民社会が成立し、まがりなりにも平和と協調の時代が出現するのではないかという淡い期待感のようなものが一部には確認できた。しかしながら、新世紀の幕開けとともに明らかになったのは、新世紀は、「戦争と革命の世紀」(レーニン、アーレントなど) と予測され名づけられた20世紀の繰り返しのような様相を呈し始めたことである。とりわけ、新世紀において顕著であったのは、政治化されイデオロギー化した諸宗教ないし諸擬似宗教の反動的性格が露わにされたことである。一方において、9・11事件の際には「イスラーム原理主義」という形での暴力的な擬似宗教勢力が、帝国アメリカの権力の主要な象徴である世界貿易センター、ペンタゴン、ホワイトハウスを標的とした破壊行為に対する感情的およびイデオロギー的動機づけを供給したように思われる。他方、アメリカの「キリスト教原理主義」は、ブッシュ政権の好戦的な新保守主義 (ネオ・コン) および単独行動主義に基づく反テロ戦争の正当化イデオロギーとして機能してきたように見える。

　こうした激動的な世界情勢において、いくつかの重要な問いが提出されてきた。9・11事件は、実際に世界のあり方を大きく変えた決定的出来事

であったのだろうか。もしそうであったとすれば、どのような意味で9・11事件は世界を変えたといえるのであろうか。地球規模に拡散するテロリズムの席巻をもたらした歴史的、社会経済的、文化的要因とは、いったい何であるのか。「反テロ戦争」および「国家テロリズム」という用語が含意する意味および本質とは、いったい何であるのか。世界政治におけるブッシュ政権の単独主義的覇権主義への新帝国主義的転換を説明することが可能であるとしたならば、それはどのような説明であるのか。9・11事件との関連で、あるいはそれにもかかわらず、今日の世界における最大の平和問題とはいったい何であるのか。

規範的なレヴェルの問題としては、われわれはいくつかの根本的な問いと直面している。9・11事件以降の世界情勢において平和外交を実現し、平和志向の国際的立憲主義ないし法の支配を実現するためには、いかなる選択肢が残されているだろうか。地球規模のテロリズムと国家テロリズムが支配する時代に、紛争解決および平和構築のための実効的な方策とはいったい何であるのか。伝統的な平和理論――つまり、平和と抵抗の理論、平和運動と反戦運動の理論、平和主義の理論――が将来の世界においても実効的かつ有意的な仕方で世界平和に貢献できるとしたならば、どのような認識論的――哲学上ないし神学上の――転換が要請されるであろうか。今日、平和理論は、実際の社会変革および世界変革のあり方として、どのような「方向と線」を模索すべきであるのか。

＊＊＊＊

さらに次のような問題も、すこぶる重要な問いとして存在しているといえよう。キリスト教の内部に、またイスラームの内部に、戦争と宗教的信仰とのかかわりについて論争のようなものがあるのだろうか。現代の世界情勢において、「聖戦」、「正戦」、「人道的介入」といった概念をどのように理解し、また評価すべきであるのか。イスラームは、一面、語源的に「平和の教え」を意味すると理解されているが、イスラーム固有の平和思想と聖戦思想との間にはどのような整合性がありえるのか。9・11事件は、はたしてキリスト教平和運動および平和主義のあり方に変更を加えるような出来事だったのだろうか。1999年のシアトル事件以後、われわれは新

しい型の平和運動や平和主義の出現を見たといえるのだろうか。一方の「平和教会」(メノナイト派、クウェーカー派、ブレズレン派など)と歴史的に呼ばれてきた伝統的なキリスト教平和主義と、他方、イラク戦争前夜に世界各地の都市で同時に目撃できた地球規模の平和と正義の運動との間には、どのような関係があるのか。今日、伝統的な平和運動と平和主義の理論に新しい理論的方向性が付与されたとしたならば、それはいったい何であるのか。

　もちろん、以下に続く三部から構成されている諸章は、現代の平和運動と平和主義に関する上記の喫緊の問いのすべてに答えているわけではない。しかしながら、著者たちは、これらの問いのいくつかに対して、直接間接に応答しようと試みている。読者の皆さまが以下の諸章に何らかの価値ある分析と説明、議論と主張を見いだされ、これらの焦眉の問いに示されている今日の戦争と平和の問題に関する自らの考察と思索とをさらに深めていくためのよき材料を発見していただけるとすれば、それは執筆者一同の望外の喜びである。

《目　　次》

はしがき ……………………………………………編者　千葉　眞　3

第Ⅰ部　9・11事件とその後
——平和問題、テロリズム、国家テロリズム——

第1章　「9・11後」の世界における平和問題
……………………………………坂本　義和（愛甲雄一 訳）13
　Ⅰ．「9・11」の意味　13
　Ⅱ．グローバルな軍事化・社会における軍事化という挑戦　17
　Ⅲ．反民主的グローバリゼーションによる挑戦　21
　Ⅳ．環境をめぐる政治的犠牲者の大量発生という挑戦　25
　Ⅴ．問われる「ヒューマニティ」（humanity）　28

第2章　テロの時代と国家テロリズムをめぐる考察
………………………リチャード・フォーク（小石川和永 訳）35
　Ⅰ．序にかえて　35
　Ⅱ．政治的暴力のグローバリゼーション　36
　Ⅲ．国家テロの妥当性について　44
　Ⅳ．おわりに　48

第3章　平和の探求——テロリズムと国家テロリズムの世界にあって
……………………………ヨハン・ガルトゥング（野島大輔 訳）53
　Ⅰ．序言　53
　Ⅱ．平和的手段による紛争転換（トランスフォーメーション）は可能か　54
　Ⅲ．平和及び戦争のオルターナティヴとなるアプローチ——国家アクターと非国家アクター　65
　補論：英米による、テロリズムについての12個の過剰単純解釈

　　　　（reductionism）について　72

第4章　ディアスポラ、帝国、抵抗
　　　──断絶と反復としての平和とサバルタン
　　　……………………レスター・エドウィン・J. ルイーズ（前田幸男 訳）　81

　Ⅰ．第一の断絶と反復──場所（LOCATION）と批判　81
　Ⅱ．第二の断絶と反復──2001年9月11日以降の世界におけるアメリカ主導の帝国　87
　Ⅲ．補遺──アメリカ帝国への注記　90
　Ⅳ．アメリカ主導の帝国──「われ征服するゆえにわれあり」　92
　Ⅴ．第三の断絶と反復──ディアスポラ、グローバルな資本、見知らないということ　93
　Ⅵ．第四と最後の断絶と反復──連帯と抵抗：サバルタンに大学と知識人について語らせる　99

第Ⅱ部　現代の平和主義について
　　　──哲学、宗教、憲法の視点から──

第5章　カントと反戦・平和主義──9・11後の国際政治思想
　　　………………………………………………………………北村　治　119

　はじめに　119
　Ⅰ．平和主義と正戦論　120
　Ⅱ．カントの反戦・平和主義　123
　Ⅲ．カントの反戦・平和主義の現在　126
　おわりに──反戦・平和主義の徹底化にむけて　130

第6章　9・11以後のキリスト教平和主義
　　　──メノナイトの視点から　………………………片野　淳彦　137

　Ⅰ．はじめに　137
　Ⅱ．メノナイト平和主義の歴史的概要　139
　Ⅲ．キリスト教的平和形成の近年の発展　141
　Ⅳ．9・11事件の衝撃　145
　Ⅴ．結びにかえて　152

目　次

第7章　近代日本におけるイスラーム的文脈
　　　　——世界秩序構想への一契機……………………鈴木　規夫　157
　　Ⅰ．アメリカにおける〈よいムスリムと悪いムスリム〉　158
　　Ⅱ．〈ムスリムは考えることができるか〉　166
　　Ⅲ．近代日本の場合　171
　　Ⅳ．小　括　179

第8章　戦後日本の憲法平和主義の一考察
　　　　——その理論的意味について ……………………千葉　眞　183
　　Ⅰ．はじめに　183
　　Ⅱ．憲法平和主義の意味　186
　　Ⅲ．おわりに——憲法平和主義の持続的意義　196

第Ⅲ部　現代の平和の外交政策と平和運動について

第9章　21世紀における外交政策の原理を求めて
　　　　………………………トマス・ショーエンバウム（山中佳子訳）　207
　　Ⅰ．序論　207
　　Ⅱ．現実主義とユニラテラリズムの愚かさ　210
　　Ⅲ．自由主義的国際主義の場合　214
　　Ⅳ．新国際秩序の諸要素　218
　　Ⅴ．結論　226

第10章　外交政策のプラグマティズムと平和運動のモラリズム
　　　　……………………………ヨハン・ガルトゥング（愛甲雄一訳）　231
　　Ⅰ．政府と非政府平和運動との比較　231
　　Ⅱ．現れつつある平和の専門家　235
　　Ⅲ．平和の専門家が行う仕事には、その供給に見合うだけの需要があるのか　240

第11章　グローバリゼーションと21世紀におけるアメリカの
　　　　平和運動……………………T.V.リード（前田幸男訳）　247

Ⅰ．はじめに　247
　Ⅱ．シアトル闘争からグローバルな正義のための運動へ　250
　Ⅲ．起源の物語　254
　Ⅳ．世界中に広がる運動の網の目　255
　Ⅴ．改革主義と急進主義——抗議とそれを越えて　259
　Ⅵ．後追いから実体へ——フォーラムのプロセス　261
　Ⅶ．非暴力、テロリズム、国家主義　263
　Ⅷ．戦争と平和　265

第12章　もう一つのスーパーパワー——グローバルなイラク反戦平
　　　　和運動 ……………デイヴィッド・コートライト（高田明宜 訳）273
　Ⅰ．はじめに　273
　Ⅱ．決められていた戦争　277
　Ⅲ．平和と正義への団結　289
　Ⅳ．おわりに　302

あとがき ……………………………………………編者　千葉　眞　311

第Ⅰ部
9・11事件とその後
―― 平和問題、テロリズム、国家テロリズム ――

第1章

「9・11後」の世界における平和問題

坂本　義和
（愛甲雄一 訳）

I．「9・11」の意味

　本日の講演会の主催者から提案していただいた私の演題は、本来は「9・11以降の平和と戦争の性格」というものであった。しかしプログラムに記してあるように、私は、タイトルの「9・11後」のところに括弧を施しておいた。と言うのも、9・11を現代史の分水嶺とする見方、たとえば「9・11は世界を変えた」という陳腐な決まり文句で表現されるような見方には、私は納得がいかないからである。もちろん、約3000人もの死者を出した世界貿易センターの破壊は、身の毛もよだつような出来事であった。あの映像をテレビで目にする度に、私は恐怖の念を抱いたものである。この事件は実に、「人道上の災禍」(humanitarian disaster) と呼ぶにふさわしい出来事であった。だが、それにもかかわらず私は、9・11が世界を変えたとは思わない。この事件が変えたもの、それは、アメリカ人が世界をどう見るか、つまりアメリカ人のいだく世界像であって、世界の現実それ自体ではない。私がこのように申すのは、以下に挙げる二つの理由からである。
　第一に、2001年9月11日以前にも、アメリカに対し幾多のテロ行為が行われてきたのである。そうした事件の主なものを、列挙しておこう。

・1983年、ベイルートのアメリカ海兵隊兵舎が自爆テロによる攻撃を受け、241人もの米軍人が殺害された。

- 1984年、レバノンのアメリカ大使館別館が爆破され、アメリカ人を含む22名もの死者を出した。
- 1986年、ベルリンのディスコ会場が爆破され、2名の米軍人が死亡した。230名にも及んだ負傷者の中には、50人以上の米軍人が含まれていた。
- 1988年、ロンドン発ニューヨーク行きのパンナム機がスコットランドのロカビリー上空を飛行中に爆破され、259人の乗客が死亡した。
- 1993年、イスラム過激派グループによる最初の世界貿易センター爆破攻撃が、その地下駐車場で爆弾を炸裂させて行われた。6人が死亡、およそ1000人もの人々が負傷した。
- 1998年、ケニヤのナイロビにあるアメリカ大使館が爆破され、アメリカ人12人を含む214人が死亡した。また、タンザニアのダルエスサラームにあるアメリカ大使館も爆破攻撃を受け、10人の死者を出した。
- 2000年、イージス誘導ミサイルを搭載したアメリカ海軍の駆逐艦コールがイエメンのアデンに停泊中爆破攻撃を受け、17人のアメリカ人水兵が死亡した。

　以上が2001年9月11日以前に起きた反米爆破攻撃の、主なものである。ところがアメリカ人の中で、こうした一連の武力攻撃をもとに「世界を変える」ほどの歴史的変化が進行している兆しだ、と指摘した者はほとんどいなかった。「世界は変わった」と彼らが言うようになったのは、「9・11後」のことに過ぎないのである。

　実は私の意見では、西洋の帝国主義支配に対するイスラム大衆の抵抗、という新時代の到来を画す事件としては、9・11よりもイラン革命（1979年）のほうがよほど重要であった、と思う。ただし、このイスラム革命が長期的にいかなる建設的な政治的成果をあげ得るのか、については、今のところまだはっきりしない。

　いずれにしても、9・11に至るまでの少なくとも20年間、アメリカが持つグローバルな覇権に対し、「世界変革」を目指すイスラム武装過激派の「非対称戦争」（asymmetric war）は連綿と続いてきたのである。しかし、

アメリカ人がその世界像を変化させ、世界は変わった、とようやく信じるようになったのは、世界貿易センターやペンタゴン（そして、失敗はしたものの、やはり標的となったホワイトハウス）のある米本土が爆撃された時からであった。それまではと言えば、上述のような反米攻撃は、重大ではあるが相対的にマージナルな問題として処理されてきたのである。この意味では、9・11を世界史上の分岐点とする見方は、きわめてアメリカ中心主義的だと言わざるを得ない。そしてこのアメリカ的見方が、CNNのようなアメリカを中心とするグローバル・メディア・ネットワークを通じて世界中に伝播されていった結果、9・11を契機に「世界は変わった」との錯覚に、アメリカ以外の世界もまた、囚われがちになったのである。

　私はここで、9・11以降世界は変化しなかった、などと言おうとしているのではない。確かに変化は起きたのだが、それは、世界それ自体が変化したからではなく、アメリカ人による世界の見方が変化したから起きたのである。またそれは、そうした人々による意識の変化と歩調を合わせつつ、あるいはその更なる操作を通じて、アメリカ政府がアフガニスタンや後にはイラク、またアメリカ社会内部でも「対テロ戦争」(war on terror) を遂行していった結果として、起きたのである。

　この種の出来事は、実は新しい現象ではない。1940年代末期から50年代初頭にかけて冷戦対立が先鋭化する中、アメリカは、「世界共産主義」の脅威に直面していた。ところでこの脅威が、まさに現在の「世界的なテロリズム」に対応するものだったのである。この時共産主義者は、ハリウッド・大学・労働組合のみならずアメリカ政府の諸機関、特に国務省に（ちょうど9・11の自爆テロによって、ペンタゴンが物理的に侵入を受けたように）深く浸透している、と考えられていた。したがって、共産主義者やその隠れシンパを炙り出し、彼らを尋問・追放しなければならない、とされたのである。これこそマッカーシズムであり、ネオコンによって採られた行動とまさに軌を一にするものであった。

　「対テロ戦争」の更なる前例が、「対ゲリラ政策」(counter-insurgency policy) である。この政策は「南」、要するに途上国を舞台にした東西冷戦での勝利を目指して、ケネディ政権が公式に採用した政策である。この勝利のための手段と目されたもの、それは、反帝国主義闘争や反植民地闘

争・ゲリラ戦争を世界共産主義運動の手先、または最悪の「ならず者国家」（rogue state）とされたソ連の手先と見なしたうえで、それらを徹底的に抑圧・殲滅することであった。ベトナムでアメリカ軍が遂行した「索敵殲滅作戦」（search and destroy operation）がこの典型であり、それは、今日の「特殊部隊」による軍事戦略（「やつらを捕らえるか、殺すかだ（capture or kill them）」）にも通ずるものである。

　私が意図しているのは、9・11という悲劇の重要性を軽視することではない。私が批判的な視点から提案を試みているのは、数世紀にわたり西洋、特に昨今はアメリカが主導している覇権的支配に対し、地球レベルで周辺化されているイスラム社会がどう反応しているのか、という文脈において、より長期的な歴史的視野からこの9・11を眺めてみることである。

　第二に、私が挙げた一連の反米爆破攻撃に比して、確かに9・11は、約3000人というこれまでよりもずっと多くの犠牲者を出したという意味で、際立っていた。特に1993年の比較的小規模な最初の世界貿易センター爆破事件に比べると、その違いは明白である。アメリカ人の反応が怒りに満ちたものであり、その結果9・11が世界史上の新時代到来を告げる「世界を変えた」事件と彼らに見なされたのも、いわば当然と言えるだろう。

　にもかかわらず、もし犠牲者の規模が問題だと言うのなら、以下のように問わざるを得ない。「アメリカ人、あるいはその忠実な同盟国民である日本の人々は、ルワンダで80万人もの人間が虐殺された際に、それを『世界を変えた』事件として受け取っただろうか。」「20万人を数える大量死がダルフールで生じているのを見て、彼らは今、それが世界の対応を変える（べき）事件だ、と感じているだろうか。」アメリカ中心主義的な発想しかしないアメリカ人や日本人にとって、ある事件が世界史的な転換点と見なされるには、いったい何人の無辜の民が、アメリカではなくアフリカやアフガニスタン、あるいはイラクで殺されねばならないのだろうか。

　繰り返しになるが、私は、9・11という出来事を目にした時、たいへんな恐怖を感じた。その際この恐怖は、単に終末論的な映像が幾度となく流された恐ろしい「グローバル・メディアの見世物」[1]としてのみならず、「ヒューマニティ」（humanity）に対する深刻な罪としても、感じられたのである。にもかかわらず、私は、もしアメリカ人がこの出来事をあのよう

第1章　「9・11後」の世界における平和問題

な仕方で受け取らなければ、9・11は「世界を変えた」事件とはならなかっただろう、と指摘しなければならない。もしもこの唯一の超大国が「対テロ戦争」、ブッシュ大統領の言葉を借りるなら、「見えない敵」(invisible enemy) との終わり無き戦争を宣言するような反応を見せなければ、決してそんな事件とはならなかったはずなのである。

　アメリカを無視することは、どの国にとってもできることではない。したがって、アメリカの立場に大きな変化が起きれば、その影響は世界全体に及ぶことになる。にもかかわらず、アメリカを中心とした世界構造という現実を認識することと、アメリカ中心主義的な世界観を受け入れることとは、同じではない。なぜなら、アメリカを中心とした構造を認知する、ということは、その覇権に反対する勢力の出現を認知することにつながり、その結果、アメリカ中心主義的な視点を修正することにもつながるからである。その場合、歴史的・道徳的な言説において、アメリカをより相対的な、またはより多国間的な視点に置くことになるだろう。

　よって私がここで明確にしようと思うのは、より長期に渡る歴史的発展の文脈、およびより広い地球的な視点から見たいわゆる「9・11後」の世界において、われわれが取り組まねばならない平和の問題である。その主なものとして、現代の平和に対し重要な政治的意味合いを持つ三つの挑戦、すなわち、国際的な軍事化と社会の軍事化の問題、非人間的な開発の問題、環境に関する政治的危機について、取り上げていこう。

Ⅱ．グローバルな軍事化・社会における軍事化という挑戦

　アメリカによる一極的覇権主義の傾向がもたらしたものは、イラク戦争での泥沼であった。その結果アメリカを中心とした世界政治の構造はその維持が困難となり、今後は、より多くの磁場を持つ多極的世界が出現しそうである。もちろんこの新しい世界は、厳密には多極的とは言えまい。アメリカが有する覇権上の優位は、依然として保たれるだろうからである。にもかかわらず、BRICsという頭字語が示しているように、ブラジル・ロ

シア・インド・中国といった国々は、この先EUや日本と肩を並べる主要国としてその役割を果たし、アメリカも無視できない準多極的世界を構成していくだろう。これは古典的な主権国家システムへの回帰でもなければ、ホッブズ的自然状態のような無政府的国際システムでもない。とは言え、この新しい世界構造が激しい競争を生み出し、闘争的にすらなりかねない、ということは確かである。ここでは、したたかな外交交渉や打算によって動くレアルポリティークというゲームが日常のことになるだろう、と予想される。

近代国家システムは、国家主権の平等という原理を基礎にしている。ところがこのシステムを特徴づけているのは、二つのレベルで原理的不平等が存在する、という事実である。

（1） 王や君主の権威を超越する、とされた中世の神法・自然法のような法規範が消滅すると、「普遍的な法の支配」による国家間の安全・秩序の維持は不可能となった。代わりにこれを行ったのが強制力の支配、要するに「勢力均衡」である。ところが「勢力均衡」を動かす力学は不安定であり、この支配がもたらしたものは、実は幾多の戦争だった。たとえその点は問わないとしても、ここで言う均衡とは、結局は主要大国にしか関係ないものである。「弱小国家」（weaker states）は従属化され、分割され、併合され、そして植民地化されるばかりであった[2]。大多数の弱小民族にとって、この不平等で階層的な支配−従属構造へと組み込まれたことは、その歴史を左右する最も決定的な出来事だったのである。ところでこの不平等は、大国が小国の生存そのものの脅威となる軍事戦略の分野で、とりわけ露骨である。そこで現代世界における「弱い国家」は、大量破壊兵器（WMD）・特に核兵器の保有によって、国家の安全と自決権の最低限の平等を確保する政策を正当化するような立場へと、追い込まれている。この意味では、水平的核拡散だけでなく「垂直的核拡散」もまた、国家システムの不平等構造に抵抗しようとする意思の表れ、と言えるだろう。

NPT（核拡散防止条約）体制が核の「保有者」（haves）と「非保有者」（have-nots）との不平等を前提にしている、ということは、周知の事実である。もし国家主権の平等を完全に実行するのであれば、あらゆる国が核クラブ（nuclear club）への加入権を持てなくてはならない。さもなければ、

現核保有国には、核廃絶に向けて大胆な一歩を踏み出す義務があるはずである[3]。

国際原子力機関（IAEA）の事務局長ムハンマド・エルバラダイは、近い将来核兵器技術を保有する国は20から30にも達するだろう、という警告を発した[4]。この警告は、もしも最大の核保有国であるアメリカが核兵器削減を拒否し続け、包括的核実験禁止条約（CTBT）の批准すら拒否し続けるならば、相当現実性を帯びたものになるはずである。

この悪夢にも似た危機に対し、アメリカは、世界の紛争が起こりそうな地域にミサイル防衛システムを開発・配備することで、対抗しようとしている。しかしこのやり方では、宇宙のハイテク軍事化、つまり敵の核弾頭ミサイルや軍事衛星の空中迎撃を目指すような政策に、拍車をかけることにしかならない[5]。

グローバルな規模でのこの軍事化は、現在の新自由主義的な世界システムによってもたらされた激しい国際競争の、軍事的な側面に他ならない。この軍事化をどう食い止め、また反転させていけばよいのか。この問いこそ、われわれが取り組まねばならない重要な平和問題の一つなのである。

（2）　さらにもう一つ、近代国家には、その内部構造に組み込まれた重大な不平等が存在している。もちろん階層的秩序が存在するということは、前近代国家を含むすべての国家に見られる。この点では古代アテネの直接民主制も例外ではなく、奴隷や女性に対する差別が当然視されていた。だが近代国家の場合、たいへん特異なことに、実際には不平等な階級間格差に基づくハイアラーキーがあるにもかかわらず、その国家の正統性に関しては、それを人間の平等原理に求める、という趨勢がはっきりと見られるのである。たとえば、J. J. ルソーにとって、自然状態において人間は平等であった。つまり、人間とは本性上平等な存在であり、したがって、社会における不平等は本質的に自然に反するものであった。アメリカ独立宣言によれば、人間は元来平等に創られており、彼らには、生命・自由・幸福の追求などに関し、侵害されることのない天賦の権利がある。1789年のフランス人権宣言には、人間は自由なものとして生まれ相互に平等な権利を持つ、ということが、はっきりと謳われている。

確かに理念と現実の間には、常にギャップが存在する。男女平等の獲得

には幾年にも渡る闘争が必要であったし、しかもこの平等はいまだ十分に成し遂げられてはいない。しかし、人間の平等という正統性原理と不平等という現実との間にギャップがあるからこそ、国家権力と人権との緊張関係も意識されてきた。この点は民主主義体制をとる国においてすらそうなのであり、より正確に言うならば、「未完のプロジェクト」(unfinished project)であるのが民主主義だからこそ、むしろそうなのである。

　民主化の問題を単に民族国家の枠内でのみ扱うことは、今日では不可能になっている。事実、資本主義市場経済における新自由主義的なグローバル化のために、社会的な格差はあらゆる社会で、また世界の至る所で、すさまじい規模で拡大している。

　しかしながら、トランスナショナルな格差の増大がもたらす社会的・政治的意味を検討する前に、まずは言及しておかねばならない事柄がある。核拡散という観点から見て、この格差増大という事実はいかなる軍事戦略上の重要性を持つのか、という問題である。

　北朝鮮による核実験が行われて以来、この更なる核保有国の出現に対し、アメリカ政府はたいへん厳しい姿勢をとり続けてきた。しかし実際には、米本土が北朝鮮の核攻撃に直接さらされる危険はほとんど存在しない。アメリカが神経を尖らせている危険とはむしろ、核兵器開発の技術や核爆弾が非政府主体、つまりテロリストの手に渡る、ということである。

　「解放闘争」とは異なる「テロリズム」の定義に関し、国際的な合意が欠如している、という事実は、今は脇に置いておこう。ともあれ、現在のアメリカでは、この言葉が厳密な区分もなく使われている。たとえば、テロ行為（要するに、政治目的のために無辜の人々を多数殺害すること）はたった一人でも実行できるのであって、その実例は、1995年、ある一人の人物によって168名もの死者を出した、オクラホマ連邦政府ビル爆破事件である。

　しかし「核テロ」ともなれば、その実行犯が資金・技術訓練・ネットワークなどを容易に利用できるような、そんな好都合な社会条件が整っていなければ、それが現実に行われることはほとんどあり得ないのである。こうした共謀行為の背後には、弱者への構造的な差別・屈辱・疎外に対する義憤・あるいはルサンチマンが、必ずと言っていいほど集団的にいだかれ

ている。現在の世界構造の中では人間の平等原則に反するような侵害がきわめて大規模に存在しており、そしてこの侵害は今や、国家や国籍の違いを越えて地球レベルで猛威を振るっている。イギリスやフランスの市民権を持つ第二・第三世代の移民が時として引き起こす暴力的な抵抗運動は、この問題を如実に表した事例と言えるだろう。この抵抗は経済的貧窮のみならず社会的不平等・文化的周辺化に対する反応であり、こうした現実は、核兵器のような大量破壊兵器や小火器がトランスナショナルな非政府主体の間で拡散していくことを通じて、社会が内部から軍事化していく温床を提供している。この一つの帰結が、「内なる敵」(enemy within) を無力化したり監視したりするために、ますます高度な武器や技術を警察・諜報組織に配備する、といった対抗措置強化の傾向である。傭兵部隊や民間軍事・警備会社の増加に示されているように、軍と警察との間の境界線も、非常に曖昧なものになっている。

以上が、グローバル化時代の国家システムに組み込まれた不平等の第二の側面である。非国家レベルでの核拡散や社会内部での軍事化という危険は、今日の世界が取り組まなければならないもう一つの平和問題なのである。

III. 反民主的グローバリゼーションによる挑戦

地球規模で起きている格差の問題は、核拡散の問題だけに限られるわけではない。今日われわれが目にしているのは、世界大で展開する不均等発展がまったく新しい段階に突入しているという事実である。この不均等発展はかつて、拡大する南北間格差と呼ばれていたものだった。ここでいう「北」とは工業製品を生産・輸出できる工業国を指し、一方「南」のできることは、不利な交易条件のもとで第一次産品を生産・輸出することに限られていた。60年代から70年代にかけて受用された従属論では、世界が資本主義的である限り、「北」という中枢の発展は、「南」という周辺の低開発状態が悪化することと決して切り離せない、とまで主張されていたのである。この見方はしかし、80年代にアジア低開発国の一部、たとえば

韓国・台湾・シンガポール・香港といったいわゆる「四匹の龍」が資本主義的蓄積を通じて高い経済成長を成し遂げると、その修正を余儀なくされた。このNIESモデルは多くのアジア・ラテンアメリカ諸国、とりわけ「開発独裁」(authoritarian developmentalism) という政治体制下にあった諸国において、広く採用されたものである。ただこうした諸国は、工業化には成功したものの、対「北」との関係で言えば、一般的には「垂直的分業」の国際構造を脱することはなかった。

ところが、20世紀も終わりに近づくと、この構造は変化の兆しを見せ始める。ますます多くの諸国、特に中国・インド・ASEANの一部といったアジア諸国が、急激な経済成長を成し遂げたのである。こうした諸国は廉価な労働コストを武器に比較生産性を高め、工業のみならずIT産業の分野でも、伝統的な「北」の工業国と肩を並べるようになっている。こうした新しい事態を推し進めたのが、グローバリゼーションの名のもとに行われたこれらアジア諸国に対する大規模な資本移動であった。「南」の人々がかつての「北」のいわゆる「先進国」(advanced countries) に対し、近代技術の点でも経済の点でも競争力を持つまでに至ったのは、これが歴史上初めての出来事である。

現在も進行中のこの世界システム上の変化は、重大な帰結をもたらしている。

（1）まず一つは、今後世界の権力関係がどのように変化していくのか、について、はっきりとした、あるいは潜在意識的な不安、場合によっては恐怖さえもが、「先進国」の一部で広まりつつある、ということである。

たとえばアメリカは現在、チェコとポーランドの両国に対し、いわゆる「ミサイル防衛システム」を配備する計画を立てている。このシステムは、公式に発表されたところによれば、将来もしイランが核弾頭ミサイルによる攻撃を行った場合の備えである。ところがロシアには、この政策が国家安全保障上の脅威と映っている。この結果、一部の人々が「新冷戦」と呼ぶような緊張が、米ロの間で高まっているのである。

アメリカとイスラエルの両国は、イランとの力関係が逆転してしまうことに対し、強い恐怖を抱いている。ところで、実はこれと似たような恐怖の意識が、中国の経済力・軍事力の上昇、あるいは北朝鮮の核・ミサイル

実験に対して、日本人が示す反応の中に認められる。日本人は近代化に成功したアジア唯一の国であり、中国や朝鮮に対して明白な優越性を持つとの認識は、過去100年の間、日本人が当然のこととして受け入れてきた見方であった。ところが今の日本では、軍事・経済関係の変化を認知するばかりでなく、東アジアにおける日本の地位についても、その認知の根本的修正を迫られている。この概念上・心理上の転換は苦痛を伴うものであり、このことは現在、日本人が見せている感情的なまでの北朝鮮叩きや中国に対する非合理的な疑心暗鬼の姿勢に、きわめて顕著に現れている。

より一般的なレベルで言うと、かつて「南」だった国々から急成長した競争力豊かな諸国が現れたことで、「北」は、構造的な失業や不完全就業が増大する、というきわめて重大な経済的・政治的影響に見舞われている。ますます多くの労働者や弱者が「北」で拡大する貧富の差の中に突き落とされ、その彼らが、社会的・経済的格差がさらに悪化している「南」の新興国における労働者・弱者を相手に、非情とも言える激しい競争を強いられている。「北」の労働者はグローバルな競争の中で、敗者と化しつつある[6]。世界の労働者・弱者が分裂と解体の圧力にさらされていることは歴然としている。今日世界は、「南」の貧困層に依然として影響を与えている南北間格差、さらには「北」内部におけるいや増す周辺化という点において、きわめて非民主的な構造になっている。「南」と「北」の双方において、人々による民主的コントロールの力が弱められているのである。

地球規模で起きているこうした不公正や不平等は、協調や連帯を不可能にしてしまう「北」と「南」の人々の対立によって、ますます拡大している。こうした趨勢は、いったいどうしたら止められるのだろうか。トランスナショナルな資本主義市場経済が圧倒的な勢いで進む中、それに抵抗し、民主的な世界秩序を作り出すためには、この根本的な問題にこそ取り組まねばならない。

（2） 国境を越えて民主主義を機能させていくためには、さらにもう一つ取り組まねばならない課題がある。グローバル・メディアの社会的責任をどう確保していくか、という問題である。

われわれが現在生きているのは情報化の時代であるが、実はそれは、資本主義的情報化の時代に他ならない。ここでは莫大な量の情報が作り出さ

れ、そしてその情報が、多国籍企業の巨大シンジケートによって、消費社会に生活する無名の大衆の日用品としてばら撒かれてゆく。われわれが生きている世界を特徴づけているもの、それは、情報の商品化である。この世界は、「売れる商品がすべて良いものではないにしても、売れない商品は駄目なのだ (if not all salable goods are good, goods that are not salable are no good.)」というルールによって支配されている。

　戦争をめぐる情報のあり方もまた、その例外ではない。主だったグローバル・テレビ・ネットワークはすべて、視聴者に売れるような戦争番組を製作している。だから、1991年における湾岸戦争の開始が、暗い夜空を背景にバグダッドをこうこうと照らし出す米巡航ミサイルの（自称）ピンポイント爆撃のデモンストレーションとして、幾度となくテレビ画面に映し出されたのである [7]。また、イラク戦争ではその当初から、「被写体を効果的に描き出す視点」(camera-eye) はアメリカ軍の側に「埋め込まれて」いた。その際、その様子がはっきり映し出されることがなかったのは相手側で現実に起こっていた出来事、特に「付随的被害」(collateral damage) として一括りにされた民間人犠牲者である。たとえば、ファルージャの町で行われた虐殺がもしテレビで報道されていたならば、それは視聴者の胸を痛める映像となり、アメリカ一般市民向けに売れる情報とはならなかっただろう。一方、サダム・フセインの像が引き倒された際の映像は、アメリカによるイラク人民の「民主的解放」の象徴として、テレビの画面上に繰り返し現れたのである。

　身内や友人がイラクに送られた、という人を除けば、おそらくほとんどのアメリカ人にとってこの戦争は、ヴァーチャル・リアリティ以外の何物でもなくなっている。他の多くの社会でも視聴者たちは、このイラクで進行中の血で血を洗う抗争が、人間的にいかなる意味を持つのか、について、関心を持たなくなり始めている。いったいわれわれの何人が、今日・昨日・おとといに殺されたイラク人の数に関心を抱いているだろうか。世界中の弱者が分断されているように、世界は今や、心理的にも戦闘地域と非戦闘地域とに分裂してしまっている。これをもたらしたのは現代マス・メディアの持つ「私化効果」(privatization effect) とでも呼びうるものであって、この世界では、人々は行動する民主的市民ではなく情報の受動的消費

者の地位に貶められている。民主的な市民達が細分化される一方で、巨大グローバル・メディアを管理下に置いているのは、ルパート・マードックのネットワークのような多国籍ビジネス企業による寡頭体制である(8)。

つまり、世界の人々は今日、分裂症的状態に陥る危険にさらされているのである。一方で恵まれない立場にいる大衆には、グローバル化された経済の中で、ナショナリズムや愛国主義に共感を抱く傾向が見られる。これは、職を得る機会をめぐって、似たような立場にいる他国の人々と激しい競争に直面しているからである。他方、グローバルに展開する情報社会の中で一般大衆に見られる傾向はと言えば、アメリカ的生活様式と様々な「エスニック」文化の脱政治化された受動的消費者として、「私化」(privatized) され「無国籍化」(de-nationalized) されていくことである。人々はお互いの間で疎外状態にあるだけではなく、自分自身の中で、自己疎外状態に陥っている。

より民主的で協調的な世界を作り出していくためには、われわれ自身の民族的・個人的なアイデンティティをどう再定義していけばよいのだろうか。この問題こそが、現在われわれが取り組まなければならない喫緊の課題の一つであることは、疑いの余地がない。

Ⅳ. 環境をめぐる政治的犠牲者の大量発生という挑戦

今日の世界には、以上のような分裂要因が存在する。にもかかわらず、かつては、人類全体がまぎれもなく共通の利益を持つ、と思われていた分野が、一つあったと言っていいだろう。それは、環境問題である。人類と自然との関係という次元では、イデオロギーや国籍上の違いは消滅すべきだし、また消滅するだろう、と考えられていた。「地球にやさしく」(Let's be nice to the earth) というスローガンは、こと人間と自然との関係に関わるという点で、リベラル派であれ保守派であれ、支配エリートであれ被支配層であれ、あるいは西洋人であれ非西洋人であれ、すべての人に受け入れられる標語と見なされていた。1972年、国連は人間環境に関わる世界会議を初めて開催し、その際この問題を「世界的問題」、すなわち人類全

体に影響を及ぼす問題だと意味づけた。

ところが、地球温暖化をめぐる国際的な論争や対立を見れば誰の目にも明らかなように、単一の人類というものは、自然環境との関係においてすら存在しない。たとえばアメリカは、世界最大の温室効果ガス排出国でありながら、1997年に採択された京都議定書の批准を拒否してしまった。現在大規模に大気を汚染している中国とインドは、国際的な規制に服すことにきわめて消極的である。この両国は、発展途上国の意見を代弁する形で、地球温暖化の一義的責任は19世紀初頭の産業革命以来温室効果の原因を排出し続けてきた「北」の諸国にこそある、と主張している。

最近に至るまで国際的な論争は、産業開発と生態学的なバランスとのどちらを優先すべきか、という問題をめぐるジレンマに焦点を当ててきた。ところが2007年4月、地球温暖化と気候変動という問題は、世界の平和と安全に対する重大な脅威として、イギリスのイニシアティブによって、初めて国連安保理の議題とされたのである。

環境をめぐる紛争は、以下の二つのカテゴリーに分けることができる。

（1）まず一つは、天然資源の希少化・枯渇に関わる紛争である。これには海洋資源の他、石油・天然ガス・希少金属など、産業開発の継続に欠かせない様々な資源が含まれる。今後予想される原油不足を前に石油の激しい争奪戦が生じており、この先それを獲得できるのは、その上昇コストを負担できる諸国や人々にますます限られてくるだろう。現在進行中のこの熾烈な競争は、石油消費国の間における国際的な紛争、場合によっては武力紛争にまで将来発展するかもしれないという意味で、政治的にもたいへん重要である。またこの争奪戦は、世界的な貧富の差をいっそう拡大させていくであろう。低開発状態にある資源小国の発展がさらに遅れるだろうし、日常生活において石油燃料を使用できない世界中の貧困層が、さらに貧困化するだろうからである。そしてこの石油に頼れない生活は、森林破壊・砂漠化を加速させることにすら行き着くだろう。このように、国際・国内の双方において格差がさらに悪化し、結局はそのどちらのレベルでも、政治的不安定と平和に逆行する事態とが生じることになる。こうした危険は、国内的には分裂し国際的には外部の介入を招きやすい「破綻国家」（failed states）の場合にはっきりと現れている。

同様に、ガソリンの消費を減らす目的で始まったエタノール利用の増加によって、とうもろこし・穀物・大豆・砂糖の価格が上昇している。たとえばメキシコでは、アメリカから輸入するとうもろこしの価格が高騰したために、その影響が貧しい層にすでに生じている。事態はさらに、熱帯地方に生活する貧困層から主食のキャッサバを奪うまでに至るだろう。
　同じようなことが、その供給量が減少しているきわめて重要な資源、すなわち安全な水（clean water）についても当てはまる。工業化と都市化の進展によって地球上の至る所で水資源が汚染された結果、今や10億にも上る人々が、十分な水の供給を受けられないでいる。この水をめぐる問題は今後、かつて石油がそうであったように、平和を脅かす要因となっていくだろう。実際、国連開発計画（UNDP）が発表した2006年度の『人間開発報告』によると、アフリカのサハラ以南の地域では、安全な水が欠如していること、そしてそれによってもたらされる様々な病気によって、戦争よりも多くの（つまり貧しい人たちや子どもの）命が失われている。ところが、世界中の貧しい人々がそうした水不足の犠牲となる一方で、「北」においては、瓶詰めの天然ミネラル・ウォーターの販売によって利益を上げている企業が存在する。安全な水はますます貴重なものとなっていくために、そうした企業は、かつて石油産業が得た以上の利益が将来舞い込むことを見込んでいる。と言うのも、安全な水は、石油以上に人類の生存に絶対欠かせないものであり、かつ代替の効かないものだからである。
　こうした例は、資源の枯渇がいわゆる「自然保護」の問題とは本来異なる、ということを示している。この問題は、世界のあらゆるレベルで生じている資源分配の不平等や無思慮な資源消費に根を持つ社会的紛争の問題なのであり、平和に対する政治的脅威の問題なのである。
　（2）　環境をめぐるもう一つの社会的・政治的紛争は、地球温暖化の問題と関わっている。
　旱魃や降雨不順のような気候変動が、世界人口の増加や世界的な食糧生産の減少とあいまって、農産物と家畜の価格を押し上げている。その結果地球規模で飢餓が深刻化し、さらに貧富の差を拡大していく危険がある。
　地球レベルでの海面上昇は、様々な社会的・政治的紛争を引き起こすだろう。たとえば、世界の至る所で海に近い広大な地域が水没すれば、多く

の人が住み慣れた故郷を捨てて、内陸部へと移住せざるをえなくなる。こうした環境難民による移住はあらゆる大陸や島々で、おそらくは行き場のない不法滞在者という形で発生するだろう。彼らは、土地の使用や所有をめぐって土着の人々・先住者との間に対立を引き起こし、時としてこの対立は、暴力的な対立にすら発展するかもしれない。

　オランダのような富裕国の場合なら、土地の水没を防ぐために堤防や土手を建造することが可能である。富者ならば、高い土地に新たな地所を購入する経済的余裕もあろう。しかし、多くの海岸沿いの地域、たとえばバングラデシュの巨大デルタ地帯では、貧しい農民や漁民がひしめき合って生活している。このような地区が水没すれば、何百万というホームレスの人々が生じることになろう。彼らが移動すれば、国内においても、また隣国との関係においても、人種・民族・宗教上の緊張が高まることは避けられない。

　こうした環境難民の受け入れを拒否する国や人々の側では、このありがたくない移民をコントロール・制限・排除する政策が、これまで以上に厳しく適用されることになるだろう。

　土地を失った人々が大量に移住するとなると、それは最終的には、領土や領海・経済水域の境界を法的に見直せ、という要求へつながっていくかもしれない。これは慎重な取り扱いを要する高度に政治的な問題である。この問題には、大国や各国権力者を利するために、武力を通じての解決策すら実行されかねない、という危険が含まれている。

　地球温暖化の矢面に立ちながら最大の犠牲を引き受けなければならないのは、結局のところ貧困層あるいは権力を持たない人々である。世界平和への重大な脅威となる社会的・政治的紛争を生じかねないという意味において、気候変動は、きわめて重大な問題なのである。

V. 問われる「ヒューマニティ」(humanity)

　地球規模で科学・技術・経済が発展していくことは不可避であり、またそれは世界をより人間的かつ住みよい場所にしてくれる限りにおいて、多

くの点で不可欠である。とは言え、現在そして未来の世界平和を確保するためには、上述した三つの挑戦にしっかりと向き合っていくことが、今後どうしても必要である。第一に、そうした発展は非軍事的なものでなくてはならない。不平等で不公正な世界の権力構造から生まれる核拡散やテロリズムを食い止め、それらを防止するものでなくてはならない。第二に、この発展は、公正かつ民主的なものでなくてはならない。グローバルな資本による世界経済とメディアの支配が生み出す社会の解体の傾向に抵抗して、周辺化された人々の連帯・エンパワーメントを促進する必要がある。第三に、それは、持続可能な発展でなくてはならない。社会-政治の場における人間的かつ平和的な共存を通して、エコロジー上の共生を確かなものとし、弱者が環境をめぐる政治の犠牲となることを最小限に食い止めねばならないのである。

　私のメッセージは、単純なことにつきる。すなわち、これら三つの場をめぐる紛争の背後には、人間の原理的平等を一顧だにしない現在のグローバルな社会政治構造が存在している、ということである。世界をより平和で人間的なものとするためには、この構造を変革しなければならない。そして、それを実現するための実に重要な役割が、トランスナショナル（民際的）市民社会を構成する世界の人々の手に託されねばならないのである。

　国家には、この構造の変革を成し遂げることはできない。第一に、国家は本来、強制力の行使を伴う階層的な制度であり、国内的にも国際的にも不平等を特質とするものだからである。ここでウェーバーの有名な定義、「国家とは、暴力的手段の正統な独占によって特徴づけられる団体」という定義を思い出してもいいだろう。国家が手にしている暴力は、内部と外部の双方に向けられている。第二に、国家は根本的に自国のことしか省みない（parochial）存在であり、したがって国家システムは、地球的問題に十分な対処ができない性質のものなのである。すなわち、地球規模で存在する不平等や不公正、競争の激化によるグローバルな社会的相互疎外、地球的な環境破壊は、いずれも平和に対する脅威の源として、われわれにとってきわめて重要な問題であるが、それらに対し、現在の国家システムでは、十分な対応はできないのである。

　言うまでもなく国家の他にも、現在の歴史的な世界変革を推し進めてい

る強力なアクターが存在する。グローバルな資本であり、多国籍企業である。これらは、グローバル化時代の要請を満たすべく活動しており、その際、国家の限られた能力を侵食し、時にはそれを乗り越えることすらある。ところが、まさにこのグローバルな資本主義市場経済化こそが、先に指摘した地球的問題を深刻化させているのである。

この世界をより平和的なものに、また民主的で人間的なものにするためには、民族国家とグローバル資本の権力に対抗していく必要がある。そしてこの対抗を成し遂げるためには、トランスナショナル（民際的）な市民社会を強化していくことがきわめて大切になる。この「市民社会」という言葉によって私が意味しているのは、次のようなプロセスに他ならない。すなわち、人種・宗教・信条・性別に関わりなく、すべての人間は尊厳と平等な権利を持つ、との相互認識に基づいて、社会関係を刷新していくダイナミックかつ終わりのないプロセスである。端的に言えば、それは、「ヒューマニティ」（humanity）に基づいた公共空間のことである。

今日出席されている皆さんの大多数に特に関わるある理由から、私は、この「ヒューマニティ」という概念が持つ重要性を強調しておきたい。なぜなら私の見たところ、日本の言語や文化的伝統の中にも、さらにはより広くとって東アジアの言語や文化的伝統の中にも、この「ヒューマニティ」に相当する概念は存在しないからである[9]。確かに日本語の中には、「人類」とか「人間性」、あるいは「人道・人倫」など、これに近い言葉がある。しかしそれらはどれも、すべての人間の平等と等しい権利という考えに基づく普遍的規範としての「ヒューマニティ」と、必ずしも同じ概念ではない。「人道・人倫」という言葉でさえ、階層社会の安定を擁護するといった文脈の中で、パターナリスティックで儒教的なニュアンスを帯びた使用のされ方をすることが頻繁にある。

われわれ日本人に普遍的な「ヒューマニティ」概念を支える感受性が欠けていることは、次のような事実に示されている。一方で、同胞の拉致を理由に日本政府、そしておそらく多くの日本人が、自分たちは絶対に正しいという態度で北朝鮮を糾弾している。ところが他方で、日本によって行われた朝鮮人・中国人・その他のアジア人労働者の拉致、またいわゆる「従軍慰安婦」の拉致に関しては、彼らは責任を感じていないのである。

この民族主義的なダブル・スタンダードは、普遍的な「ヒューマニティ」という感受性の欠如をはっきりと示している。われわれは日本の文化的伝統に潜むこの欠点をしっかりと認識し、またそれに対する警戒を怠ってはならない。

しかし同時に、今日世界のほぼ全域でNGOが累乗的に増加していることにはたいへん希望を覚える。こうしたNGOは、トランスナショナル（民際的）な市民社会が発展する土台を作り上げ、またそれを強化している。確かにNGOの中には、なんとも疑わしい団体も存在する。しかしNGOの多くは、国籍やエスニシティにはとらわれずに、「ヒューマニティ」に根ざした活動を行っている。多くのアフリカ諸国が累積債務危機を脱した際に、重要な役割を果たしたのはこれらNGOであった。また、対人地雷の使用禁止あるいは少なくともその非正当化に、また途上国や戦火にまみれた地域での飢餓・栄養失調・疾病・貧困の軽減に重要な役割を果たしたのも、こうしたNGOであった。

しかしながら、NGOが世界に平和と正義をもたらすまでには、まだまだ長い道のりが待ち受けている。これは主として、次のような二つの問題があるからである。第一に、NGOはえてして単独で、あるいは個別に行動しがちであり、行動をともにする時でもそれは一時的に過ぎない場合が多い。世界社会フォーラムのようなグローバル・プロジェクトがこの不公正な世界構造を変革する累積的効果を十分生み出せるかどうかは、それに参加する個々のNGOが、「ヒューマニティ」の一体性という原理に従った運動をともに組織できるかどうか、にかかっている。

第二に、多くの人々の間に蔓延する無関心、という問題がある。無関心は、明確な反対よりもかえって取り扱いが難しい。自分の個人的な利益あるいは国益に対して直接的影響やマイナスの効果を持たない限り、他者の苦難や悲惨な不幸には関心を抱かない。こうした態度は常に、自国を越えた政治的な緊急課題が発生した際、その解決を阻む社会的障害であり続けている。このことは現代世界に特に当てはまり、そこでは、生死に関わる問題さえもが日常の商品化された情報へと転換され、その情報がわれわれの陥りつつあるヴァーチャル・リアリティの世界に充満している。これは明らかに、「ヒューマニティ」に対する感受性が摩滅しつつあることの証

左である。

　最後に、バートランド・ラッセルとアルバート・アインシュタインが1955年に発表した共同宣言の一部を引用することでもって、本講演の結論とさせていただきたい。

　「私たちは今この機会に、ある国やある大陸・ある信条に属する者として語っているのではありません。私たちはその存続が疑問視されている人類の一員として、ヒトという種の一員として、語っているのです。」

　彼らがこのアピールを発表したのは、初めて一連の水爆実験が行われた頃のことである。このとき彼らを動かしたものは、「もしも多数の水爆が実際に用いられるならば、人類は全面的な破滅を迎えるだろう」という深刻な危機意識であった。

　幸いなことにわれわれは、冷戦を生き延びることができた。グローバルな核戦争という危険も、遠のいたように見える。しかしこれまで述べてきたように、人類は、その生き残りが危ぶまれるような新たな挑戦に直面している。あの共同宣言から半世紀以上が経った今も、私は、この二人の偉大な知識人が語った「その存続が疑問視されている人類」というメッセージを、軽々しく否定できないように思う。

　「ヒューマニティ」という大義を掲げて、トランスナショナル（民際的）な市民社会における未来を見据えた一員として考え、かつ行動することを通じ、いつの日か、人類の破滅という恐怖を駆逐できる時が来ることに、希望を託していこう。

　＊編者注記
　　本論文は2007年6月1日に国際基督教大学で開催されたCOE講演会シリーズ・第11回講演会「9.11以降の平和運動と平和主義」での坂本義和教授の英語での基調講演 "Peace Issues in the 'Post-9/11' World" を邦訳したものである。本基調講演の英語版は以下の書物の第1章として刊行予定である。
　　Shin Chiba and Thomas Schoenbaum, eds., *Peace Movements and Pacifism After September 11* (Northampton: Edward Elgar Publishing Company, 2008).

また本基調講演のドイツ語版の方は、以下の雑誌においてすでに刊行されている。Yoshikazu Sakamoto, "Krieg und Frieden nach 9/11," *Blätter für deutsche und internationale Politik*, Heft 9, 2007, SS. 1057-1071.

〔注〕
(1) Mary Kardor, *Global Civil Society* (Cambridge: Polity Press, 2003), p. 149.
(2) 1970年代、先進国に対する第三世界の格差を解消する期待が高まったことに対し、タッカー（Robert Tucker）は、国家間の不平等を擁護している。Tucker, *The Inequality of Nations* (New York: Basic Books, 1977).
(3) 2007年1月4日の『ウォール・ストリート・ジャーナル（*The Wall Street Journal*)』誌でシュルツ（George P. Shultz）、ペリー（William J. Perry）、キッシンジャー（Henry A. Kissinger）、ナン（Sam Nunn）の4名が発表した共同宣言を参照のこと。この注目に値する宣言の中で、シュルツらは、「核兵器のない世界のビジョンと、それに向けた現実的な方策とを新たに提示することは、アメリカの道徳的伝統に沿った大胆なイニシアティブであり、またそう受け取られるだろう」と主張している。
(4) 『毎日新聞』、2006年10月17日。
(5) 連立与党である自民党と公明党は、防衛目的に限り宇宙の軍事利用を認める法案の概要をまとめようとしている。自民党によれば、国際的な協約の一般的認識によれば、宇宙の利用は「軍事」目的ではなく「侵略」目的に対してのみ制限されており、したがって日本はその宇宙利用を拡大できる、という。*The Japan Times*, June 13, 2007.
(6) この点に関し、以下の四つの傾向が認められる。(1) アメリカにおける製造業拠点の縮小に伴い、相対的に高賃金であった製造業雇用から低賃金のサービス業雇用へと大規模な転換が生じていること。(2) 最低賃金での労働、それ以下の賃金で働かせる搾取工場での労働、パート労働、短期間雇用、完全失業状態などが常態と化し、アメリカの貧困層、特にアフリカン・アメリカンやヒスパニックなどの間で雇用環境が悪化していること。(3) 自社株の買い取り・ボーナス・コミッション料・投資先からの配当など、労働に基づかない収入が富裕層の間で増加していること。(4) 大企業における報酬の格差拡大。Charles Tilly, *Durable Inequality* (Berkeley: University of California Press, 1988), p. 231.

(7) Bruce Cumings, *War and Television* (London: Verso, 1992).
(8)『ウォール・ストリート・ジャーナル』誌を買収しようとしていたマードック氏の動きに関しては、2007年6月10日付け、および8月12日付けのニューヨーク・タイムズ (*The New York Times*) 紙社説を見よ。
(9) 以下を参照。Ernst Troeltsch, "The Ideas of Natural Law and Humanity in World Politics", in Otto Gierke, *Natural Law and the Theory of Society, 1500 to 1800*, translated with an introduction by Ernest Barker (Cambridge at the University Press, 1950), Appendix I, pp. 201-222; John Rawls, "Fifty Years after Hiroshima," in Kai Bird and Lawrence Lifschultz (eds.), *Hiroshima's Shadow* (Stony Creek, Conn.: The Pamphleteer's Press, 1998), pp. 474-9; John Keane, *Global Civil Society?* (Cambridge: Cambridge University Press, 2003), pp. 175-209.

第2章

テロの時代と国家テロリズムをめぐる考察

リチャード・フォーク
（小石川和永 訳）

Ⅰ．序にかえて

　他のすべての関心事にまさり、国家と非－国家との間の暴力的なやり取りを重視して、今日の世界情勢を解釈していく傾向がみられる。こうした傾向に反対するにはいくつかの強固な理由がある。さらにそのような暴力的なやり取りを「テロ」、「テロリスト」、そして「テロリズム」といった煽動的な用語を用いてレッテル貼りをする傾向も見受けられる。こうしたレッテル貼りに甘んじることをよしとしないことにも、さらなる理由がある。政府とメディアとは、自分たちの敵対者についてのこのような論じ方を今後継続しそうな様子だ。それゆえに、行為者が非－国家的な運動であるか主権国家であるかは別として、民間人を標的とした政治的暴力をテロリズムと結びつけて論じることは、それなりに重要なことなのである。それというのも、そのような限定的な用語法は、国家の敵に向けられるプロパガンダ的な用語法に、少なくとも疑問を投げかけるからである。

　冷戦の終了とソ連邦の崩壊の後、戦争と平和に関するかぎり世界には10年ほどの比較的穏やかな期間があった。なるほど、多くの血生臭い紛争がとりわけ旧植民地国内で起こった。しかし、国家間での大規模な紛争の勃発の脅威や懸念は、おそらくインドとパキスタンの例外的な事例を除き、ほぼ皆無であった。新たな強調点は主権国家「内」での争いにおかれ、またそのことは国連と外部の行為者とが一定の条件下ではこれに介入する義務を負うことにも及んだ[1]。この国家内の紛争への関心は、9/11の攻

撃以後、近代の戦争と異なりその主だった行為者が典型的な国家ではなく、トランスナショナルに組織された政治的暴力に対する関心によってとって代わられた。今や「戦争」とは、熱狂的な過激派の国家を超えて展開されるネットワーク（アルカイダ）と、世界規模でその利権を追求する地球大の国家との間で遂行されるものとなった。慎重さを要求するコメントにもかかわらず、ウエストファリア条約以後の行為者間のこの闘争の重要性を、未来の世界秩序ならびに世界と人間に関する安全とに関連付けて探求することは有益であるように思われる。

II. 政治的暴力のグローバリゼーション

　この世界秩序の変化に関する考察を始めるにあたり、私は恥辱の思いを込めて、9/11事件の当初、私がアフガニスタンに対する「戦争」を容認したこと、また全般的にはブッシュ政権が採用した政治的言説を支持してしまったことを告白したい[2]。その当時、アルカイダの無差別的な暴力のイデオロギーと聖戦主義的政治について考えてみても、さらに9月10日までこの地球のどの国家よりもゆるぎない安全の上にあった国家に対して、この組織があのように象徴的で重大な害を与える攻撃を計画できたことを考慮すると、いかなる政府もその脅威を無視することが出来ず、また、すべきでもないと思われた。なぜならば、アメリカ合衆国を攻撃するということは攻撃を仕掛けた政治体にとって自殺行為であることは明らかだったからである。つまり、アメリカ合衆国に対して攻撃を仕掛ける主権国家など考えられなかったのだ。強調して余りあるのは、まさにこの意味において、9/11事件がウエストファリア条約下の戦争行為（の定義）に疑問を投げかけたということである。つまり、当時、この事件をこれまでの常識の枠組みの中で理解することは出来ず、それを表す適切な名前すら考えることが出来なかった。しかし、ともかくこの事件は最強の国家の最高の安全保障に手ひどいダメージを与えることができたのである。

　アフガニスタンへの戦争開始は国際法を柔軟に解釈することで正当化しうる「正しい戦争」である——とする公的な立場を、2001年の時点で私は

支持した。そのような戦争の予想が国連を困惑させることも、世論の反対をも招かなかったことは特記に値するだろう。アルカイダが果たした役割に対する報復として、その指導部と本拠地とを壊滅することは、当然なことのように思えた。また、将来の攻撃の危険性とその規模を削減するという目的も理屈にかなっているように見えたのである。同様にタリバン政権に少なくとも9/11の攻撃への間接的な責任を問うこと、および、カブールの統治政権を変更することを戦争の正当な目的にすることは、アメリカにとって妥当なことのように思われた。アフガニスタンの主権を無視するには、十分な背景があった。すなわち、タリバン政権は多くの人道に反する罪を犯し、抑圧的であったし、その法的地位は世界の中にあって疑わしいものであった。さらに事実としてこの政府と外交関係を持っていたのが隣国のパキスタンたった一国でしかなく、それさえもアフガニスタンが外部世界とのコミュニケーションの回路を維持するための、実際的な理由からでしかなかったということも挙げられよう。

　5年以上たった今、私はこの問題に関する当時の私の理解をまったく理解することが出来ないし、私は私自身のこの心変わりという点を特に強調したい。それというのもこの点を考えること——部分的には当初の反応があまりにも不適切であったことがはっきりしたからでもあるが——でわれわれは、「テロリズム」についての問いを新たにすることの必要性を正しく認識するからである。もちろん、2001年の終わりでさえ、私はアフガン戦争の内実が、民間人の生命の軽視、空爆への過度の依存、捕虜となった人員への報復的な虐待であること、また、アルカイダ指導部の身柄の確保と攻撃能力の破壊を目指す軍事作戦が効力を挙げていないことについて、真剣な懸念を抱き始めていた。さらに、反－テロリズムを「法と秩序」に対する深刻な脅威と捕らえるのではなく、「戦争」の一種と考えることが大きな誤りであることもはっきりとしてきた。9/11はそれ以前のテロリズムの事件と較べても真珠湾攻撃に近い衝撃をアメリカ人に与えた。それ故、この攻撃規模とアルカイダによるアメリカ合衆国に対する宣戦布告とを合わせて考えてみれば、この誤りは9/11の直後においては自然なものだったのだろう。それにもかかわらず、アメリカの外交政策に与える新保守主義の影響に特に注目すると、高度の犯罪性に対して法の執行を用いるの

ではなく、戦争に赴くという決定がなされた背後に（新保守主義の）非常に有害な影響力を認めざるをえない。

　9/11への対応についての私の当初の見解を変化させた理由とは、「テロに対する世界的な戦争」という公式なレトリックにもかかわらず、この戦争の本質が「テロリズム」についてのものではまったくなかったこと。また、アメリカ合衆国やその市民の暴力的な壊滅を標榜する、危険な非−国家的過激派が立ち現れてきたことを問題の本質とする言説も、この戦争の本質を突いていないということだった。つまり、そこで使われている「テロリストというカード」が極めて怪しいものであることがだんだんと明らかになってきたのだ。反−テロリストキャンペーンは、実際にはブッシュ政権によって本当の意図を隠すために目論まれた、巨大な広報キャンペーンとして機能していたのであった。すなわち、アジアの中の西洋という位置づけの日本からは、もっとはっきりと見えていただろうが、それは中東の覇権支配を足掛かりに、軍事力による世界的支配を達成しようとするアメリカ合衆国の壮大な戦略の全面的な遂行を意味した。そのような野心的で問題をはらんだ外交政策を実行するには、戦争の犠牲者になる可能性を知りつつ喜んで我が子を差し出し、危険な帝国地政学を受け入れることで生じる大きな代償を歓迎するように、アメリカの人々を誘導する必要があった。新保守主義系のシンクタンクとワシントンの反動的な政治家達は、世界的規模の支配というこの壮大な戦略を冷戦終焉後ずっと主張してきた。しかしながら9/11の攻撃以前には、アメリカの政治的風土は反−帝国主義的で平和主義的であったのであり、そのような外交政策を支持する余地はなかったのだ。アメリカの民主主義社会とはそもそも、自己防衛のための戦争については愛国心を持って支持する。だから、ジョージ・W.ブッシュの「テロに対する偉大な戦争」とはその当初から、そのような民主社会に侵略的な戦争を認めさせるような心理操作を意味した。その点から言えば、アフガニスタンに対する戦争は、当時、アルカイダの攻撃によって引き起こされた衝撃と怒りの只中にあったアメリカにとり、適切で防衛的な対応であるようだった。なぜならば、この戦争が、遥かに大規模で疑わしい世界戦略を開始することを意味するとは、一般の人々には考えられていなかったからである。現実のところアフガン戦争とは主に、世界戦略

第2章　テロの時代と国家テロリズムをめぐる考察

に向けてアメリカの外交政策の重心をヨーロッパから中東に移そうとする新保守主義キャンペーンが、その足掛かりとしてでっち上げたものだった。タリバン政権を転覆した後のアフガニスタンの占領と安定化を目指しながらこれに失敗したアメリカを見ると、この戦争の真の狙いについてのこのような説明が説得力を帯びるだろう。「反－テロリスト」に傾ける主要なエネルギーをイラクに向けて素早く移行させることで、アメリカ政府はその迅速さがいかに不自然かを明らかにした。つまり、イラクにはテロリストの脅威が存在しなかったし、1991年の湾岸戦争の結果とそれに引き続く12年に及ぶ制裁によるかの国の弱体化は明らかだったので、アメリカのイラクに対する外交政策は、その真の目的について、疑いの目を集めたのだった(3)。

　新保守主義者達にとって、9/11とは彼らが待ち望んでいたチャンスの到来であった。それは［唯一の超大国という］単極性を背景に生み出され、しかしこれまで見過ごされてきたこの優位を地政学的に利用するようにブッシュ指導部を仕向ける、格好の動機だったのだ。ソビエト連邦の崩壊は地政学的真空という歴史的にまれな状況を生み出した。それはウエストファリア体制的な枠組みで考えると、アメリカの世界的な野心に立ち塞がる決定的な対抗勢力の不在を意味した。つまり、アルカイダとこれを代理（するグループ）とは、そのような野心に対抗したのであり、それはポスト－ウエストファリア体制の観点を示す、非－国家行為者の登場を知らせる印であった。アメリカの世界政策が含む広範囲にわたる計画は、複数の主要分野にまたがる課題について、それがどのように考えられていたか、その包括的な解釈を表していた。地政学的な状況を有効に使うこと、そして、過激派の非－国家行為者の攻撃に対抗することに加え、新保守主義者達は増大する資源の圧迫に由来する、中東における膨大な石油資源についてのアメリカの支配を確保することの重要性を認識していた。この新保守主義の展望は、右派イスラエルの不安と野心とに特に共鳴するものであり、同時に、近い将来にアメリカ合衆国の優位が中国によって取って代わられるかもしれないという課題についての懸念をも表していた。さらに新保守主義者達はいくつかの核兵器の増産のパターンがその単極性と相俟って、とくに第三世界におけるアメリカの作戦行動の自由を制限し、アメリカの

単極性を脅かすことを恐れた。

　アメリカ市民の支持を取り付けるための政府の心理操作はさまざまな形を取った。その初期では、戦時下での結束力（すなわち、市民達による批判の封じ込め）が強く訴えられた。この戦いが通常の戦争と性格を異にしていたために、政府はテロリストの脅威で市民の不安を煽る必要があった。つまりその脅威を実際のものよりも遥かに危険で切迫したものであるかのように一時的に見せかけたのだ。9/11以後の数年間、ブッシュ政権は、この事件によって再び目覚めたアメリカ人の愛国心を日和見的に利用した。つまり人々は、民主主義社会に関わるもっとも根本的な諸権利を一時的に保留することさえいとわなかったのである。その結果、政府の（権力の）濫用が特にムスリムの人々に用いられた場合に、これを黙認させることに成功した。もっとも顕著な濫用は、テロリストの被疑者の基本的人権を停止する政策であった。国際法で拷問が禁止されているにもかかわらず、公然と拷問の実施を擁護するアメリカ合衆国の姿勢は、アメリカが独裁主義へ向かっているのではないか、という不安を広く招いた。反−テロリズムという名の下での立憲民主主義を乱すこの侵害は、アメリカ合衆国の自国の安全政策（ホームランドセキュリティー）の本質となった。しかし同時にこの問題を歴史的な文脈の中で認識することは、テロリズムに関するわれわれの考察の助けとなるだろう。マシュウ・カーはその著書、『偽装爆破装置』の中で、濫用、過剰、そして残酷さを典型的なパターンに持つ反−テロリズムは、近代政府が19世紀末からずっと持ち続けてきた課題の反映であることを示した。すなわち反−テロリズムとは、政治的目的を暴力によって達成しようとする過激な政治集団の既存の体制への反抗に対して、近代政府が生み出したものであることをカーは見事に論証した[4]。過去における政府の対応の著しい特徴は、その権限の拡大について国家安全保障の危機を理由に使い、それを流布する広報活動に積極的だったことである。その目的とは、反体制的な政治勢力に対抗するために、拷問とテロリスト事件の捏造を可能にすることであった。これに対して、アメリカ政府の9/11後のアプローチで際立っている点とは、国外での戦争と帝国地政学、そして国内での抑圧とを融合したところにあるといえよう。

　このような背景を考えると、9/11の予兆として政府に数え上げられた

第2章　テロの時代と国家テロリズムをめぐる考察

数々の出来事について、津波のように押し寄せる疑いが持ち上がってきたことは驚くに値しないだろう。どのように、そして、何故、9/11が起きたのかと公式見解として語られたことが、果たして信憑性のあるものなのかと問う、草の根運動が数を増しながら現れてきた。政府が示す証拠に見られるギャップを指摘する人々は、アメリカ合衆国政府の高官達が、差し迫った攻撃についての信頼性の高いいくつかの具体的な兆候に対して、少なくとも意図的に予防的措置を取ることを拒んだことを疑う、十分な理由があることを主張した。その上、幾人かの当局者については（そのような予防措置をとらなかったことばかりか）この点で共謀さえしていた、というより重い罪が問われ得ることを指摘した。デービット・グリフィンは複数の著作の中で、そのような可能性を陰謀論者の支離滅裂な論理と片付けることはできないと論じている[5]。グリフィンは世界的な評価を受ける宗教哲学者であり、非の打ちどころのない学究的な権威である。彼は特に、イギリスの偉大な哲学者であるアーノルド・ノース・ホワイトヘッドの研究でよく知られている。グリフィンは近年、何が起こったのかについての公式見解と入手可能な証拠が示唆する「実際に」何が起きたのか、との間に横たわる非常に強い緊張感を豊富な記録によって裏づけ、丹念に論ずることに打ち込んでいる。いずれにせよ、9/11についての来るべき歴史的解明がいかなるものであれ、民主社会の脆弱さが「悪」とされ、「敵」であるとして恐れられる者からの暴力よりも、それ自身の操作的力に負うところが遥かに大きいことを、この出来事への対応は明らかにしたといえよう。これらの反−民主主義的な国内の力は往々にして政府の官僚機構の奥深くに潜んでいるのであり、好機、とくに国家的危機に際して彼等の右派の盟友と手を取り合い、共通の目的をもって民主主義に挑もうとするのである。

　このような懸案事項の数々は少しづつ、それまでの私のこの戦争に対する支持への確信を掘り崩していった。それというのも、私の支持とはそもそも、この戦争に反対するだけの十分な証拠がないという消極的な理由に裏付けられていたからである。しかし、私の考えを決定的に変えたのは、イラクに対する戦争への拡大であった。ことここに及んで、計画されつつある戦争が国際法に違反するばかりか、国連の権威を意図的に否定するこ

とが、私には明らかに見てとれた。さらにそれは深刻な荒廃の影に脅かされ、危険なほど先行きの見えない戦争であった。イラク戦争推進者達の中に少しでも先見の明のある者がいれば、軍事的勝利（石油、イスラエルの安全保障、戦略的位置、軍事的勝利によって達成される効果）という地政学的利潤を根拠にしたこの戦争を開始するにあたっての正当化が、予想される反－アメリカ主義のテロリズムの激化に伴う巨額の出費によって覆されることになるだろう、ということを認識しておくべきであった。エジプトの指導者であるムバラク・ホスニー氏はイラク侵攻を前にして、そのような戦争は50人の新たなオサマ・ビン・ラディンを生み出すことになるという点を強調した。議論を整理すると、いわゆる対テロ戦争と呼ばれるものが自国民を含め、政府がその対抗者を攻撃するために用いた反－テロリズムの言説を除き、本質的にテロリズムに係わることではなかったということである。それは、これが「テロリズムの時代」の到来であると声高に主張した、9/11の地政学的扇動者の意図的な曲解をもとに引き出された戦争への承認であった。政治的想像力に理解の光を投げかけているのは、「世界規模の帝国の時代」である。つまり、（この時代が）ウエストファリア体制や人権、気候変動などよりも、世界国家・グローバリゼーション・宗教の復活といったものによって理解される一時代であるということである。つまりわれわれの時代を特徴づけるのにふさわしい様々な候補がある中で、テロリズムはそこに含まれていないのだ。要するに、テロリズムをこの時代の特徴と考えるのは、アメリカだけが有する独自の世界秩序観を反映しているに過ぎない。この点については、私も坂本教授に賛成するものの、（私自身は）さらにもう一歩踏み込んでみたい。（すなわち）その後のあらゆる物事を変えたわれわれの時代の決定的な断絶──として9/11を解釈するアメリカ中心的な観点は、正当なものとして擁護しえない。そればかりか、そのような解釈を採用することは、9/11という事件が世界覇権の意図を覆い隠すために用いられた地政学的プロパガンダの餌食になったことを証明する以外の何物でもない、ということである。

　百歩譲って、仮にわれわれが9/11についての疑いを一時的に棚上げし、多少の差こそあれこの事件についての公的見解を認めたとしよう。果たしてそこにどんな意義があるのだろうか。先に触れたように、いかなる政府

もこのような攻撃を無視することは出来ないが、だからといって「戦争」を布告する必要があるのだろうか。しかも、これといって特定すべき敵が不在のままで戦争を始める。それもある特定の形式をとる行動、つまり、テロに反撃するために世界中を巻き込むような戦争を。何故、アルカイダ独特のイスラム世界観と、パレスチナ、カシミール、チェチェンといったそれぞれに異なる状況と背景とをもった、様々な自己決定権への苦闘とを一括りにするのか。内政においても、個々に検証され、取り締まられる権利を有する政治的敵対者をすべからく「テロリスト」として扱うことは、政治的現実を押し曲げ退行させることになるだろう。IRA、ETA、そしてアルジェリアのFLNと、社会秩序の在り方それ自体に挑む、オウム真理教、（ドイツの）赤軍派、（イタリアの）赤い旅団といった妄想的で社会病質的なテロリストとの間には明らかな差異があるのだ。アメリカ政府によるそのように極度に単純化した対応策は、9/11への反撃を画策した新保守主義政権の地政学的野心とよく合致していた。しかしながら、アルカイダとその支持者によって与えられた「実際の」脅威を真に抑制するという観点からすると、そのような対応策はまったく役に立たないものであった。

　この点は、2004年の3月11日にマドリッドで起きた列車爆発事件へのスペインの対応、あるいは2005年7月7日のロンドンでの攻撃に対するイギリスの対応と比較すれば、すぐさまに明らかになるだろう。この二つの事件についてのどちらの国の対応策も、「戦争」と「テロリズム」との間に明確な線引きをした上でなされたものだったからである。テロリズムという用語を仮に、多くの問題を含んだその使い方を超えて建設的に用いるとすれば、テロリズムとは、何よりも法の秩序への挑戦と認識されるべきものであり、そのようなものとして裁かれるべき行為であると理解されなければならない。あるいは少なくとも、その行為が人類に対する犯罪の一つとして数え上げられるべきものであると定義されることを必要とする。これとは対照的に、戦争という概念は常に国家間あるいは一国の領域内の領域的境界線、あるいは政治的支配にまつわる敵対行為としての武力による戦闘を意味する。近代テロリズムと言われる、持続的で深刻な出来事の数々は、実際には、他国による占領への抵抗として理解される方がはるかに相応しい事柄なのである。この立場はロバート・ペペの近著、『自

爆テロの戦略論理』において経験的に論じられている⁽⁶⁾。スペインでは列車爆破に対して、「戦争に対して否、テロリズムに対して否」との中心的なスローガンの下、大規模なデモが組織された。それはヨーロッパの中では数少ない政治的指導力の選挙による否認をアメリカ合衆国のイラク戦争を支持したスペインにもたらし、この戦争へのスペインの参戦からの撤退を招いた。同時にこの事件は、後続する攻撃からスペイン社会を守るために欠くことのできない、(スペイン)警察の捜査力の向上を生み出し、(テロ行為の)実行者とその協力者たちを逮捕することを成功させたのであった。イギリスにおいても同様のアプローチがとられた。すなわち、警察による反応過多がある程度認められはしたが、反イラク戦争についてアメリカの見解を受け入れ、アメリカに従属的な戦争のパートナーとなることを決めたブレアー政権の対外政策とは距離を置いた、反－テロについての(国内での)対応策がとられた。つまり、反－テロリズムが本当に、テロリズムに反対することを目指すのであれば、以下の二点を追求することが決定的に重要であることが明白である。すなわち、過激な行動に訴えかけたとしても、正当な不平申し立てに対しては、注意を払いこれを承認すること。さらにテロリズムを防ぐための警察の能力の向上、および、国内外の警察組織の協力体制を確立すること。実際のところ、アルカイダはこれに対して始められた戦争によって、勢力を強めていったのだ。そして他方、世界に無数に点在する過激派組織の支部が法的に検挙されることで、アルカイダは深刻な弱体化を強いられた。そのような法による取り締まりが、過激派グループの暴力行為の意図をくじかせ、そのような行為をする能力を奪い取ることは明らかである。つまりテロリストの攻撃をより困難にしたものは、(反－テロ戦争ではなく)社会の中で高まる警戒感の方であったのだ。

III. 国家テロの妥当性について

　国家に反する政治的暴力としてのテロリズムから翻って、「国家テロリズム」という概念は、国家という行為者が、まったく無実の民間人に対し

て振う暴力がどのようなものか、その理解を不快感をもってわれわれに教える。すなわちここでいう民間人とは、9月11日に貿易センターの建物にいた不運な人々がそうであったように、罪の無い民間人を意味する。「近代」戦争の力学をその内部で支配するのは、テクノロジーと戦略主義への過度の偏重である。そしてそれは、民間人への被害という意味で、ほぼテロリズムといって構わない重大な被害を与える。そのような性質は、第二次世界大戦において同盟国によって採用された「全面戦争」、という正当な戦争を戦うために主張された教義において病的に顕在化した。このことは、ドイツと日本社会に最大限の被害を与えることを目的とした、大都市への断続的で戦略的な空爆として現れた。その目的とは、人々から戦争継続の意思を奪い、士気をくじくことであった。そしてこの目的は、公然とした意図として掲げられたのであった。このような戦略は戦争末期当時、原子爆弾を落とすことで日本の速やかな降伏を促し、「アメリカ人の生命を救う」ため、という名目においてその頂点に達したのであり、原爆投下についてのこのような見解は今日まで続いている。

　冷戦の間、この大量虐殺的精神構造は、冷戦構造の中心となる国家が抑止力の原理の下に何百発もの核兵器を未来のウエストファリア型の主要な戦争に備えて配置することで、一気に（人類）存続を危ぶませるところまで先鋭化された。それはつまり、その体をまさに表す頭文字―MAD（mutual assured destruction）［頭文字が狂気の意。訳者］、または「恐怖の均衡」と呼ばれる、「相互確証破壊」と名付けられた安全保障体制がこの時期、確立されたことを意味する。都市壊滅をその明確な目的として核兵器の配置をすることで戦争に備えた（東西の）主導国に較べれば、例えどれほど恐ろしいことであっても、世界貿易センターとペンタゴンへの攻撃など比較の上では取るに足らない出来事だといえよう。E. P. トンプソンが（冷戦のこのような問題についての）後に続く議論に強い影響を与えた、この件に関する彼の見解は簡潔である。すなわち、たとえそれが実際には決して実行されなくとも、その安全保障を大量虐殺的政策の上に築く文化はすべて、その道徳的威信を自らの手で傷つけるのである。そのような国家は間違いなくその反－テロリストとしての権威、あるいは「文明」の担い手であると主張する声を喪失する。もっともそのような自己認識と主張そ

れ自体が、歴史的にヨーロッパを文明の中心と考えてきた驕りを暴いていると言えよう。スーヴェン・リンドクイストがその著作、『野蛮の根絶：ヨーロッパ人による大量虐殺の起源と暗闇の本質へのある男の旅』において生々しく物語るように、国家テロリズムの先駆けは、植民地主義者たちがアフリカで行った政策がいかに酷いものであったか、という現実のうちに見出せるのである[7]。

9/11以降、軍人や機密情報員は拷問という強制的な尋問術をその捜査に用いた。さらに2006年9月6日の有名な演説の中でブッシュ大統領が、あるいはもっと最近では、前CIA長官であるジョージ・テネット氏が共に、諜報員のそうした捜査のあり方を「アメリカ人の生命を守るために」必要なものとして正当化したことは、不気味な教訓であろう。恐らくは無意識の底深くに横たわり、それと意識さえされていないこの道徳性の欠如と、政治目的を達成するためには、無実の民間人の生命をどれほど犠牲にしても構わないという無法性とは、西洋の戦争を何世紀もの間特徴付けてきたのであり、法の秩序の内で集団的暴力を裁こうとする精神に、今日も汚点を落とし続けているのである。

9/11以後のテロリズムと国家テロとの枠組みに戻ると、ブッシュ大統領がしばしばテロリストを指差して、文明に対する戦争を開始した者達であると糾弾し、よって彼等は悪の具現である、との理解を示していることは注目に値するだろう。しかし、ここで「文明」というラベルを貼られたものの実態は何であろうか。それは、「テロリスト」、つまり、非－国家行為者の政治的暴力と比較することで、政府という行為者が、国家テロリズムに手を染めたという恥ずべき事実の印象を弱めようとする、卑小さでしかないのだ。現時点で国家テロリズムの多くの顕在化が認められるが、恐らくもっとも象徴的なものは、2003年に正当な理由が不在なまま、イラクに対して先制的な戦争が始められた際に用いられた「衝撃と恐怖」という戦術であろう。それは圧倒的なハイテクの軍事力をみせつけながら、バグダッドの上空を煌々と照らし出した宣戦布告であった。イラク戦争においてアメリカ合衆国は、ハイテク兵器の過度の使用をしつこいほど繰り返すことで、ファルージャのようなイラクの数多くの都市を居住不可能なものにし、無力な民間人に対して重大な被害を与えた。これらの人々は本来、

この戦争によって（フセイン政権からの）解放を約束されていたはずであり、アメリカの攻撃によって祖国を追われることを強いられるはずではなかった人々であった。

　非－国家テロと国家テロとを分けて考えるのではなく、同じ次元と基準とでその道徳性を問うことで、仮に今現在それが「期待」できなくとも、より暴力的でない未来を「想像」することが出来るようになるだろう。道徳性という観点から両者を評価することで、どちらの形をとるテロ的な暴力を用いたとしても、「政治的」目標を達成する手段としてそれは正当化できず、あるいは（少なくとも）道徳的に認められる代価ではない、という理解を可能とするだろう。純粋に非現実的な企て——それが主要な社会として既に確立しているものを転覆することを目的にしたものであれ、あるいは世界制覇であれ——は、1970年代、80年代の都市部のテロリズムに対処するために編み出されたように、純粋な強制力に基づいた対応策を必要とする。それとは逆に、正当な苦情申し立て、自己決定権を獲得するための戦い、あるいは抑圧的な支配への抵抗を目指す暴力的な運動は、通常、調停に基づく和解と摩擦の非－暴力的な解決策に頼るのであり、昨日のテロリストを今日の政治的指導者へと転化させるのである。例えば、ネルソン・マンデラ、ヤーセル・アラファト、そしてゲリー・アダムスのような多様な人物像の劇的な（政治的）立場への昇格がいい例である。正当な異議申し立ての実在を否定することは、しばしば人的・社会的損害を双方にもたらし、ただ政治的調停を遅延させるだけである。1967年戦争以前に存在していたグリーンラインにほぼ沿ったパレスチナ人の自己決定権の承認と履行とに政治的指導者達が合意するまでに、一体あとどれだけのパレスチナ人とイスラエル人とが死に、苦しまなければなければならないのか。戦闘の準軍事的な劇場という場から妥協と和解との政治的共通基盤のアリーナへと移行するまでに、一体幾人のカトリック教徒とプロテスタント信者とが流血の惨事と深刻な不安とに耐えねばならなかったことだろうか。

　われわれはアルカイダの挑戦が、オウム真理教のような単に妄想を追求したものなのか、あるいは少なくとも部分的には或る種の正当な苦情申し立てを解消することを目指した手段としてのそれなのか知ることが出来な

い。しかし、われわれはテロについて国家テロによって対抗することが暴力に火を注ぎこれを増大させることや、死者と損失との最終的な被害を増幅するだけでなく、極度の怨嗟をもたらすことを知っている。われわれはまたイスラム世界に西洋――特にアメリカ合衆国――に向けられたきちんと裏付けられた正当な異議申し立てがあることも知っている。パレスチナ人とアラブ近隣諸国に対するイスラエルの抑圧的で搾取的な諸政策の強化が、アラブの諸社会の大衆の間に深い屈辱感と怒りとを生み出してきたということは明白なのである。同様に第一次湾岸戦争後の1991年から2003年にわたりイラクの人々に課された数々の制裁が、何百人、何千人というイラク人の死を招いたということも明らかである。この経験は西洋――特に国連をアラブの人々に対する残酷な抑圧者として見る、アラブ世界での一般的な受け止め方を強めた。さらにこの地域における大規模なアメリカ軍の駐留が疑いもなく植民地時代を想起させているのであり、その本質的な撤退それだけをもってしても西アジア諸国の独立を尊重する態度を示すことが可能であろう。

Ⅳ．おわりに

結論にあたり私は次のように言いたい。すなわち、対－テロリストとして行われる戦争が、その妥当性と有効性のどちらの基盤においても広く信用に値しないものであること。しかしながら、政治的エリート達も国民も、政治的現実のこのような本質的変化をまだはっきりと感じとっていないこと。また民間人の価値の観点からすると、対－テロリズムと結び付けられた国家テロリズムと一方的な戦争は、人類の歴史を通して（益をもたらすよりも）遥かに害をもたらすものであることがあまりにもはっきりとしていること。最後に、それ自身を防衛しようとする国家は第一にそして本質的に、その手段を法の支配に見出すべきであること。すなわち、国外における（具体的な防衛活動は）警察力の協力関係に留めるべきであること。その上で、国際刑事法、特に国際刑事裁判所（の判断）に照らし合わせてとりうべき新しい選択肢を模索すること。ここに挙げてきたような具体的

第2章　テロの時代と国家テロリズムをめぐる考察

方策以外としては、正当な異議の申し立てに対して、自らの立場を公正な態度で再検証することが望まれるだろう。すくなくともそのような再検証が、多くの非－国家的政治暴力にまず試みられるべき対応策、考えることのできる最善の対応策になるであろう。

　また、私の第二の所見として、冷戦下においては一方からもう片方への変化が最大の関心事であった「戦争と平和」という二つの異なる状態の境界線が非常に曖昧になってきている点を指摘したい。この曖昧さは、今日のテロと対－テロという枠組みの中で起こっていることなのである。侵入的な暴力や、予測していなかった拘留は、警告を伴わずに何時いかなる場所においても起こりうる。人に向けられるそのような暴力は、国家がその権力を抑圧的に用いることで、嫌疑だけを根拠に無期限に身柄を拘束するという形をとることもあれば、あるいは、非－国家行為者が自殺をすることで可能な限りの人間を殺し、そうすることで標的とした社会を恐怖に陥れる、という形をとるかもしれない。(今日では) 政府のプロパガンダによって歪められ、誤って高められた危険への意識があるため、実際の危機を公正に判断することを不可能にしている[8]。この9/11以降の雰囲気を、イアン・マキューアンの『土曜日』という題の洞察に富んだ小説はよく掬い上げている。物語の終わり近い部分、それはイラク戦争に先立つ大規模な反戦デモの行われた2003年2月15日のロンドンという設定なのだが、主人公はその瞬間を謎めいたものとしている、彼がいる場に広くたゆたう確実性と不確実性との入り混じった空気について思いを廻らしている。「理想郷を夢見る者達よ、用心するがいい。理想的な社会秩序へとつづく路について確信をもつ熱狂者たちよ。またしても奴らだ。違う姿をした全体主義者達。未だばらばらで弱く、しかしその頭数を増やし、怒り、次の大量虐殺に飢えている。解決をするのに100年は掛かる。が、しかし、これもひとつの享楽かもしれぬ。のらりくらりとそっくりかえった空想。時と良識とがものごとを落ち着けうまく整える——という、過ぎ行く不快感についての瞑想。[9]」

　もちろん、このような内省それ自体が、幾多の戦争を経ることで確立された安全保障と、安定した政治が執り行われる国家にある社会に生きることのできる恵まれた人間の不安を表している。しかしそこにはまた、政府

の専横的な捜査網に絡めとられ（人権をむしりとられるか）、あるいはその声が無視されてきたばかりに暴力に訴えるテロ攻撃によってまったく無意味に殺されるか、という二つの対立する力の脅威に慄かなければならない、今日の人々に実存的なトラウマを与えるような不安が横たわっているのである。われわれは現代社会においてウエストファリア体制的正常性を回復することが果たして可能なのか、あるいはそもそもそれが望ましいことなのか、あるいは、社会の安全保障の合理的水準を再生することの可能性というウエストファリア体制以後の脱近代安全保障の新しい形を設けることが出来るのかも知りようもない。残念なことに現時点においては希望に満ちた未来を期待する、という理想主義的感性を（われわれは）必要としている。つまり、人間の尊厳についてのわれわれの感覚は、そのような未来が可能である、という仮定をもとにその延長線上で思考をし、行動することを求めているのである。

　テロと国家テロについてのわれわれの考察が21世紀の戦争と平和についてのわれわれの関心を疲弊させてはならない、ということも言っておきたい。暴動のような形式をとる下からのものであれ、あるいは帝国地政学という形式をとる上からのものであれ、そのような非−国家行為者の出現にもかかわらず、われわれが注意を払うべき様々な問題が存在している。そこには2700発あまりの核弾頭の核兵器保存量の存在、うち3500発については極度の注意を払わなければならない状況にあるという事実が含まれる。いかなる事故、あるいは異変によっても、9/11以後の西洋（西側諸国）を占めてきた不安な関心事を現実のものとする影が色濃くなるだろう。そうであれば、誤算、あるいは極論がパキスタンとインド、北朝鮮と大韓民国および日本、中国とアメリカ合衆国との間に破壊的な戦争をもたらすかもしれない、という可能性をもはや想像の上だけに留めておくことは出来ないのである。すなわち、領域国家間でのウエストファリア型の戦争は後退しているように見えるが重大な危険性と不確実性は残るのであり、ほとんどの国家行為者達は巨額の費用を投じて自らの軍備を整えているのである。アメリカ合衆国はこの廃れかかったウエストファリア型の戦争の仕組みに過度の投資をすることでその富を浪費している。このことは同時に環境の改善、世界の貧困と疾病の削減の努力、また自国の社会整備などを含

第2章　テロの時代と国家テロリズムをめぐる考察

むより賢明な支出の配分の機会をアメリカ自身と世界とから奪い取っているのである。最後に、われわれの未来の展望が、過去にも往々にして戦争を招いたような難しい問題に関心を払いつつも、安全保障への新しい挑戦ときちんと向き合うことに掛かっていることは言うまでもない。

＊編者注記

　本論文は2007年6月1日に国際基督教大学で開催されたCOE講演会シリーズ・第11回講演会「9.11以降の平和運動と平和主義」でのリチャード・フォーク教授の英語での基調講演 "Reflections on Terrorism and State Violence in the Early 21st Century" を邦訳したものである。

〔注〕
（1）国家間の紛争から（国家内のそれへの）この強調点の移行を解明する評価については、以下を参照。Mary Kaldor, *New and Old Wars: Organized Violence in a Global Era*（Stanford, CA: Stanford Unviersity Press, 1999）.
（2）これらの私見は2003年の9月11日後の数週間の間に、当初、*The Nation* 誌上に複数の記事として表明されたものであり、その後さらに詳しく以下の拙著で述べられたものである。*The Great Terror War*（Northampton, MA: Olive Branch Press, 2003）.
（3）拙著、制裁の章を参照のこと。Falk, *The Costs of War*（New York: Routledge, 2007）.
（4）（New York: The New Press, 2006）.
（5）David Ray Griffin, *The New Pearl Harbor: The Disturbing Questions about the Bush Administration and 9/11*（Northampton, MA: Olive Branch Press, 2004）; *9/11 Commission Report: Comissions and Distortions*（Northampton, MA: Olive Branch Press, 2005）; *Debunking 9/11 Debunking: An Answer to Popular Mechanics and Other Defenders of the Official Conspiracy Theory*（Northampton, MA: Olive Branch Press, 2007）.
（6）Robert Pape, *Dying to Win: The Strategic Logic of Suicide Terrorism*（New York: Random House, 2006）.
（7）（New York: The New Press, 2007）.
（8）一般的に、9/11以前の近代社会におけるリスクの増大を強調したものとし

てはウルリッヒ・ベックの以下の著作を参照のこと。Beck, *Risk Society: Toward a New Modernity* (Newbury Park, CA: Sage, 1992): *World Risk Society* (Cambridge, UK: Polity, 1999); また、以下をも参照。Ulrich Beck, Anthony Giddens and Scott Lash, *Reflexive Modernization: Politics, Tradition and Aesthetics in the Modern Social Order* (Stanford, CA: Stanford University Press, 1994); また関連のあるものとしては、以下を参照。David Runciman, *The Politics of Good Intentions: History, Hear, and Hypocrisy in the New World Order* (Princeton, NJ: Princeton University Press, 2006).

(9) (New York: Random House, 2005), 286.

第3章

平和の探求
―― テロリズムと国家テロリズムの世界にあって ――

ヨハン・ガルトゥング
(野島大輔 訳)

I. 序言

　最初に、ひとつはっきりさせておきたいことがある。平和と戦争、および平和の理論と実践についての私の立場についてである。平和と戦争に関わる政治的姿勢としての平和主義ほどには、私は、道徳的な立場としての平和主義にはあまり立脚していないのである。このことは、私の著作『平和的手段による平和(Peace by Peaceful Means)』[1]の導入部に記していることだが、21世紀のソフト・ポリティクスの展開のために重要なことは、政治的・軍事的・経済的・文化的なパワーを、具体的に適用していくということである。消極的平和と積極的平和の双方のために、4つのパワーの形式を用いることで、8つの側面からの道筋を示している。この立場とは、基本的に実用主義的である。即ち、流血の惨事を伴う暴力とは、あたかも自らの血を吸う蛭のように、反生産的な、またはせいぜい非生産的なものなのである。

　近年私は、トランセンド(TRANSCEND)訳注[1]の枠組みを用いながら、避けることのできる暴力や苦難を予防する方法としての、紛争転換(トランスフォーメーション)[2]に深く関与してきた。それは病気を防ぐ方法としての二段構えの予防策に少し似ている。しかしまたこれは、共同プロジェクト訳注[2]にとくに焦点をおいた積極的平和のための方法であり、また人類が前進していくための方法である。これはちょうど積極的な健康づくりを求める方法とも似ている。疑いなく、そこには一定の諸価値がある。

私の好む表現は、仏教の用語によるものである。ドゥッカ（dukha）、苦難
——の極小化と、スッカ（sukha）、充足感——の極大化である。

　私は、安全保障的な理論と実践は、自己中心的な焦点の合わせ方を持つ
ものと見ている。他者にも同じものを増殖させてしまう（例えば、エリー
トの戦争に対して起こされる一般民衆たちの戦争）ような、「強さ」に基礎を
置いたエゴイスティックな立場を採るものである。これは生産的ではなく、
政治的に賢明でもなく、急速にグローバル化している世界とも相容れるも
のではない。これについては後にじっくり触れることとする。

II．平和的手段による紛争転換（トランスフォーメーション）は可能か^{訳注〔3〕}

　私の関心は、「テロリズム（terrorism）対国家テロリズム（state terrorism）」
の関係性についてであるが、この対抗の図式に対する章題の答えは、肯定
しうると考えている。これは、ただ単に啓発的な提言をなすためだけでは
なく、アメリカ合衆国のブッシュ大統領やイギリスのブレア首相の安全保
障的なアプローチと、スペインのサパテロ首相の平和的なアプローチとを
対照させる、比較研究に根拠を置いている⁽³⁾。この比較研究の出発点は、
合衆国の日付によると2001年9月11日にニューヨークの世界貿易センタ
ーとワシントンのアメリカ国防総省に対して行われた、残虐非道な暴力行
為である。2005年7月7日にロンドン地下鉄で起こされた爆破事件も、
加えておきたい。さらに、2004年3月11日（11 M）^{オンセ・マルソー}のマドリッドの列
車の爆破事件や、その他いくつかのテロと呼ばれている事件^{訳注〔4〕}を加え
ておきたい。

　これら一連の、いわゆるテロ事件を読み解くキーワードは、関係性であ
る。このキーワードは、暴力の探求に着手するための扉を開くものである。
暴力行為とは、それ自体まさしく関係性である。つまり、加害者^{訳注〔5〕}と
被害者との間の関係性、現在と過去との間の関係性である。そのどちらか、
とくに加害者側の内部にみられるだけではない。その関係には、それらの
暴力行為を説明しうるような、材料がありえただろうか。未解決の紛争や

第3章 平和の探求――テロリズムと国家テロリズムの世界にあって

暴力に悩まされた過去と現在の関係の中に、そのような材料が見つかるだろうか。そして失地奪還策への欲望――新手の――報復願望との関係ではどうだろうか。暴力行為は、報復の悪循環の一つなのだろうか。

　また、事件に関わった当事者たち、特に加害者に主眼を置くやり方で十分だろうか。例えば「政治的・経済的な途上国出身のアラビア人失業者」、「イスラム原理主義者」、「アラブのイスラム教徒の青年」を加害者像とする。他方、被害者側は、「裕福で、政治や経済が高度に発展した西洋の民主主義社会に居る、節度のある人々」であって、「大人の、西洋の、キリスト教徒たち」である、という視点をとる。

　そのような後者に対して、前者はなぜあのような残虐な行為をしたのだろうか。それは、こういった両者の違いが、後者の誰もが持っていて前者の持っていないもの、つまり、仕事、自由、富などについて妬んだからだ。そして宗教的な大義名分を用いて、暴力を正当化しようとした。加害者は、被害者との間の大きな格差を見て欲求不満を感じ、その欲求不満を攻撃性へと転化させたのである。あるいは、加害者はそもそも凶悪な人間たちだったから、凶悪な事件を起こしたのだ、という単純な見方をする。

　このようにアクターに主眼を置く発想は、安全保障の論法（security discourse）に火を点け、そしてその火は自ら燃え盛っていく。暴力行為は悪しき者たちによる悪のなせる業であるとし、それはただ彼らが邪悪だったから、としてしまうものである。行き着くところ、加害者を抑止するか、叩き潰すことによって、――加害者からの――安全を獲得する、という論理に帰着する。

　しかし、もし私たちが、関係性に主眼を置いて物事を考える方向にあったとすると、それにふさわしく、平和の論法（peace discourse）の中に救いを得ていたであろう。平和の論法では、暴力の根底にあるのは、痛みを生み続ける未解決な紛争である、というように捉える。暴力の発生を防ぐ唯一の方法は、紛争を解決し、または少なくとも紛争の性質を転換し、紛争の関係性を平和が得られるものへと変えていくことにある。少なくとも、紛争の当事者との関係を転換させていく。

　紛争とはそれ自体まさしく、二者以上の当事者（または当事者の個人の心の葛藤）の間の関係性である。その関係性の根本に、当事者たちの持つ

様々な目的どうしが、互いに両立していない点が存在する場合に生じる。「私はこれが欲しい、お前もあれが欲しい、この目的は互いに両立しえない、だからお前と私とは、衝突する。」という状態になっている。

関係性に重点を置く視点から分析する考え方や、平和の論法は、両方とも相互互恵性に着目する考え方を採用している。「私とあなたは、うまくいかなかったこと全てについて、共同の責任がある。関係性を改善する責任は、われわれ両方にかかっている。」という位置づけを求める。しかし、加害者の方に注目する分析方法や安全保障の論法は、自閉的であり、加害者側に全ての責めを負わせてしまうものである。もしも加害者が行いを変えないのならば、制裁措置によりたとえ強制的にでも変えさせねばならない、とする。

この論稿の結論は、われわれは、安全保障の論法と平和の論法の、両方のアプローチを必要とするということになろう。現状では、前者がおよそ90％で、後者が残り10％くらいになってしまっているが、この逆の割合に収まるようでなくてはならない。詳しくいうと、6つの紛争をそれぞれ鎮めなければならず、それには6つの仕事がなされなければならない。これら6つの仕事のうち、ホセ・ルイス・サパテロ首相のもとスペインが行った仕事は4つであり、ジョージ・ブッシュ大統領のもとアメリカ合衆国が行ったのはゼロで、イギリスのトニー・ブレア首相が行ったのもゼロだった。このことから、次の事が予想できる。アラブ・イスラムの攻撃は、スペインでは今後あまり多くは行われそうになく、アメリカとイギリスでは今後はいっそう多く行われうるであろう、と。（ただし、何者かがこの予想を曲解しようとしなければ、である。）安全保障の論法は、主要国の支配的な考え方となっている。

論法の選び方を変えれば、結果が変わってくるし、逆もまた然りである。得られる結果は、論法の選択いかんによって、すっかり異なってくるのである。

論法選択の根本にあるのは、単純なコスト・ベネフィットの分析方法であって、西洋的な政治理論と実践経験による安全保障の論法に浸らされてきたトップ・レベルにある意思決定者たちは、これに依拠してきた。

一方、平和の論法は、仲介、和解や対話といった方法を用いながら、暴

第3章 平和の探求――テロリズムと国家テロリズムの世界にあって

力の様々な原因を、根本から取り除く可能性を持っている。ここから得られるものは大変に大きい。しかし、平和の論法にも、もちろん一定のコストはある。責任はおそらく両方の当事者にあることとなるだろう。被害者の方もまた、自らが誤りを犯してきたことを直視しなければならないだろうし、自身の過去の誤りに対して今その代償を支払っている、との理解を迫られることもあるだろう。

　安全保障の論法の方は、加害者の側に根本的な原因があったとするので、被害者側としては自らを省みるようなコストを引き受けなくて済む。しかし、別の代価が伴う。暴力を行い続けるために双方がどれくらいの資材や労力をつぎ込めるかにもよるが、いつまでも続く、激しさを増していくばかりの暴力、という代価である。かつてのように、兵士どうしが向き合う、資金、テクノロジー、マネージメント集中型の戦闘にあっては、より近代化を進めた側が優位にあった。一方、一般市民たちを標的にするようなポスト・モダンの戦闘においては、そのような優位性は今や急速に小さくなりつつある。されど、戦争というものは、悪事を働く者たちを叩き潰すという当初の目的を越えて、政治的、経済的、軍事的な意味合いを持つ様々な目的のために行われるかもしれないのだ。

　アメリカやイギリスでは、いつものことながら安全保障の論法が支配的だったが、スペインでは違っていた。なぜ違っていたかは後で考察するとして、まずは紛争について考えてみることにしよう。

　紛争がついに暴力行為にまで達した場合には、空間的には紛争の現場として、そして時間的には紛争のドラマとして、姿を現してくる。空間の方を、眼前で（アメリカ合衆国、イギリス、スペイン）と彼方で（アラブ諸国）に分けて分析してみよう。さらに、時間の方を、今（現在）とかつて（過去）、に分けてみることにする。すると次のような分類表が構成される。

　さらにこの表全体の根底にあるのは、キリスト教・西洋と、イスラム社会との、複雑な関係性である。文明間の対話に関する諸問題が、やはりはっきりと浮かび上がってくる。

　次頁の表のうち、空白のセルの意味についてはとりわけ留意せねばならない。日付の付いた3つの事件は、近年の出来事とだけ捉えるのではなく、「今」をも意味する。大きな暴力が「眼前」で行われた、という新しい現

第Ⅰ部　9・11事件とその後——平和問題、テロリズム、国家テロリズム

	「眼前」で	「彼方」で
「今」	9.11事件、7.7事件、3.11事件 移民統合政策（Integration）の諸問題	全般に：イラク、イスラエル－パレスチナ問題 特にスペインで：セウタ－メリリャの問題 戦争と調停（Mediation）についての諸問題
「かつて」	空白：植民地主義は、アラブの地には到来したが、その逆は行われなかった。	植民地化のトラウマ： 1945年、1916年、1925年 和解（Conciliation）の諸問題

象が起こったのである。「かつて」の暴力のすべては、「彼方」で行われていた。暴力の現場が変わったことが、暴力のドラマも変えたのである。

　第一のアプローチは、まさに「眼前」で「今」行われた大きな暴力行為の、様々な原因を探求することとなるだろう。このアプローチでのアンブレラ概念にあたるものは、移民統合政策のあり方である。今昔を問わず、アラブの従属させられている国々から来た移民たちの、暮らしの成り立ちや、移民たちとイマームたちがどのように子供たちや若者たちを育んでいるか、に焦点を当てることになる。イスラム教徒の移民統合政策の問題は、アメリカ合衆国では今のところあまり問題にされていないが、イギリスとスペインにとっては、大変関係の深い論題である。

　第二のアプローチは、「今」だが「彼方」で起こっている出来事について、その様々な原因を探求するものとなる。加害者たちがいちいち声明の中に入れていてもいなくとも、イラクと、イスラエル－パレスチナの紛争の論点は、すぐにでも頭に浮かんでくる。この二つの大きな紛争には、欧米のほとんどの当事国が首を突っ込んでいる。さらに特にスペインには、セウタ、メリリャという、モロッコの北岸にあるスペイン領の二つの都市の問題がある。

　おそらくここでは、二つの個別のアプローチが必要になるだろう。戦争を止めてそれに伴う殺戮をやめることと、さらに、西洋諸国すべてに関わる紛争や個別の数々の紛争を、調停によって解決していくことの、二つである。

第3章 平和の探求——テロリズムと国家テロリズムの世界にあって

　第三のアプローチは、「かつて」「彼方」のセルについてのものである。植民地主義に焦点をあてながら、歴史と地理とを省みるのである。占領、支配という直接的な植民地主義、それに、親欧米で抑圧的な政権を支えている間接的な植民地主義の双方について、扱っていくことになる。
　植民地主義は、通常、強いトラウマとなる多くの事件を伴う。例えば、次のようなことが行われた。

1945年：アメリカ合衆国のルーズベルト大統領と、サウジアラビアのアブドゥル・アジズ・イブン・サウド国王の間で条約が結ばれた。アメリカ合衆国に、サウジの石油資源を開発する権利と、サウジ王室を自国民であるワッハーブの人々から守る義務とが付与された。

1916年：サイクス・ピコ協定が結ばれた。イギリスとフランスの外相は、もしアラブの人々がオスマン・トルコ帝国に対して蜂起すれば自由を約束するとした。アラブの人々はそうしたのに、植民化されたのである。イギリスはパレスチナとイラクを奪い、フランスはシリアとレバノンを取った。（パレスチナは1922年に、シス・ヨルダニアとしてのパレスチナと、後のヨルダンであるトランス・ヨルダニアに分割された。そして、パレスチナは1948年にイスラエルとパレスチナに分割された。）1916年の協定の上に、さらに1917年にはバルフォア宣言が表明され、オスマン・トルコ帝国は1918年に終焉を迎えた。

1925年：スペインが調達し、フランシスコ・フランコ将軍によって指揮されていた、アメリカ合衆国のパイロットたちの乗ったフランスの航空機によって、モロッコのシャウエンが爆撃を受け、多くの一般市民の命が奪われた。イタリアは1911年にリビアで一般市民への爆撃を開始し、イギリスは1922年にイラクで同じことをした。

　歴史の上での「彼方」は、未来の「眼前」を形取る。歴史を無視すると、リアリズムを欠いてしまう。「彼方」で行われたことが、その後いったいどう関わって来ることになるのか、問うてみさえすればすぐ解ることなのだが。しかし「眼前」のインパクトは、まるで自然の法則に基づいているかのように、次第にぼやけていってしまう。暴力行為の加害者は忘れるが、

しかし被害者は決して忘れはしない、という法則である。こうして紛争は、空間を超えてのみならず、時間をも超えて展開される。紛争は、ときに異時性を持つのである。

加害者側の国々では、上に挙げたような日付は、歴史家の研究の題材となり、専門家のみが引用するものとなる。しかし被害者側の国々では、ぞっとするような、恥辱にまみれた様々な事件の数々は、学校や寺院で、叙事詩や唱歌によって、そしてもちろん政治的な修辞によって、生々しく保たれていく。例えばビンラディンのあの有名な言葉のように。

「80年以上前にわれらが受けた屈辱を、今お前たちが受けているのだ。」

2001年から80年と「以上」とを引くと、ちょうど1916年や1917年（バルフォア宣言）の出来事を指すことになる。

加害者側では、様々な争いごとの記憶は次第に消え失せるが、しかし被害者にとっては、いつでもどこでも持ち出せるものになる。被害者が、加害者の失語症の中に埋もれてしまっている数々の過去の過ちに対して、請求書を提示するようなときに、その請求書は加害者によって、原理主義者の狂信主義のように読まれてしまう。苦情としてでなく強欲のように、憎悪により油を注がれた偏執者のように、読みとられてしまうのである。そして短絡的に、重厚な安全保障アプローチの引き金が引かれることになってしまう。

分類表の全ての根底にある、4つのセル全てにぴったりと当てはまる要因がひとつある。こうした問題を一段深いところから解き明かす要因であるが、それは、キリスト教や西洋社会一般と、イスラム教やイスラム社会との、関係性である。もしイスラム教を救世主論の伴わないキリスト教のようにしか見なさないならば、教義上の矛盾ばかりを目立たせてしまうことになる。一方、もしもイスラム教とキリスト教の2つの宗教を、人間の弱さという実存的な諸問題へのアプローチの違いとして見なすならば、そこには互いの尊敬や関心を育む基礎が生まれてくるだろう。対等の間柄に基づく対話がもたらされ、政治や経済や教育の諸問題についての解決法もまた、探求されていくようになる。ちょうど、2005年10月28日にマドリッドでなされたように。

紛争に関する以上のような分析に基づけば、6つの問題点と、それに

第3章 平和の探求──テロリズムと国家テロリズムの世界にあって

各々対応してなされるべき6つの仕事とが、導かれてくる。

(1) 移民とホスト国の間の諸問題について
　　→ 移民統合政策の見直し
(2) 戦争について
　　→ 戦場からの、また攻撃的なアクションからの、軍隊の撤退
　　（Army withdrawal）
(3) 現在進行中の、西洋諸国とアラブ諸国の間の、全般的な様々な紛争について
　　→ 調停（Mediation）
(4) 現在進行中の、西洋諸国とアラブ諸国の間の、個別の様々な紛争について
　　→ 調停
(5) トラウマ的な事件を伴ってきた植民地主義について
　　→ 和解（Conciliation）
(6) 文明や宗教の関係のあり方について
　　→ 対話（Dialogue）

アメリカ合衆国とイギリスは、それぞれ相手側との相互関係に着目していく平和のアプローチについては、低いパフォーマンスしか示さなかった。（しかし自閉的な安全保障のアプローチにおいては、実に高いパフォーマンスを示した。）それはさておき、スペインがしたことと、しなかったこと、に注目してみることとしよう。

〔1〕移民統合政策について。
　サパテロ首相は、雇用関係を証明することができればという条件のもとで、100万人規模の不法移民たちを合法化した。うち最大の集団は、ほぼ50万人に達するエクアドル出身者であり、モロッコ出身者がそれに次ぐ規模の人口を持った集団である。すべての宗主国──スペイン、イギリス──は、勝手に母親のごとく自称しつつ、植民地の人々に見習せるべき模範的な国々だと自らを位置づけていたが、このような立場の

取り方はとても危険であった。もし仮に独立闘争が「ただの」思春期の反抗のようなものに過ぎなかったとしても、慈悲深く立派な母親ならば、すべての子供たちに対してしっかりと責任を取るものだ。この立場取り上の危険性は、主に非植民地的（傍点訳者）な帝国主義を採り、全世界の模範者であるかのように振舞うアメリカ合衆国についても、あてはまってくる危険性である。

〔2〕軍隊の撤退について。

サパテロ首相は、2004年3月14日の選挙で勝利したそのすぐ直後に、約束を履行した。紛争の要因となってきた互いの殺し合いをすべて取り除くために、軍隊をイラクから引き揚げさせた。

〔3〕イラクと、イスラエル–パレスチナの調停について。

何もなされていない。

〔4〕スペインとモロッコの交渉について。

サパテロ首相は、初の外遊先をラバトとし、モハメド6世国王のもとへと出向いた。セウタ–メリリャのことを含む、まさに全ての問題群について話し合うための訪問であった。私の考える一つの可能性としてだが、これらの地を香港のようにするという解決策がよいかもしれない。即ち、一つの国旗を降ろして、もう一つの国旗を掲げる。一つの駐屯軍を撤退させ、もう一つを進駐させる。その他の事柄については、現状のままにしておくのである。（これは同時に、ジブラルタルについての、よい解決案でもあると思われる。）

〔5〕植民地主義やトラウマのための和解について

何もなされていない。

〔6〕文明や宗教の間の対話について

サパテロ首相とトルコのエルドアン首相は、2005年10月28日にマドリッドで、アートマン（Atman）財団を介して、西洋社会とイスラム社会の間の、初の対話を開催した。私は出席者の一人であったため、政治・経済・教育の3つの論題の全てにおいて、大変に高度な対話が行われた、とただ証言するだけに留めたい。そこでは、国教制度に反対の姿勢を取り、全ての宗教に対して尊敬の念を持って行う教育姿勢を望ましいものとする、という共通理解が得られた。これから、全般的な、そし

第3章 平和の探求——テロリズムと国家テロリズムの世界にあって

て個別的なフォロー・アップの対話が、実現されていくことだろう。

　サパテロ首相のアプローチは、まったく輝かしい業績であったが、サパテロの手法の特徴として、二点浮かび上がってくることがある。聞こえのよい言葉よりも行動したこと。そしてその行動を、反対派に発言機会を与えない（怒らせはしたが）くらいの速さで実行したこと、の二つである。こうして、これまで論じてきた6つの仕事のうち、実に4つを行ったのだ。しかし、サパテロ首相は、シュレーダー独首相やシラク仏大統領と同様に、中東問題についての可能な解決策を、実際に提案することまでは行わなかった。中東での安全保障と協力のための、ヘルシンキ型の会議（CSCME）——大国の拒否権の行使を避けるため、国連の外側でコンセンサスの形成を目指して行うものである——のような提案までは行うことはなかった。それに、過去の植民地主義やトラウマを引き起こしてきた事件に関しては、未だ何の積極的なプロセスも始めていない。

　では、サパテロ首相のこのような業績を踏まえて、イギリスが実施可能な政策を4つ挙げるとすれば、それは、どのようなものであろうか。

移民統合政策について

　イギリスでは、スペインと違って多数の不法移民の問題でもなく、そしてフランスと違って大きな失業問題でもない。しかし移民統合政策の問題を課題の一つとして位置づけ、意見を生成させ、政策形成を促すという点で出遅れている。イギリス当局が安全保障アプローチの考え方を取ったために、警察は監視体制の強化を図り、イマームやムスリム一般には、7.7の暴力反対の明確な宣誓が、包括的に求められた。これがもしも、この点で汚点のあるイギリスの警察もまた同様の誓約を実施したのであったならば、このやり方にも一理はあっただろう。しかし、平和のアプローチはもっと将来性があるものへ道を開いていく。"「今」「眼前」で"から、"「今」「彼方」で"を経て、"「かつて」「彼方」で"に至る、すべての問題群に手をつけ、自由に公然と論じ合うことである。表現の自由が真っ先に論題とされるお国柄であるだけに、実に簡単な方法であるはずだ。

63

イラクや、イスラエルとパレスチナの状況について
　殺戮と拷問を止め、CSCMEタイプの設定に基づき、様々な交渉を開始する。
過去の紛争やトラウマについて
　1916-17年の事件に関する調査委員会を設け、イギリスとアラブの、双方の歴史家を、王室直轄の会議（Royal Commission）の委員に任命する。そして、紛争の根の95％が歴史によるものであり、宗教に原因を発するものは5％に過ぎない、というシグナルを発信する。ブレア首相は、7.7事件の後、イマームたちよりも歴史家たちと向き合った方が、はるかに好ましい状況になっていたことだろう。歴史が始まったのは、9.11からでも、7.7からでも、3.11からでもないのである。
キリスト教とイスラム教について
　千のオープンな対話の花を咲かせよ。

　イスラム教の地域は、カサブランカからミンダナオまで、56の独立国家と、さらにインドやフィリピンのように、その国内でかなりの人口を持つ少数者としての拡がりを持つ。また、パレスチナを含むと22のアラブ諸国家がある。これら諸国の間に引かれているほとんど全ての国境線が、不自然なことにしばしば直線的である。これらの国境線は、イスラムの民の全てに打撃を与えた植民地政策の一環として、かつて西洋人たちによって引かれたものである。もちろんムスリムたちは一般的な傾向として、そしてアラブ地域においては特に際立った傾向として、これらの国境をよしとせず、アラブの一体化を夢見ているのである。OIC（The Organization of Islamic Conference、イスラム会議機構）の「C」を、会議（Conference）の「C」から、国々（Countries）や共同体（Community）の「C」に変えていくような大きな夢も持っている。力が均等に配分され、動機が充分に維持されていくならば、これら二つの夢はいつの日か、ほとんど例外を残すことなしに実現されることであろう。
　アメリカ、イギリス、フランス、イタリア、オーストラリアによるトラウマからは、"「今」そして「眼前」で"のタイプの暴力行為がさらに起こされるのではないか、と懸念されるほど、人々の怒りは鬱積している。フ

第3章　平和の探求——テロリズムと国家テロリズムの世界にあって

ランスはFLN（アルジェリアの民族解放戦線）との幾多の戦い（1945年の大量殺戮や、1954～1962年の戦争）を経てきたが、1990～91年には、多くのアルジェリア人を向こうに回しながらFLNに支援を与えてきた。これらに対するつけを支払わなければならないかもしれない。イタリアは、リビアのことに関して、つけを支払わなければならないかもしれない。

　では、オーストラリアはどうか。「彼方」で、つまりバリ島にあるサリ・ナイトクラブで、イスラム教を背景にヒンドゥー教と仏教とが境を接する島の上で、オーストラリアの男性たちにインドネシアの少女たちを提供したことについて、既に高いつけを支払っている。バリはオーストラリアの小児性愛者たちにとって、狩猟の場ともなっていたのだ。もしも「石油」が1945年の出来事を理解するためのキーワードであるとすれば、「権力」が1916-1917年と1925年のキーワードであり、2003年のナイトクラブの残虐行為のキーワードは、「性」である。

　西洋人たちは今、民主的に選ばれたモサデグ首相をCIA（米・中央情報局）とMI6（英・軍事活動情報第6部）の力で政権から追いやった、1953年の所業のつけを、イランに支払っている。英米に本当の謝罪をする気さえあれば、「核の危機」を解決するための、遠い道のりへの手がかりがつかめるかもしれないのだが。

　こういった物事に関する状況は、すべてがさらに悪くなっていく一方である。アメリカとイギリスが、スペインのように、暴力のエスカレーションよりも調停や和解という合理的な行動への道を選ぶ、という奇跡が起こりでもしなければ。

Ⅲ．平和及び戦争のオルターナティヴとなるアプローチ
——国家アクターと非国家アクター——

　実は世界は、2001年9月11日には、基本的には何も変わらなかった。確かに、生命の損失と財物のダメージはとてつもなく大きかったが、西洋による侵略戦争の中、ベトナムの人々が蒙った損失の、やっと千分の一に当たるほどだった。しかし、認識の変化は、かなりのものがあった。西洋

の植民地宗主国は一方向の戦争を常とし、自国内ではなく被植民地の彼方で戦い、死をもたらした。自国内を戦場とする双方向の戦争は、大国間の「世界大戦」の場合に限られ、大国の軍隊どうしの戦いと一般市民に対する爆撃（第二次世界大戦中の英米軍による空爆などの国家テロリズム）がなされた。ゲリラ戦、すなわち一般市民による軍隊への攻撃は、例えばナポレオンに対するスペイン人たちの抵抗運動のように、既によく知られていた。しかし、一般市民が一般市民を攻撃することは新しいことであり、大国はそれを識別し、踏み潰し、粉砕するために、新しい用語を必要とした。これが「テロリズム」と呼ばれるものの、正体なのである。これら一連の成り行きは、明らかに、社会的そして軍事的な事項についての対立から、弁証法的に次々と生み出されてきたものである。エリートと民衆の利益は一致することはないだろう。片方が望まぬ場合にも、もう片方は戦争に訴えたり降伏したり、といったことを行うかもしれない。戦争というものはエスカレートしがちである。軍隊は、まさか復讐されることはあるまいと考えるから、一般市民の殺戮を選ぶ。事実、軍隊はその能力を持っているし、実際に殺戮を行う。こうしてその次には、人民の戦争が巻き起こされる。

　これまでに、国際法上のいくつかのアイディアが出されてはきたが、いずれも大きな効果をもたらすものとは思えない。

　1．交戦法規（戦場の中の規範、**In bellum laws**）は、軍事目的と人道の要請の間の「釣り合い」の原則を用いて、戦闘を収拾に向かわせるか、あるいはエスカレートさせないための努力ではあったが、戦争を長引かせる効果もあるかもしれない。底辺に横たわる紛争の転換について、何も手が付けられなかった場合には、緩慢な砲撃が砲戦そのものを長引かせるような事態になってしまう。

　2．戦争に訴えることを規制する規範（**Ad bello rules**）は、正義の戦争を規定するためのものだが、戦争という制度そのものを正統化するために利用される可能性もある。例えば、「釣り合い」の原則を根拠にして、戦争をより受け入れやすくさせる手段として。

　3．人道的介入（**Humanitarian Intervention**）は、武力行使の正統化のために安易に用いられる口実だが、問題は「人道的」と「介入」のどちらに強勢がおかれるか、というところにある。人命などを保護する行為には、

確かに正統性はある。しかし根本的な原因に取り組む努力の方も、きちんとなされなければならない。

　4．**人間の安全保障と人権**（Human security and human rights）は、一定の保護を与えるかもしれない。しかし、紛争の原因を除去することはない。保護される者たちが安心できるように、邪魔となるものを取り除くことはよしとしよう。しかし本当の問題点は、人間の不安全（insecurity）や人権侵害とを好む何者かが存在する点にこそあるだろう。安全保障の敵と設定される者たちの目的を、もっと理解しなければならない。合衆国の性質を典型的に表す言葉である「おぼれたくなければ泳げ」のように、するかしないかはその当人次第とされてしまうと、人間の安全保障や人権のようなものは成立しなくなる。そこで人間の安全保障と人権を紛争転換の論法でとらえ直すことにより、人間の安全保障と人権を真に支持するのか、それとも不安全や人権侵害を好むのか、を識別させるのである。そこで、図表化し、正統性を見極め、そして両者の橋渡し（トランセンデンス transcendence）というやり方で、紛争にアプローチするという展開になる。または、妥協をする。または、正統性のあるものと無いものがはっきりする場合かどうかで、またあい争うことになる。安全保障や人権の論法は、根にある矛盾を覆い隠すため、現実を見えなくさせてしまうことがある。理性的でかつ現実的になるのはよいことだが、しかし、力にのみ与するような、いわゆる「リアリスト」となってはならない。

　5．**基本的必要**（ベーシック・ニーズ Basic needs）の考え方は、暴力をそれらを否定するものとして位置づけるので、使い勝手の良いものである。しかしこれもまた、社会の現実の中にある矛盾という側面を、覆い隠しかねない。

　紛争の性質を転換する、とは、問題の根幹に迫る、ということである。これらの5つのアプローチはすべて紛争転換に援用できるかもしれない。医学にたとえれば、解りやすい。個人と社会の衛生とは、本来同じものなのである。

　ここで、前世紀の初期に出現した（ただし、中世の真っ只中にその先駆的な存在はあった）、平和のための非政府アクターについて見てみよう。以下

に挙げるようなアプローチの手法があり、3つの世代がはっきりと存在していていた。

　平和とは、共感性を持って、非暴力的かつ創造的に、紛争に対処する能力である、と定義すると、以下に記す様々なアプローチがもっと解りやすくなる。紛争に対し、誤ったやり方で対処すると、もっと多くの暴力が起こるからだ。そして、「紛争（conflict）＝態度（Attitudes）＋行動（Behavior）＋矛盾（Contradiction）」という、ABCの3つの頂点を持った三角形を、頭の中に想い描いてもらいたい。紛争の原点には、互いに相容れない目的の存在、という矛盾がある。憎しみを持った、あるいは無関心な態度や行動は、しばしばその後に引き起こされてくる。これら3つすべてが、互いに刺激しあっているのである。

　このまましばらく経つと、この三角形は結晶化していく。「友や自己」の極の周りと、「敵や他者」の極の二つに両極化（polarize）し、味方の側はますます肯定的な態度や行動に飾られ、敵側にはますます否定的な態度や行動ばかりがまとわされていく。「友や自己」、そして「敵や他者」のイメージは、それぞれ次第に誇大妄想的で神経症的になり、味方の側の否定的な事柄や、敵側の肯定的な事柄を、落ち着いて考慮に入れることができなくなっていく。この現象については、社会病理学の観点からも言及することができよう。似た性質を持っているという理由で個々の人々を分類する、という集団的な精神の病に似たものとして位置づけられる。理性ある考え方は、消えてなくなってしまう。グロテスクで、既成の両極的な考え方に染められた、深層文化（deep culture）が堂々と姿を現し始める。大量破壊さえ伴いかねないような暴力の影が、忍び寄ってくる。市民社会が覚醒し、脱両極化がもたらされた以前の冷戦下の情況は、このA－B－Cのダイナミズムを説明するよい事例であった。ユーゴスラビアの内部やその周辺での紛争や、中東全般の状況についても、同じことが言えるだろう。テロリズムと国家テロリズムの関係の上にも、また同様であろう。

　このABCの三角形は、深層の態度（deep attitudes）、深層の行動（deep behavior）、そして深層の矛盾（deep contradictions）を、しっかりと見据えられるように用いることも可能である。これら三つの深層にあるものが、相容れない目的や、人々が何を感じたり考えたり、どのように振舞ったり

行動するか、という表層のレベルに現れてくる事象よりも、ずっと深いところから舵を取るような形で糸を引いていたり、少なくとも影響を与えたりしているものとして想定できるからである。"深層"とは、潜在意識の中にあり、隠された、表層より下にある、ということを意味しているのであって、うやうやしく深遠なものという意味ではない。これら3つに対応するものは、深層文化（deep culture）、ベーシック・ヒューマン・ニーズ、そして深層構造（deep structure）、として認識されるものである。うち最後の深層構造とは、人間の社会構造にある断層線――ジェンダーや階級など――に、合致するものである。

このようにして、平和のアプローチを得ることができよう。態度、行動、矛盾のそれぞれについて、表層レベルのものと、深層レベルのもの、合わせて6つのすべてを変換させていく試みである。そして、3世代の平和のアプローチが導かれる。

第一世代の平和アプローチ、第二次世界大戦まで
Attitude（態度）重視のものとして
　平和運動、会議、政策提言としての主張（advocating）、デモ。
Behavior（行動）重視のものとして
　戦争廃絶、社会制度としての戦争の除去。
Contradiction（矛盾）重視のものとして
　グローバル・ガヴァナンス、紛争転換のグローバル化

この3つは互いに関連しあっている。様々な平和運動の中で人々が表現したり、政府とともに地域大・地球大の調和を探求したり、民主主義や人権や様々な社会レジームのメカニズムを通じて、戦争の廃絶を追求したりする。このジェネレーションのモットーは、平和とは、軍人に任せておくにはあまりに大切すぎるものである、ということだった。

第二世代の平和アプローチ、第二次大戦以降
Attitude（態度）重視のものとして
　平和教育や平和ジャーナリズム、知識や情報のために。

Behavior（行動）重視のものとして
　　非暴力、争うことはあっても、非暴力的に。
Contradiction（矛盾）重視のものとして
　　紛争転換、紛争を創造的に解決する。

　この3つも、第一世代のものから更に発展を遂げながら、互いに関連しあっている。冷戦を通じ、核戦争の一触即発の情況下で各国の政府が立ちすくむ状態を見て、平和がはたして各国の政府の求める利益の中で優先度の高いところに位置づけられているのか、と人々は疑い始めた。そして各国政府の能力の限界についても、疑いを持った。人々は平和のための教育や研究が必要と感じ始め、そしてガンディーや、マーティン・ルーサー・キング・ジュニア、マンデラ、ツツらに心動かされ、闘いのために街頭に姿を現した。一般人のNGOによる外交のパターンが、各国の政府が動き出すのをただ待ち続けるよりは、と紛争解決の場面に登場し始めた。このジェネレーションのモットーは、平和とは、政府に任せておくにはあまりに大切すぎるものである、ということだった。

第三世代の平和アプローチ、冷戦以降
　Attitude（態度）重視のものとして
　　平和の文化（peace culture）の創造、必要に応じて深層文化に説き及ぶような。
　Behavior（行動）重視のものとして
　　ベーシック・ヒューマン・ニーズ、かけがえのない標柱として。
　Contradiction（矛盾）重視のものとして
　　平和の構造、ジェンダーのような断層線の修復を図れるような。

　表層的な事象の下にある、平和のためのしっかりした基礎が探し求められた。フロイトとユング（必要と文化）、そしてマルクス（必要と構造）が唱えたものを、より一般的に押し広げることにより、得られるものである。この世代のモットーは、平和とは、浅いアプローチに委ねておくにはあまりに大切すぎるものである、ということである。

第3章 平和の探求——テロリズムと国家テロリズムの世界にあって

　第一世代のアプローチは、戦争に対しての反動として現れた。人々は、政府間の協力を通して、諸民族や諸国家を乗り超えたところにある平和を求めた。第二世代は、政府に対しての反動として現れた。人々は政府に対してますます懐疑的になり、そして平和のために自ら働くことを思い立った。第三世代は、単純すぎるアプローチに対しての反動として現れた。深層にある根を発展につながるようにと具現化させる。それは即ち、ベーシック・ニーズの充足への道でもあった。

　紛争は、ライフ・サイクルや位相を持っている。暴力の勃発と停戦の流れに対応しつつ、5つのアプローチがはっきりと示されている。国連によって用いられるものを、以下に記してみる。

フェイズⅠ： 暴力の行われる以前
　平和的な仲介や調停（Peacemaking；紛争転換 conflict transformation）、**平和構築**（Peacebuilding）
フェイズⅡ： 暴力の行われている間
　平和維持（Peacekeeping）、**平和地帯の創設**（Peace zones）訳注〔6〕
フェイズⅢ： 暴力が行われた後
　和解（Reconciliation、再建 Reconstructionとともに）、これには他の全てのアプローチも加えていく。

　問題は、しばしば上のような順序とは逆の順序で物事が進められることである。和解を懐柔策や宥和策（pacification）にすげ替え、平和維持を停戦の監視（ceasefire monitoring）から平和強制（peace enforcement）にすげ替えるようなことが、実際に行われている。そして平和構築を幻に帰させてしまっているのである。平和的な仲介や調停は、すべての作業に先行するか、あるいはすべてに伴って進められなければならないのだ。
　これまで述べてきたことにかかわらず、このような平和のための一連の活動は、国家主体との協力関係の扉をも開くものである。非国家主体は、国家による暴力の独占状態と競うのではなく、その行使の仕方に対して抗い、そして国家主体による平和アクションの独占状態と競い合う。国家主

体との協力的な関係は、上に挙げた5つのアプローチのすべてに必要である。非国家アクターは紛争転換を可能にするだろうし、国家アクターはそれを後から支えて、やがて成果が生まれれば、条約文の中で公式な形にしていく、というのがよいだろう。平和構築は、両極化や、社会や個人の病理に対する解毒剤であり、フェイズⅠで予防的に、フェイズⅡ～Ⅲでは治療的に機能する。平和維持（暴力のコントロール）と平和地帯の創設（平和のモデル）については、軍隊、警察、そして一般市民が一緒になって行えれば最良の形となる。そして和解、すなわち暴力のトラウマを癒し、争いに終止符を打つプロセスには、もし暴力を用いた国家アクターがあるなら、必ずその中に含めて行われねばならない。テロリズムと国家テロリズムの間の戦争に関しては、すべてのアプローチが必要とされる。一方の当事者による、他方の当事者の制圧のみが要求されるものではない。

　最後に、平和研究や平和学についてはどうだろうか。平和研究や平和学はこれまで挙げてきたすべてのアプローチに加えて、さらに多くの事項をカバーしなければなるまい。ミクロ（個人の内部または対人関係）、メソ（社会間の関係）、マクロ（民族間や国家間の関係）のすべてのレベルにおいて、人間の関係性についての一定の理論を描きえるものでなくてはならない。旧来の、1学期単位のものや夏期コースによるタイプのものは、時代遅れとなる。医学・保健学に対する大学の医学部と同様に、平和学部を設け、4～5年の専門教育と実習を課し、平和専門家の育成を図る。

補論：英米による、テロリズムについての12個の過剰単純解釈（reductionism）について

1．テロリズムという過剰に単純な用語を用いることで、戦争を一方向のみの暴力としてしまっている点。

　戦争とは、双方向の暴力であり、ともすると膨大な時空をも超えて行われうるものである。そして暴力は、また次の暴力を生むものである。戦争は、長い間、軍隊及び制服を着ていない一般市民たちによって戦われてきた。一般市民による戦いは、第二次大戦中でのように、ゲリラ戦、小さな

第3章 平和の探求——テロリズムと国家テロリズムの世界にあって

戦争、抵抗運動、などとしばしば呼ばれてきた。戦争は、長らく軍隊及び市民たちを対象としていた。戦争とは、厳密な意味では軍隊対軍隊のものである。ゲリラ戦は市民対軍隊である。国家テロリズムは軍隊対市民である。そしてテロリズムとは、市民対市民の間で行われるものである。

　このように、話は実に簡明なことではないか。しかし、このような用語や類型化のやり方は、戦争遂行の手段についてのみ焦点を当てている。ヒトラー主義を「強制収容所主義」、スターリニズムを「強制労働収容所主義」、イギリスの植民地主義を「砲艦主義」「懲罰的遠征主義」、そしてアメリカ帝国主義を「空爆主義」と呼ぶ類のものである。これらはおそらく、すべて的を射た言い方ではあるのだろう。しかし「テロリズム」のような表現を採ることは、実際に起こった出来事の意味を曖昧にさせるというもくろみを孕んでいる。「テロリズム」という言葉を用いて、他者を知能指数の低い者のように扱う者は、実は自身の知能レベルをうっかり暴露しているのである。

2．9.11や7.7を歴史の始まりとする点。これは単純化主義者による現在中心主義的な発想である。テロリズムは、それ自体が原因ではない。その前に、長い歴史的ないきさつがあるのである。

　この因果関係の鎖は、実に複雑である。その鎖は、西洋社会全般に、また特に英米による世界支配のあり方に絡みつくようにして、様々な経緯を持っている。そしてアメリカ合衆国による、第二次大戦後70回以上に及ぶ軍事介入の動きにかぶさるように、格別に深く絡まり合っている。特に次の3つの地域をめぐる動きである。

　アメリカの軍事介入の、空間的なパターン——第二次大戦後の3つの地域性
　　1950年代～60年代　　地域Ⅰ　東アジア　　　　儒教−仏教
　　1970年代　　　　　　地域Ⅱ　ラテンアメリカ　カトリック・キリスト教
　　1980年代～90年代　　地域Ⅲ　西アジア　　　　イスラム教

　受けた介入に対して、仏教は慈悲を与えるかもしれないし、キリスト教

73

は、同じキリスト教徒によるものであるならば、世界を牛耳るパワーについて承認するかもしれない。しかしイスラム教は、攻撃に対して赦しもしなければ、世界的なキリスト教の権威も認めない。イスラム教の反撃があるのでは、となぜ考え及ばないのだろう。ほとんどの人間は、10歳にもなれば自閉症的な位相をすっかり卒業し、善悪の両面について、その原因についても結果についても、自己と他者の両方を考えに入れていく相互関係の位相に入る。仏教は、ピアジェより2500年前に「縁起 co-arising dependency」を既に示していたことで知られる。他者を自閉症的だと非難する大国は、自身の自閉症を露呈しているだけなのだ。

3．西洋に対する暴力を、イラクや、イスラエル–パレスチナ関係のみに帰するものと見ている点。

因果関係の鎖は、植民地化した者と植民地化された者の間の歴史と絡み合っている。アラブやムスリムの専制政治を支援しつつ、以前に植民地化した国からの移民を受け入れることもできずにいる。この両方のプロセスにおいて、しばしば直接的暴力と構造的暴力の両方を行ってきた。個々には場所により様々な事情があって、いくつか共通の要因があったとしても、すべての説明にはなりえない。

4．アルカイダやその本拠地にしばしば関連づける点。

組織としては必ずしも強固とは言えないものを名指しでしばしば言及することによって、事態を把握しコントロールしようとする。「イスラム教やそのジハードのステージにおいて連携している、膨大な自発的な小組織群や人々による運動」の方がはるかに強固であるばかりではなく、今まさにラテンアメリカで起こっているような、反植民地主義者や反帝国主義者の運動を、ますます活発化させることにもなるだろう。

5．ビンラディンにしばしば関連づける点。

一人の人物の名前を挙げて、事態の複雑性を把握しコントロールしている気になると（「生死に関わらず」ビンラディンさえ捕らえることができたら）、首謀者の居ない活動の実力を過小評価することになる。ビンラディンを邪

悪の象徴としてのルシファー（キリスト教の教えで、神に近い天使長だったが堕してサタンとなった存在）になぞらえる前近代的な投影が見られる。

6．「首謀者」にしばしば関連づける点。

　活動に関与する、普通の人々の知的能力を過小評価している。第一次インティファーダでは石のようなそこらにありふれた単純な資材が使われ、第二次インティファーダでは自爆攻撃が、そして9.11の事件ではついに飛行機が爆弾のように使われた。その結果、飛行機を用いない爆弾に基づくテロリズムと、爆弾と飛行機を駆使した国家テロリズムの間のギャップが縮まった。このような攻撃法は、西洋の「諜報機関による情報収集活動 intelligence」によっては何ひとつ予見されなかった。心的で精神的な「スパイによる諜報活動 humint」よりも、物質的な活動が重視されていたためである。「首謀者」を探す、というアプローチは、諜報の不備を露呈するだけで、明らかに次の段階で起こりそうなことを予期する際の、妨げにもなろう。

7．「資金供給源」へしばしば関連づける点。

　資本集中型の活動に比べて、頭脳型・犠牲型の活動の威力を、小さく見積もり過ぎている。西洋の軍隊の任務遂行能力及び西洋の諜報機関による情報収集活動の芳しくない成果は、その逆を示唆しているかもしれない。

8．「殉教」にしばしば関連づける点。

　殉教の動機のための犠牲としてというより、むしろ損得勘定に基づく利己主義をとらえる。真にその動機の原因となっているのは、西洋、特に英米の支配に対してである。

9．「イスラム原理主義者」にしばしば関連づける点。

　イスラム原理主義が存在しないからという訳ではない。他者の中にのみ原因が存在しているとして、キリスト教原理主義者を脇に置いているところに問題がある。現在と過去の、積もり積もった政治的・経済的・軍事的・社会的な要因をも、棚に上げてしまっている。たとえキリスト教の宣

教師やイスラム教がそこで何らかの役割を演じていたとしても、歴史というものは、宗教だけを見て理解することはできないのである。

10．「外国人」にしばしば関連づける点。

主に西洋によって引かれた国境線に隔てられてはいても、カサブランカからミンダナオに広がるイスラム教の結集力や、アラブ諸民族の結集力を、過小評価してしまっている。

11．個人的な憎しみや行動としての暴力にしばしば関連づけ、根底にある矛盾については関連づけようとしない点。

これでは、憎しみや暴力をコントロールするという終わりのない徒労に、西洋社会を叩き込むことになる。他方、交渉や停戦協定、調停によって、これらの悪循環の輪を終わらせる努力をも、また妨げてしまうことになる。ダール・アル・アード（dar-al-ahd）を想起すべし[訳注7]。

12．破壊能力のレベルにしばしば関連づける点。

脆弱性のレベルについて顧みることを、すっかり視野の外に置いてしまっている。西洋の、そして特に英米のことだが、その巨大な破壊力は、自身にある脆弱性のため弱体化しているのである。そして、もう一方の当事者のはるかに劣る破壊力には、都市やジャングル、山地や数え切れない洞穴、などに散在する、ずっと高い非脆弱性（傍点訳者）があることを考慮しなければならない。人々の態度と行動をコントロールすることにより、他者の破壊能力を低減する作業の多くは、西洋の民主主義をも破壊することに繋がる。例えば標的となりうる箇所を強固にするなどの手法を用いて、脆弱性についてもっと焦点を当てるやり方を採っていれば、西洋はもっと防衛的な手法の方向に多くの力を注いでいたかもしれない。従って、暴力のエスカレーションの火に油を注ぐことにはならなかったであろう。西洋社会が自身を破壊している様子を見て、今、アルカイダは満足げであるかもしれない。

これら12個の単純極まる考え方のすべてが、高い優先度を置かれた安

第3章 平和の探求——テロリズムと国家テロリズムの世界にあって

全保障のアプローチと、合い通じている。常に相手側が面倒なものと見なされ、その相手方についてまず「分析」する。このうちのいくつかは、必要だろう。しかしながら、紛争と不調和に焦点を当てずに済ますことのないようにすることばかりではなく、協力と調和にしっかりと焦点を当てようとすることが不可欠である。2005年10月のマドリッドで、西洋とイスラムの間の対話において、はっきりと示されたように。

　ここに指摘してきた単純すぎる解釈のような、知性の欠陥が続くとすれば、21世紀の暴力の熾烈さは、20世紀を大きく凌ぐこととなるかもしれない。そして、そのような知性の欠陥は、主に西洋社会の側にこそ源を発しているのである。

　＊編者注記
　　本論文は2006年9月29日に国際基督教大学で開催されたCOE講演会シリーズ・第9回講演会「9.11以降の平和運動と平和主義」でのヨハン・ガルトゥング教授の英語での基調講演 "Searching for Peace in a World of Terrorism and State Terrorism" を邦訳したものである。

〔注〕
（1）London etc, SAGE, 1996。
（2）"Transform & Transcend"（London, Boulder Co: Pluto, Paradigm, 2004）を参照。
（3）2005年9月11日（ヨーロッパの暦での9月11日）に、DFID/FCO/DOD Retreat Eastbourne, Englandにおいて、当地の紛争スペシャリスト達のために最初に発表したものである。また、2005年7月11日に、London School of Economics, London においても発表したものであるが、いずれも未出版である。

〔訳注〕
〔1〕著者のガルトゥング博士が共同代表を務めるNGO、TRANSCENDの活動については、http://www.transcend.org/、及びhttp://www.transcend-nordic.org/を参

照。なお本訳文では、"transcend" や "transformation" に、比較的意味の通り易いと思われる「紛争転換」の訳を用いているが、これらの用語やトランセンド法についての詳細は、TRANSCENDと連携して主に日本での活動を進める、トランセンド研究会のホームページ（http://www.transcendjapan.org/）を参照されたい。

〔2〕"Joint Project" とは、包括的な和解のプロセスの中で、特に紛争の加害者と被害者とが、過去の癒しや清算を踏まえて、未来の建設のために、共に再建に携わったり、将来像を一緒に考えていったりすること（例えば、両者が共に廃墟の再建に携わり、よりよい未来を一緒に考える、など）を指す。ヨハン・ガルトゥング（京都YWCAほーぽのぽの会　訳）『平和を作る発想術』岩波ブックレット No.603　岩波書店　2003年　参照。なお、ICU21世紀COEシリーズでは、「共同プロジェクト」との訳を用いている。

〔3〕訳文中では "Conflict" を「紛争」と翻訳しているが、論文の中で明らかにされていくように、表面的な暴力の事象のみを指すものではなく、対立の原因となっている根本的な要素を含んだ、幅広い概念として用いられている。著者がこの後、紛争解決の分析に際し、個人間のトラブルから国家間の戦争のレベルまでを幅広く対象としている背景には、このような "Conflict" 観があるものと思われる。

〔4〕著者は講演などにおいて、かねてより「よくテロ、テロ、という言葉が用いられるが、この言葉は、私は実はあまり用いたくはない。」と発言している。その理由は、論文の後半にかけて、また補論部において次第に明らかにされていく。訳文では、慣用的な表現との連接を考慮して、これらを「テロと呼ばれる事件」「いわゆるテロ事件」としたが、原文はこの種の事件の記述に対して、terrorismの表現をあえて避けているように思われる。

〔5〕筆者が、爆破事件の実行者、植民地支配や侵略行為などを行った諸大国の為政者ら、暴力行為の実行者を全て「加害者（perpetrator）」の一語をもって表わしていることに留意されたい。

〔6〕TRANSCEND のオンライン講座である、トランセンド平和大学（Transcend Peace University、http://www.transcend.org/tpu/index.shtml）には、「平和地帯（Peace zones）」のコースが設けられている。その概要によると、"peace zones" とは、いわゆる「非核地帯（nuclear free zones）」だけを指すものではなく、平和の建設のためのさらに広い概念として、いくつかの実例を伴いつ

つ定義されている。この他に、論文中で紹介されている、トランセンド法、態度・行動・矛盾の三角形、深層文化、などの諸概念については、次の訳書において詳説がなされているので、参照されたい。

　ヨハン・ガルトゥング『平和的手段による紛争の転換——超越法』(伊藤武彦、奥本京子　共訳) 平和文化　2000年

　ヨハン・ガルトゥング、藤田明史　共編著『ガルトゥング平和学入門』法律文化社　2003年

　ヨハン・ガルトゥング『ガルトゥングの平和理論——グローバル化と平和創造』(木戸衛一、藤田明史、小林公司　共訳) 法律文化社　2006年

〔7〕著者は、イスラム教思想における、異教徒との共存の余地を創出しうる概念として位置づけている。

　Johan Galtung 'The Middle East: What Peace Might Look Like' "Palestine-Israel Journal" Vol.13, No.6, Middle East Publications (2006) 参照。

第4章

ディアスポラ、帝国、抵抗
――断絶と反復としての平和とサバルタン[1]――

レスター・エドウィン・J.ルイーズ
(前田幸男 訳)

人間の考案した二つの技法、すなわち、統治の技法および教育の技法はたしかに最も困難なものと見なされうるが、しかしその理念についてさえまだ異論の余地はあるのである。　　　　　　イマニュエル・カント[訳注1]

もしそれを可能にさせるような不器用なアプローチの痕跡が残っていないのならば、合理的な説明が権威の表明になる……。学問世界が現実に対する表明のいかなる検証も「政治的なもの」として拒絶する一方で、政治的世界は、学問的訓練としての検証の実践の客観的説明を回避する。
レジス・ドブレ[訳注2]

およそ宣言された断絶は、宣言されない反復なのである。
ガヤトリ・チャクラヴォルティ・スピヴァク[訳注3]

I. 第一の断絶と反復
――場所（LOCATION）と批判――

　崇高であることを欲するのと同様、私が従事している知的生産、再生産、表象は、どれだけ個人的に潔白であっても、またたとえどれだけグラムシのいう「有機的知識人」であることを熱望しているとしても、依然として日曜大工 (bricoleur) とまではいわなくとも、特権化された男性の遊歩者 (flaneur)、と人が呼ぶかもしれない言説のままなのである。すべての知的作業が特権を通してなされるゆえに、それは危険と可能性の双方をはらむ。

すなわち、われわれは理性や自由によってだけでなく、誤りによっても特徴づけられる人種であるゆえの危険性である。および、人間は「誤りを免れることはできないこと」をよく理解している批判哲学として読み込まれた思考の歴史が、「いくつかのものは他よりもより持続性をもって、試行錯誤の歴史、すなわち、複合的な視角（visions）と修正（revisions）の終わりなき歴史」になるゆえの可能性である[2]。シャロン・ウェルチが論じているように、そのことはかつてミシェル・フーコーが以下のように指摘したことであった。すなわち、「もし科学史が非連続なものであるとしたら——つまり、もしそれが、終局的かつ永遠に真理の最終的な瞬間を決して自由に設定することのない新たな配置としての、一連の『訂正』としてのみ分析されうるとすれば——繰り返しになりますが、理性とは、『誤り』が約束された達成の無視あるいは遅延を構成するのではなく、人間の生に固有で、その種の持続［時間］に不可欠の次元を構成するものなのです」と[3]。

　本稿では以下のことを明らかにしたいと考えている。すなわち、場所（location）だけでなく、立場性（positionality）や術策の認知が、単に魂にとって善いことであるという告白であるだけでなく、むしろ方法論的に転換への道筋としての知の生産と再生産にとって決定的であるということ。ここでの転換とは、紛争と協調、持続と変化、正義の創造という文脈において根本的によりよきものでもある新しいものの創出を指している[4]。ここでは自己批判的な説明責任を確認することで始めることが是非とも必要である。なぜなら、「およそ宣言された断絶は宣言されない反復だ」からである。再度、フーコーの声を聞いてみよう。

　　私は作品、書物、章句、考えを裁こうとはせずに活性化させようとする批評を思わずにはいられません。その批評は火をともし、草が成長するのをながめ、風の音を聞き、宙に舞う泡を捉えて散開させるでしょう。それは判断をではなく、存在のしるしを多数多様化するでしょう。そうしたしるしに呼びかけ、それらを眠りからよび覚ますことでしょう。またしばしばそれらを創出するかもしれません。なんとすばらしいことでしょう。判決を下す批評なんて眠たくなるだけです。私

第4章　ディアスポラ、帝国、抵抗——断絶と反復としての平和とサバルタン

が好きなのは想像力にあふれたきらめく批評なのです。それは主権者でもなければ、法服をまとってもいないでしょう。それはあたう限り激しい嵐の輝きをもっているでしょう⁽⁵⁾。

フーコーは続ける。

> 一人の知識人の仕事とは、他の人々の政治的な意志を捏ね上げることではありません。それは、彼自身の活動の領域・専攻分野において彼が行うさまざまな分析を通じて、自明なこと、公準と思われていることを何度も問いなおし、さまざまな慣習、思考や行動の様式に揺さぶりをかけ、一般に認められている平俗な馴々しさを一掃し、諸々の規則や制度を再検証し、そしてそういう再-問題化の作業に基づいて、……ある政治的な意志の形成に参加することなのです——そこでは彼は一市民としてのその役目をはたすでしょう——⁽⁶⁾。

私は以下のことを示唆したい。つまり、平和、宗教、政治に関する言説は、このようなシンポジウムに集まる際、（われわれの個々人の実践としての）「日常生活」の世界から引き出される一方で、それら（言い換えると、われわれの知的生産、再生産、表象）は、世界中ではないにしても、ほとんどのアメリカ中の高等教育機関において、しばしば当然のごとく、支配的な思考様式である知的観念主義（intellectual idealism）の中に深く埋め込まれるようになっている、ということである。「知的観念主義」という言葉によって、私は現実の概念への屈服、あるいはキリスト教神学的言語でいえば、神の属性を神の存在として誤認してしまうことを意味している。この観点によれば、知は現実の抽象的な表象へ転換されることになる。このことはなにもそれらが真実ではないということを主張しているわけではない。こうした諸表象は、それらが表象しているとわれわれが主張するものと混同されないための、現実の異なった秩序の一つなのである。知的観念主義とは、観念への現実の屈服である。おそらくより重要なことは、社会の中の他の諸制度が、かれらの手引きやひらめきを引き出すまではいかなくとも、正当性を引き出すような知と真理の特権化された自律的な貯蔵庫

として、制度とその知識人たちを見なしている点である。

　無関係ではないが、異なった文脈において、ジャック・デリダは、しばしばそれが含意されている諸関係の集合体から自律的であると信じられている知的観念主義が、近代の大学それ自体の存在理由、すなわち大学の存在を正当化する根拠として解釈された理性原理の中に深く染み込んでいる、と論じている⁽⁷⁾。不運にも、近代世界においては、理性はしばしば道具的技術的な合理性として無批判的に理解されてきた。この種の合理性の勝利が、結果的により優しくて人間的な生の情熱の失墜をもたらし、よって、それが人間性と自然を破壊することになった、ということは、思い出すかぎりにおいて重要であると別の所で説得的に論じられている⁽⁸⁾。

　常にこの理性の大きな物語は、疑いの余地なく地球大に広く循環し、物語それ自体を再生産するような「細部まで行き届いた権力の儀式」⁽⁹⁾とフーコーが呼ぶものを生み出し、その結果、大学や知識人たちの自然化された住処となった近代として知られている政治的、経済的、文化的、社会的領域を構成した。「近代」という言葉によって、私はリチャード・アシュレーを導きの糸として、「西洋社会に支配的で、合理主義理論において表現され、科学・技術・法律・国家を経由して普遍化する理性と社会的調和の漸進的展開を軸とするような、啓蒙思想に根づく多面的な歴史的物語」を意味している⁽¹⁰⁾。アシュレーは、われわれが多面的な歴史物語の外観を特定することを助けてくれる一方で、アンソニー・ギデンズは、近代の四つの制度的次元（競争的労働と商品市場の文脈における資本蓄積としての資本主義、自然の変容あるいは「つくられた環境の開発」としての産業主義、情報のコントロールと社会管理としての監視、戦争の産業化の文脈における暴力の手段のコントロールとしての軍事力）を論じている「近代の諸帰結」の中で有用な近代の制度的な地図作製法（cartography）を提供している⁽¹¹⁾。われわれは、諸制度が近代の大きな物語を構成する諸実践とともに、程度の差こそあれ、どれほど深く完全に導入されているかを理解するために、それらのレトリックや慣例、手続き、立証の様式、授権と正当化の儀式、官僚制やヒエラルキーといった国家と社会の支配的な諸制度を注意深くみていく——お望みであれば媒介する——必要がある。この論点に関しては、本稿の後の部分で答える。

第 4 章　ディアスポラ、帝国、抵抗——断絶と反復としての平和とサバルタン

　近代の物語に存在する知的観念主義を理解するための重要な点とは、その言語中心主義的性質である。この言語中心主義とは、すべての思考や感情、行動といったものを、それ自体問題がなく、非歴史的で、したがって批判的説明の必要性のないものとみなす傾向性において示される。それはまた、上記の思考、感情、行動を、いくつかの基本的なアイデンティティ、解釈原理あるいは必然的な思考の本質に基礎づけられたものとみなす傾向性にも示されている。アシュレーが指摘しているように、この言語中心主義的な性向にとって決定的なのは、歴史の内部での政治的諸実践の偶発的な効果としてではなく、歴史形成の基礎あるいは起源として、解釈と実践の原理がそれ自身の内部に存在するものとして理解されるという点である[12]。こうした性向は、われわれの多くにとって馴染み深い聖書に基づくメタファーを使用することによって、支配の基礎とはいわないまでも、みずからのイメージの内部で人間の生活を創出し再創出する、節合原理のひとつとなっている。

　このような大きな物語は挑戦されないままとなっている。ジョン・デューイやイヴァン・イリイチ、パウロ・フリエレらは、教育学的、政治学的、文化的な立脚点からそれに挑戦してきた[13]。最近の20年間の中で、私は二つの挑戦に惹きつけられてきた。一方で、理性原理に透明性を付与することによって、デリダが言語中心主義的な性向への屈服を拒み、大学の始原（*arche*）と究極の目的（*telos*）としての理性、さらにはそうした知識人たちの観念主義者的な追求に徹底的な疑念を投げかけている。そうすることによって、彼はこうした近代的な諸々の高等教育制度だけでなく、そこでの知識人たちの道徳的責任までも問題の俎上にのせているのである[14]。他方で、リオタールが、「正当化のメタ物語機構の衰退には、とりわけ形而上学としての哲学の危機、そしてそれに依存していた大学制度の危機が対応している」[15]と記述して、メタ物語への深い疑念を表明している。

　デリダとリオタールによって提起された文化的・哲学的挑戦は、実際のところ政治的・教育関連性を有している。いくつかの歴史的にも重要な例がここでは注目されるかもしれない。i）パウロ・フリエレは、支配の場である近代の教育実践を拒絶するような解放の教育学を展開した。ii）ジム・メロッドは、「日常の労働世界と本質的に理論的明白性を求める知

的実践という別の世界との間の親密性」を証明することによって、彼の専門分野の審美的観念主義と呼ぶものに挑戦している。iii）アルビン・グールドナーは、文化的変容に相対した曖昧な遺産を保有しているとはいえ、知識人がしばしば「国際的階級闘争における歴史的行為主体」であると示唆することによって、より明確な政治的批判を節合している。やや異なる調子ではあるが、ノーム・チョムスキーも、学問研究がアメリカ合衆国の強制的な権力を支えるのに寄与している大学と知識人の批判に焦点を合わせている(16)。同様に、とりわけイリイチの「共生」(conviviality) という考え方と共生という日本特有の概念の一部を引用しているICUのCOEプログラムも、おそらく同様の文化的、哲学的、教育的挑戦を希求するものとして読まれるかもしれない(17)。

　加えて、こうした歴史的に重要な事例は、実際、大学とそこでの知識人によって表明された近代主義者の語りにおいて断絶となっている。こうした挑戦が、異なった観点に起源を求め、異なる目的地をもつ一方で、それらは少なくとも一つの決定的な点において交錯するのである。そのことの意義は、しばしば自明性ゆえにひどく過小評価されている。すなわち、レジス・ドブレの言葉を使えば、これらの挑戦は学問的主張の客観的な説明と現実に対するこうした主張の検証との双方を主張しているのである(18)。この同じ交錯する一点において、反復の危険が知の生産と再生産のレベルにおいてだけでなく、消費と表象のレベルにおいても生じる。たとえば、日本文化の世界平和への独自の貢献としての共生の重要性と望ましさを主張するだけでは十分ではない。必要とされるのは、「コミュニティー」に対する際立った願望が記されている「空虚な記号」として機能するかもしれないような特徴を明らかにすることだけではない。実際、「空虚な記号」として、それが日本文化のいくつかの側面と関連している家父長制的で戦争を煽るようなイデオロギーと感覚への移行を可能にしてしまうのか否かを明らかにすることも、必要なのである。実に、『永遠平和のために』のイマニュエル・カントは、われわれに21世紀における世界平和のための注目に値する宣言を提供しているのかもしれない。しかし、それはこれまでのところ、不幸にも「永遠平和」に影を投げかける普遍的「秩序」の命法に全力を傾けるホッブズ的世界の言語中心主義的な前提から読み出され

た、カントの「定言命法」の亡霊を、追い払うことを可能にしたのだろうか。すべての宣言された断絶は、宣言されない反復である。ニーチェはそれを「永劫回帰の神話」と呼んだ。

II. 第二の断絶と反復
―― 2001年9月11日以降の世界におけるアメリカ主導の帝国 ――

　従来型の見識によれば、平和と宗教と政治、とりわけいわゆる西洋とグローバルな北における平和運動と平和主義の政治は、今日われわれが単に「9.11」と呼ぶ出来事によって分裂していると思わせるだろう。20世紀の最後の25年間に、ソ連におけるペレストロイカからアメリカにおける「平和の配当」、およびデタントやベルリンの壁や南アにおけるアパルトヘイトの明らかな崩壊を目にすることができた。このように世界平和の実現可能性によって彩られた時代であったということを想起しよう。「政治的解決」という楽観主義が、革命運動という武力闘争に転化してしまうことも想起しよう。国連サミットの成功や「グローバルな市民社会」の登場、とりわけ現在、世界社会フォーラムとして知られるに至ったようなものの登場にも、同様に注目すべきである。

　依然として完全には掘り下げられていないままのこの知見には、多くの真理が存在している。実際、安全の侵害ということのみならず、理解や文明的調和の侵害でもあったという意味で、9.11事件自体が深い断絶であったという想定の下に、この国際シンポジウムは開かれている。今日に至るまで波紋を呼び続けている9.11事件以降に続く諸々の出来事は、このような侵害だけをほのめかしている。すなわち、アフガニスタン侵攻、サダム・フセインのイラクの占領、そして「先制的な」アメリカ主導のグローバルなテロとの戦いといった出来事は、20世紀最後の25年間の中で歓迎された平和への道筋の断絶なのである。千葉眞が、正しくも指摘しているように、アメリカでは、理に適った平和主義者たちは、グローバル化したテロリズムの世界にあって、哲学の適切性あるいは平和主義の有効性の再評価とまではいかなくとも、政治的なるものの再評価と取り組んでいるの

第Ⅰ部　9・11事件とその後——平和問題、テロリズム、国家テロリズム

である。アメリカのヘゲモニーへの一貫した批判で知られているリチャード・フォークでさえ、9.11事件以降のテロリズムの脅威へのある種の比例した反応の必要性に直面して、この批判を括弧に括る用意をさせられていた。グローバルなテロリズムに対するアメリカ主導の戦争がイラクの占領と大量破壊兵器に関する虚偽の中で明らかになった後になってはじめて、彼はアメリカが何よりもまずポスト－ポスト冷戦期のヘゲモニーの更新に関心をもっていたという批判に戻ったのである。

　6年後、こうしたアメリカの更新作業は、以下の施策の中に見いだされる。すなわち、アメリカの愛国者法および他国によって制定された類似の法律の中でのその再生、そして世界中の通関手続地でなされている冗長でその有効性が立証されてもいない防衛措置。さらには、アメリカの外部にいわゆる不法入国の外国人を締め出すためにアメリカとメキシコの間にマジノ線やベルリンの壁のようなフェンスを立てるといった興味深い国境管理措置のために、現在のアメリカで数億ドルが費やされ、今後も費やされることになっているという事実。それと同時にアメリカ国民がベビーシッターや農場労働者、家事手伝いなどの未登録就労者たちを雇ったり住まわせたりすることを違法化し犯罪行為とみなす措置などである。その強迫感にとらわれたかのような拡張主義、国連やその他の多国間外交に対する忍耐力の欠如は、際立っている。エリオット・エイブラムス、リチャード・アーミテージ、ジョン・ボルトン、ドナルド・ラムズフェルド、ポール・ウォルフォウィッツ、ジェームズ・ウールズィー[19]といった、新保守主義者たちの永久戦争の政治を理解する上で、有効な一つの方法がある。それは、近代のリベラルな政治の試金石としての国家と個々の主権——つまり、ホッブズやロックを通して広がり、そして仮にジョルジョ・アガンベンが正しいとすれば、現代の主権のメタファーとしてのナチスの強制収容所を生み出したのと同じ原理——に屈することへの拒絶としてそれを理解することである[20]。

　したがって、およそ宣言された断絶は宣言されない反復なのである。もし9.11事件はアメリカと残余の世界を永遠に変えてしまったある種の反復不可能な歴史的出来事であるとする近視眼的な見識を受け入れるとすれば、実にそれは傲慢な行為となるだろう。ヴェトナム、チリ、イラン、コ

第4章　ディアスポラ、帝国、抵抗——断絶と反復としての平和とサバルタン

ンゴ、インドネシア、南ア、ラオス、グアテマラ、エル・サルバドル、ユーゴスラヴィア、コソヴォ、ルワンダ、シエラ・レオネを想起しよう。これらは、今日簡単に忘却される好例であり、現代世界における直接的暴力の広範な浸透という文脈内では珍しくないというだけでない。これらの出来事が示唆しているのは、たとえ9.11事件がわれわれすべての生に衝撃を与え、この惑星に長く暗い影を投げかけるとしても、いまだ「すべての犠牲の起源」というわけでもないことである。アメリカは、テロリズムの唯一の犠牲者ではないのである。1973年9月11日、民主的に選挙されたチリの大統領であったサルバトール・アジェンデは、アメリカによって支援されたチリの武装勢力メンバーによる大統領官邸への攻撃を回避することを拒んでいる間に死亡した。1973年9月11日は、今となっては恐怖の象徴のような人物となっているアウグスト・ピノチェトをわれわれに授けただけではなく、その日は、9.11事件のより一層深い意味をわれわれに理解させてくれるのである。

　実際、9.11事件とイラクへの攻撃・侵入・占領の後に、帝国的ルールを擁護する多様なアメリカの政策の動向に対して反対を組織するための見通しや条件をめぐって、拡大した論争が表面化してきた。こうした動向は、アメリカのヘゲモニー・システムを勝ちとり、強化するという本質的な目的を共有しているものの、手段においては異なっている。注目すべきは、国家の称揚が世界中に伝えられてからの10年間での、軍事力と国家の役割が顕在化するその程度である。9.11事件以前に、生起していた焦点というのは、帝国的ルールの支配的形態としてのグローバリゼーションに当たっていた（しばしばネオリベラルな、企業の、帝国的な、といった形容詞を伴ったグローバリゼーションとして構成されてではあるが）[21]。

　アメリカ主導の帝国とまではいかなくとも、依然としてアメリカ帝国という現実は姿を消すことを拒んでいるのである[22]。

89

III. 補遺
―――アメリカ帝国への注記[23]―――

　ここ500年間でのすべての帝国は、ヨーロッパを起源としている[24]。現代のヨーロッパ＝アメリカ史と帝国的モデルは1492年のクリストファー・コロンブスに始まり、1498年のヴァスコ・ダ・ガマへと続く[25]。西洋の帝国 (*imperium*) はイベリアのカトリック植民で始まり、1588年の「スペイン無敵艦隊の撃沈」[26] 後の400年余りは、大部分プロテスタント諸国からの北西ヨーロッパ諸帝国の登場によって支配された。

　しばしば一般的に承認されていないが、アメリカは少なくとも1890年代のフィリピンの植民地化までさかのぼるはるかに長い帝国的歴史を持っている。この帝国的地位は、現在、アメリカ政府内の多くの人々によって恥ずかしげもなく公言されている。しかし、アメリカの帝国史は、15世紀の終わりに登場し、ヨーロッパひいてはヨーロッパの移民国家がすべての文明的貢献、資源、基盤に対する権利を主張した古典的なヨーロッパの支配の様式とうまく連続している。アメリカ帝国のプロジェクトの独特の表現がある一方で、その基本的構造はヨーロッパの基礎的価値を維持したままなのである。

　それらの存在理由が何であれ、すべての帝国は根本的に権力の節合である。未開の先住民と西洋人を植民させた社会改良主義者の2種類の人間が登場するラドヤード・キップリングの有名な詩「白人の責任――アメリカ合衆国とフィリピン諸島、1899年」[27] は、頑固に自己権力を拡大していく家父長制的支配の存在理由の古典的な例である。イギリスの植民地主義者ではあったが、フィリピンの植民された人々への大きな貢献としてその努力を正当化する一方で、キップリングはアメリカが植民と帝国のプロジェクトを追求するのを促進した。すなわち、

　　白人の責任を引き受ける――
　　あなたがたが育てた最善のものを送り出す――
　　あなたの息子を拘束する

第4章 ディアスポラ、帝国、抵抗——断絶と反復としての平和とサバルタン

あなたの捕虜の必要性に奉仕する
重い馬具の中で待ちわびて、
ふるえる人々と荒地の上に——
あなたが新しく捕まえた、陰気な人々、
半分悪魔の半分子供。

フーコーは、権力と知がほどけないほどに絡み合っているということを説得的に論じた。彼の本の「結論」の中で、この点を指摘している[28]。そこには二つの声を発見することになる。一つは、すでにすべての知を所有しているという傲慢な立場からくる尋問者を装う。もう一つは、依然として可能性のある知へ途上に立っているに過ぎない応答者として質問する姿勢をとる。前者の立場は、＜認識論サークル＞の立場として[29]、後者はフーコー彼自身として読むことができる。より興味深い読解とは、尋問者の主張へのウィリアム・コノリーの批判によって示唆されている。「主張のいくつかのパターンが競合する一方で、自らの文化に言及しようとするいかなるテクストにも、この両方の声は現れるに違いないと想起することによって」[30]、彼はフーコー自身の内部で現れる二つの声を区別すると論じている。

アメリカが最もよい例であるように、いくらよき帝国として見たとしても、西洋は、一貫して文明の歴史、社会＝文化の歴史、政治の歴史、経済の歴史において他の人々の役割を否定し卑しめてきた。西洋はまた、歴史をもっぱら西洋の所有物として主張することで、尋問者の権力と特権を不当に自分のものとしてきた。本稿はこのことをコノリーに従って論じている[31]。同時にまた、西洋はすぐさま帝国的な権力と実践および他者の野望を誇張し、それらの病理性を指摘する。すなわち、よきすべてのものとは、西洋起源のものであり、すべての悪しきものは、西洋の外部にある広範で悲劇的な人間の条件の一部であるとされる。

Ⅳ. アメリカ主導の帝国
──「われ征服するゆえにわれあり」──

　ここで先に述べた近代の言語中心主義的性向が「帝国」という考え方に拡散する。つまり、「われ思うゆえにわれあり」は、「われ征服するゆえにわれあり」へと変わる。

　したがって、9.11事件との関係でわれわれの生の残りの部分を読むということは、この一連の出来事の意味を過大評価しすぎることになり、われわれの生に生じるプロセスの複雑さを過小評価することになる。そして、おそらくすべての中で最も矛盾している資本の諸制度のニヒリズム的反応は、2001年9月11日の結果として喪失したものを相殺するために企業に与えられた政府の経済刺激政策だろう。すなわち、それはIBMのために14億ドル、GMのために8億3300万ドル、GEのために6億7100万ドル、シェブロン・テキサコのために5億7200万ドル、エンロンのために2億5400万ドルをそれぞれの企業に与える一方、名前も特定できない無数の犠牲者は、彼ら／彼女らの破壊された生活を回復するために助力を求めているが、政府から何もまだ受け取ってはいない、そういう経済刺激政策である。

　6年たって、グローバルなテロリズムに対する国土安全保障とキリスト教的聖戦のための無数の正当化を経て、アメリカが依然として深刻な危機を経験しているということは明らかである。アメリカ、とりわけアメリカ政府の反応は、リチャード・スロットキンが、暴力を通しての道徳的復活というアメリカの神話として詳細に記録したものの、宣言されない反復以外のなにものでもない[32]。すべての皮肉の起源は、それ自身を復活することへの欲望が、まず考え感じ行動するための空間を封鎖し、次に時間を止めて凝固させて飲み込んでしまうような生の拘禁モデルに依拠するところにある。アフガニスタンでの「限りなき自由作戦」、R.A. 3162「2001年アメリカ愛国者法」の下で合法化されたアメリカでの国土安全保障の制度化、そして最近ではニューオリンズ州をハリケーンのカトリーナによる損害から立ち直らせることを拒む一方で、イラクを野蛮から文明に移行させ

ようとする衝動強迫的な駆動力、といったものをわれわれが見てきたように、いったん空間・時間・場所が処刑とまでは行かなくとも、植民地化され、封じ込められると、道徳的／倫理的、政治的な営みは終わりを迎える。倫理と政治が開かれた空間と可動する時間すなわち歴史を必要とするがゆえに、人間は活動的に日常生活の創造、再創造に従事するのである。

V．第三の断絶と反復
――ディアスポラ、グローバルな資本、見知らないということ――

マイケル・ディロンは、近代の国際政治とグローバルな資本主義の分析の中で、以下のように述べている。

> われわれの時代は、諸国家によるグローバルな資本主義と数多くの人口過密地域での環境悪化とともに――主権と統治性が組み合わさったレジームである――国家みずからのまさにその活動が、逃走を余儀なくされるような場所に住むよそ者を犯罪者に仕立て上げたり、忌み嫌ったりするのと同様に、本国に住むよそ者を根本的に危険にさらしてきた。したがって、他者に慣れないことへの近代の応答、さらには、疎外を政治的に道具主義的、計画的、司法的、行政的につくりあげる際の基準が、必然的に近代の倫理的政治的基礎と偉業、とりわけ国家と国家間システムのそれ、に疑義を差しはさむことになる。

私の文脈との関係でいうと、この疎外は、今日ほぼ1000万人を数えるフィリピン人たちの地球上の他の地域への移住によって証明されている[33]。このような移住、とりわけアメリカへの移住は、植民者の母国への必然的な「帰還」という単に消去不可能な植民地の経験の結果でありうる[34]。しかしながら、特に最近の20年間でのこうした「道程」は、まさに近代の極致、すなわち、グローバル化する越境的な資本主義の旗印の下で生じている根本的な変容の帰結ともいえる[35]。おそらく、こうした根本的な変容のために展開されたあらゆるメタファーの中でもっとも革新的なも

のは、そのメタファーの使用によって、単なる動き、活動、運動だけでなく、破壊的で、予測不可能で、不安定な速度をも示唆している乱気流のメタファーである(36)。人口移動に関して、ニコス・パパステルジアディスは以下のように述べている。

> 世界中の人口移動の流れはいかなる一般理論によっても明らかにされていない。直接的な因果関係をもったグローバルな人口移動の構造化されたパターンが欠如する中で、乱気流は今日起こっている複雑な自己組織化の流動的なプロセスにとっての最良の定式化である。こうした動きは混沌としたものに映るかもしれない。しかし、その動きの中にはある論理と秩序が存在するのである……。マニュエル・デ・ランダが述べているように、「乱気流的な流れは、より多くの渦や渦巻きの内部にある渦や渦巻きの序列から成り立っている……」(37)。

こうした乱気流の流れは、現代の政治と文化の新たな理解はいうに及ばず、新たな所属とアイデンティティの諸様式をもつくり出している。それらは侵入と同じく、「境界横断」のイメージを喚起し、刺激する。それらは複数の再領域化のローカルな活性化（反乱？）はもとより、脱領域化のグローバルな軌跡をも明らかにする。それらは、政治的、経済的、文化的な構造とプロセスの非対称性を強化すると同時に、矛盾と敵対性も強調している(38)。

エピファニオ・サン・ジュアンJr.は、特にアメリカにおける「フィリピン人の状況」を描くことによって、分散させられ、移動させられ、位置を変えられた人々の現代的な経験を観察している(39)。

こうした転移、移動、分散の経験は前世紀の最後の25年間で、非常に重要になったために、何人かのフィリピン人たちは、「ディアスポラ」という言葉がユダヤ系やアフリカ系アメリカ人の文脈の中で使われてきたのとほぼ同様のやり方で、このことをあながち間違ってもいない形で「フィリピン人ディアスポラ」として言及するようになっている。こうした経験は、——例えば、海外の契約労働者たち（OCWs）から政治的亡命者まで、またいわゆる「未登録者」から（学生やビジネスマン、ビザが切れてもなお

第4章　ディアスポラ、帝国、抵抗——断絶と反復としての平和とサバルタン

不法に滞在する旅行者、「正規移民」、「海外居住者」といった）様々な「登録者」までの——任意の人々から強制され抑圧された人々にまで及ぶ諸条件の下での移民、移住、亡命をも含意している[40]。実際、こうした経験は、とりわけトランスナショナルな資本主義という条件下では、すでに言及されているものに加えて、主観性、アイデンティティ、行為主体といった語彙と同様に、疎外、境界、混交性といった語彙を呼び起こす——刺激する／かき立てる——のである[41]。

「ディアスポラ」の経験というのは、本国の「外側」にいる人々だけの分散、移動、転移についての経験に限らないことに注意を払うことは重要である。実際、ディアスポラは、（国家と社会の地政学的、戦略地政学的、領域的解釈が要求する傾向があるような）「内部」と「外部」の複数の境界線だけでなく、それらの認識論的、存在論的な基礎をも解消するのである。今日のフィリピン人ディアスポラを語るということは、実質的、メタ理論的、政治的／制度的レベルでの分散、移動、転移に関する特定の人間の条件を語ることを意味する。

この意味で、フィリピン人のディアスポラの経験は、例外的というわけではない。例えば、ウィリアム・サフランは、ユダヤ人ディアスポラをモデルとして使用することによって、フィリピン人の経験と共鳴する多くのディアスポラの決定的な特徴を確認している。すなわち、

- 起源となる「中心」から二つかそれ以上の「周辺」の場所への分散。
- 「起源となる母国についての集合的記憶、想像力、神話」の保持。
- 彼ら彼女らは本国の社会には受け入れてもらえない、あるいはおそらく完全には受け入れてもらえないという信念。
- 彼ら彼女らまたはその子孫らは、条件が整った時には、最終的に本国に帰還するだろう、あるいは帰還すべきであるという信念。
- 彼ら彼女らの本国の維持あるいは再構築への集団的関与。
- 重要な点において、本国との持続的な関係性によって定義される集合的意識と連帯[42]。

しかしながら、ディアスポラという名前それ自体は、「フィリピン人の

状況」における根本的な転換を反映しているのかもしれないのである。というのも、フィリピン人の移住や移民の経験というのは新しいわけではないが[43]、特徴はいうに及ばず、速度や範囲という観点からみても、その動きは、グローバルな資本主義そのものの構造とプロセスの中での複数の転換にそって、確実に加速しているからである[44]。フィリピン人の移住と移民の力学が「伝統的な」移民のもつ政治的・経済的・文化的特徴、すなわち、移民のアイデンティティにおける「本国」の中心性という特徴、を反映し続けている一方で、こうした力学は完全に近代の経験によって作り直されてきているのである。つまり、(i) 時間と空間の分離(時間と空間が空疎になることを含む)、(ii) 脱埋め込み化のメカニズムの展開、(iii) 知識の再帰的な領有[45]。この文脈において、実は「ディアスポラ」は近代の生き物であるといわれている。不可避的に「グローバル化する」経験である近代の力学そのものが、まさしく「ディアスポラ」という現実を創り出しているのである。

しかしながら、近代の産物としての「ディアスポラ」というのは、資本・人々・財・情報・アイデア・イメージの複数の動きや流れによって維持され、しかも複数の共同体やアイデンティティが成り立たせている諸条件を変化させるグローバルなレベルでの一定の自律性の水準を獲得している一つの「状況」であるだけではない[46]。「ディアスポラ」は、世界の異なる地域におかれている複数の個人や／あるいは共同体の行動や活動によって、「ディアスポラ状況下に」ある人々によって構成される社会的構築物である。要するに、「ディアスポラ」もまた、根本的にそうなのであるが、「諸主体による実践」であり、世界中のマイノリティに対応する海外の複数の共同体との関係と同様に、マイノリティと本国間の想像上のトランスナショナルな関係性なのである[47]。ジュームス・クリフォードが述べているように、こうした関係は、人々、貨幣、消費財、情報やアイデアの循環の中にあって、必ずしも起源となる本国の参照が必要というわけではないとはいえ、明らかに文化的経済的社会的な結合を含んでいる[48]。言い換えると、多角的であると同時に多頭的でもある[49]「集合的な人間の行為主体」によって、生産・再生産された「複数のディアスポラ」が、グローバル化した資本主義とわれわれが呼ぶものを維持しているのであ

第4章 ディアスポラ、帝国、抵抗——断絶と反復としての平和とサバルタン

る。

同時に、「複数のディアスポラ」は、近代の生き物以上の存在でもある。先に述べたようなグローバリゼーションの複数の軌跡という文脈において(50)、分散、移動、転移というまさしくそれらの経験が、他の諸状況の間にあって、学問的な営みにおいてだけでなく、政治的・経済的・文化的営みの中においても節合されるような境界地域と越境、異種混交性と偶発性、矛盾と敵対関係の諸条件を創り出すのである(51)。

実際、本稿における「ディアスポラ」の（フィリピン人の）歴史的な事例が、少なくとも平和のあらゆる理論と実践にとって重要な3つの領域において、根本的な断絶となっている。第一に、それは、われわれが一部となっている社会的全体の性質についての重大な問題を提起している。事実、政治的・認識論的・学問的な境界が、とりわけ国家、文化、アイデンティティ、場所の間の長期にわたる一致という観点から、絶えず交渉・再交渉されているのである。

第二に、「ディアスポラ」の現実はまた、主体であること（subjecthood）についてだけでなく、主体性（subjectivity）についても疑問を提起するのである。これは「大文字の主体」の問題である。すなわち、誰が主体であるかという問題だけでなく、主体であるということは何を伴うのかという問題でもあるのだ(52)。このことは、「ディアスポラ」というまさにその現実が、近代の諸制度が前提にまではしなくとも、要求はするような、「統一された」主体といういかなる概念をも——たとえそれが「集合的な人間主体」であっても——引き裂くがゆえに、とりわけ重要となる(53)。「ディアスポラ」によって前提される主体の多元性と複数の主体性が、「何がなされるべきか」という疑問にわれわれを導くだけでなく、われわれは何者で、何を希求していて、どこに向かっているのか、といった疑問にも導いているのである。要するに、「ディアスポラ」の状況下では、「人民（people）であるということは、どのような意味なのか」ということである。共同体や共生（conviviality）あるいは共生の問いとしてその問題を提起することによって、それは平和、宗教、政治における規範的倫理的な課題を設定するのである。

第三に、「ディアスポラ」の現実は、自己と他者と世界の交錯点での平

和追求の場所を、確認するどころか措定する。実際、「ディアスポラ」の観点から開始することは、関係性の全体性、したがって政治的な全体性の中での平和の問いを措定することになる。この意義は決して小さなものではない。人々の生の中心に問いを位置づけること、私の言葉でいえば、人々の文化的実践——それは修辞の形態、身振り、流儀、様式、形、日常生活の諸分野の中で身についた複数の具体的で五感に訴えるような現実——として広く定義される。すなわち、複数の発話の形成と／または戦略——お望みであれば、根源的に偶発的な想像、戦略、創造的作戦の複数の領域ともいえるもの[54]——は、従来的な平和維持、平和の仲介、平和構築の戦略の狭い制限に挑戦するだけでなく、平和のもっとも包括的な出発点を前面に押し出すのである。すなわち、それは人々の多元的で多声的で、したがって、つねにすでに矛盾をはらみ、敵対的で、闘技的な複数の歴史なのである。言い換えると、それは人々の物語や歌、詩、美術の中で表現され、人々の政治的奮闘の中に体現され、したがって、経済的諸制度や安全装置や知識人の熱望の妥当性と実際性の中に節合された、政治的・経済的・審美的なものなのである。このことを表明するもう一つの方法というのは、「ディアスポラ」が、人間の思考と行動にとって基礎となっている知的観念主義を近代は欲求する、という暗黙の口実を引き裂くことである。

　もし断絶が「ディアスポラ」の決定的な特徴であるとすれば、見知らないということ、すなわち、よそ者や他人といった存在は、宗教道徳的な挑戦なのである。というのも、実に近代とポスト近代[55]の両方にわたる生き物としての「ディアスポラ」は、われわれの時代における見知らぬ人あるいは他者性の経験を根本的に革新するからであり、また、われわれの胸中にいる見知らぬ人の存在は、共生の問題ではないが共生（conviviality）の問題、その展望、その可能性をわれわれに提起するからである。見知らないということは、共同体にとっての可能性の条件であるように思える。それは共同体にとっての構成的外部である。またその際、もしよそ者が構成的外部であるとすれば、共同体の構成的内部は歓待となる[56]。歓待とは「他者、よそ者、外国人と接触した際の最初の驚きの中で、境界線に到達する」ものであるがゆえに、それは国民的統合とまではいかなくとも、

第4章 ディアスポラ、帝国、抵抗――断絶と反復としての平和とサバルタン

国家主権の名の下に移住者や移民を包含しようと努める複数の境界地域（boundaries）――つまり複数の境界線（borders）――を引き裂く。むしろ、聖書の教えにおいては、よそ者の存在にはいつもよそ者への歓待の挑戦が付随して起こるのである。よそ者とは何者かということは、社会分析上の問いである。つまり、いかにしてわれわれの胸中にいるよそ者を扱うのかと問うことは、倫理的要求なのである。反復の危険は、歓待という概念そのものが、「歓待を必要とする」よそ者の存在を要求する点、すなわち、包含する以前に排除する規範的空間を創出するという点にある。言い換えると、例えば、人種、ジェンダー、階級といった排他的な論理が克服されることなしに、「歓待」の構造に移行しているのである。

Ⅵ. 第四と最後の断絶と反復
――連帯と抵抗：サバルタンに大学と知識人について語らせる――

第四と最後の断絶と反復は、われわれを最初の話、すなわち、大学と知識人の話の方に連れ戻す。密かにではあるが、デリダが適切にも述べているのは、「今日、どうして大学について語らないのか」ということである[57]。正当性と意味づけの場所としての大学と知識人を依然として評価する社会においては、近代の高等教育機関が、本当に首尾一貫して社会変革を促すような役割を果たす能力を保持しているかどうかについて私は極めて懐疑的である。とりわけ、こうした諸機関が理性原理への関与を主張したり、またこうした諸機関がこの原理を透明なものにする、つまり、転換への道を開かせることを拒んだり、その道を切り開けない場合には、大いに問題である。さらにこれらの機関は、理性原理への関与と直接に関連しているとして、みずからの他の存在理由、すなわち、より友好的で礼儀正しく幸福な将来に通じているかもしれないような他の行き先に道を開くことをも躊躇するならば、それは言語道断である。残念ながら、最近の100年の歴史、とくに最近のいわゆる暗部の人類史は、規律されず放任された理性原理のひどい欠陥がある上に危険でもある諸々の実践とそれらの結果に対して、容赦のない目撃者となっている。理性原理のみならず、近代そのもの

についてはいうまでもない。

　しかし、社会それ自体が衰退しないのであれば、私は現代の大学が衰退するとは信じていないし、ましてや衰退すべきだとも考えていない。というのも、中世や近代の様式におけるこうした諸機関は、常に社会、すなわち、その「接近図、光景、葛藤、矛盾、戯れと差異、そしてまた一つの全体への有機的統合の欲望といったもの」(58)を代表＝表象してきたからである。したがって、社会はこうした近代の諸々の高等教育機関とその知識人が、社会において宗教＝道徳的役割を果たす資格を奪うことはないであろう。実際のところ、思考、感情、さらには活動のためのトポスとして関わっているのと同様、近代だけには限らず、人間の経験を規律訓練する実践のための場所として、また善、真理、美をめぐっての物の見方、かかわり合い、価値についての論争や競合の場所としても、まさにこうした諸機関はすでに社会に関係していると見なされている。そうであるからこそ、これらの機関は以前にもまして必要となっているのである。トポスとしても交錯点としても、こうした諸機関は、未来、とりわけ平和、安全、共生の未来について、適切に諸々の選択がなされうるような節合を要求する宗教＝道徳的出来事なのである。

　場所と批判、ディアスポラや帝国の論理の中にあって、まさしくそうした諸機関がいわば複数の断絶、複数の抵抗であるからこそ、節合を要求する諸実践とは、いかなるものなのか。

　第一に、討議の実践がある。討議は単なる発話には還元されえない。それは、「理想的発話状況」を伴う気まぐれを思い出しながら、ユルゲン・ハーバーマスが、コミュニケーション的行為の理論の中で指摘したものから、パウロ・フリエレの解放の対話、そしてジョン・D. カプトの根源的な解釈学までの、あらゆる参加的な実践を包含する(59)。こうした実践は、差異が共同体を構成するものであるとして祝福することによって、人間の生の複数性の承認と肯定だけにとどまらない。それはまた、統治がどのレベルで要求されようとも、共同体の統治における有意義で直接的な参加の承認と肯定をも前提とするのである。

　この参加の実践的活動は、国家主義的、官僚制的、階層的な近代の論理を掘り崩す。実にこのような複数の実践は、根源的に民主主義的で参加的

第4章　ディアスポラ、帝国、抵抗——断絶と反復としての平和とサバルタン

であり、コスモポリタンであると同時に共和制的であり、そして構造的な暴力、頑固な権力、特権の諸構造に挑戦する共生（conviviality）の諸類型に節合することで、抵抗と連帯の場所になるのである。ここで「共同体」とは、排他的に人種、ジェンダーあるいは階級といったものに基づく集団の総計というものでもない。それはむしろ、市民ではないとしても人々が寛容と根源的な包摂の諸規範を受け入れる一方で、同時に相互的な義務と関係性を承認し肯定するような場所のことをいう。こうした実践は、主として近代の論理によって侵食されてきた民衆の参加の意味と重要性を回復するものである[60]。もちろん、回復とは、後退ではなく、単なる反復でもなく、単純な模倣（ミメーシス）でもなく、調停の歴史的出来事としての領有（出来事／Ereignis）なのである[61]。

　第二に、ハンナ・アーレントが、「コモン」、つまり、公共圏と呼んだものの創造、涵養、擁護の実践がある[62]。公共圏を予め与えられた現実の構造、あるいは世界中で存在論的か普遍的な立場を与えられた自民族中心主義的な企図に還元してしまうのは、近代主義者のお馴染みのやり方であった。それとは対照的に、公共圏とは、複数の共同体が有意義なコンセンサスを求める際に、それらを討議することによって切り開かれた差異のための空間なのである。公共圏、とりわけグローバルな公共圏の回復と保存に努力を傾けることによって、近代化論者の語りの言語中心主義的で全体化する主張に疑義を投げかけ、そのヘゲモニーを掘り崩すことが可能となる。それはまた、われわれが共有する情況および深く多元的な存在を認識するだけでなく、人類のアイデンティティをも認識することによって、領域性の伝統的考え方を越えて公共圏を再定義するものである。アイデンティティという言葉によって、私はある種の普遍的な「類的本質」のことをいっているわけではない。むしろそれは、人種的、ジェンダー的、階級的アイデンティティの公式の表象以上のものであり、クウェイン・アンソニー・アッピアが「汚染されたコスモポリタニズム」[63]と呼ぶところの、ある種の根源的で包含的なコスモポリタニズムのことを意味しているのである。というのも、多様性は主として「表象」についてではないし、「アイデンティティ」についてでさえないからである。むしろ、それは（多元的な）「複数の場所」や（複合的な）同一化についてのものである。つまり、

それはたとえばロバート・スタムによって擁護されているような、多彩で多中心的かつリベラルな多文化主義ではない。それは、スピヴァクの言葉でいうところの「根源的な多文化主義」[64]なのである。すなわち、残余のものから現れつつある支配的なものに移行する中で、それ自体を絶え間なく節合するような特定の社会における複雑で戦略的な情況の名前として「文化」を理解する多文化主義である。いったんこの「見地」に移行したならば、批判的問いとはこうなる。すなわち「われわれの多様な場所と同一化を考慮すれば、共生（conviviality）はどのようなものにみえるだろうか」。

第三に、ユートピアの実践がある。「構想力なきところでは、人々は絶える……」[65]。この構想力は未来の描写ではなく、むしろ現時点での方向づけ、参入地点、開始、出発点にかかわるのであって、最終的解決ではない。しかしながら、これは欠陥ではない。こうした実践が、常に討議する共同体の共通目標に向けて創造、再創造される過程の中で作り上げられていくわれわれの歴史性の単純な事実を祝うのである。この方向づけは、こうした諸々の高等教育機関やこれらの諸機関を構成する共同体の限界を通して調停される。しかし他方、このいわば避けることのできない限界は、フーコーの言葉でいえば、今日の政治的、経済的、文化的、社会的経験を規律訓練するこうした支配的な諸実践——とりわけ擬似普遍的で偽りの二分法の——を掘り崩したり、転覆したり、疑問を呈したりすることを想像可能にさせる。この限界は、そのことによって、普遍化するヘゲモニーの実践的批判に転換させ、侵犯を可能にさせるようになる[66]。限界は、抵抗と連帯の地点へと転換されるのである。

こうした抵抗と連帯の諸地点は、単純なものではないし、単に所与のものでもない。むしろこうした諸地点は、それらが現れては回帰する共同体によって絶え間なく創造、再創造される時に、しばしば継続的に転移を経験しているがゆえに、複雑で相互に関連した文化的領域を構成する多数性の諸空間として作動する。

したがって、こうした高等教育機関を平和、安全、共生の世界に移していくことを望む人々は、転換を可能にさせた当初の創造的霊感に回帰することを必要とするのかもしれない。しかしその際、今度は人種、性別、階

第4章 ディアスポラ、帝国、抵抗——断絶と反復としての平和とサバルタン

級といったカテゴリーを認知はするが、特別扱いはしないといった異なる理解と実践を要求することを認識する必要がある。もし1980年代に「グローバルな市民社会」[67]概念をめぐって組織された政治に由来するかもしれない教育学にとってのなんらかの霊感があるとすれば、それは、政治、経済、宗教、ジェンダーの複数の分野をまたがり、そして従来の領土的に定義された制度的思考と実践の狭隘な制限に挑戦するような、複数の共同体と複数の戦略を創り出す可能性である。こうした動きの重要性は、政治とイデオロギーの異なった理解と実践を節合する能力にだけあるのではなく、また単に転換のための政治的空間を開放した状態に保つことだけにあるのでもない。討議が、ある空間、つまり誰かにとっての空間であり、誰かにとって重要である所の空間とその特性をめぐって生ずる地点としても、こうした動きは重要なのである。そして、こうしたことを見出すために、「国家」と「市民社会」との間の論争から生ずる政治をロマン主義的に扱う必要はない。したがって、そうした複数の政治は、最高の意味で、文化的転換を懸けた戦いにおける、諸々の歴史的ブロックであり、諸々の対抗ヘゲモニーなのである[68]。

　これらの歴史的ブロックとそれらに一致した主体性は、複数の政治的主体性の凝集、脱−凝集、再−凝集を含んでいる。要するに、それらは共同体のグローバルな資本主義的分散という状況下にある、人間の共同体の現実を含んでいるのである。その事例としては、（フィリピンのディアスポラが具体例であるような）移民と移住、あるいは越境する難民と（経済的理由であったりその他の理由での）国内避難民、あるいは環境災害と生態系の退化を挙げることができる。こうした複数の政治的主体性は過度に決定づけられておらず、また、各々相対的に自律的で他に対して敵対的でさえある。しかし、すべては暴力、不安、不可避の危害といったものに対するそれぞれの闘争により連結され、また各々がアプリオリに構成されているのではなく、まさにそれらの闘争の文脈において構成されている[69]。したがって、それらを単なる特定の不連続な複数の主体、主体や主体位置の複数性といったものに還元することは不可能であるのだが、その一方で、それらは依然として平和、安全、共生を構成している当のものなのである。

　しかしながら、ここで決定的に重要なのは、主体と主体位置の複数性以

上のものである。というのも、その空間、時間、場所が、政治と倫理にとってだけでなく、転換——根本的に新しくよりよきものでもあるものの創出と形成といったもの——への問いに対しても根本的に重要だからである[70]。多元主義、規範的多元主義でさえ、本来的に価値や効力を持っているわけではない。その主体が誰で、それらが何を希求し、どのようにしてそれを得るのかといったことが、つまり、平和、安全、共生（conviviality）の性質と特性にとってだけでなく、転換を促すような実践にとっても決定的に重要となる。私の考えでは、これは「植民地主義を生み出した敵対性」[71]として広く理解されており、ポストコロニアリズムの記号の下に展開される諸言説が語りかけているものである。ちょうどガヤトリ・スピヴァクが「サバルタンは語ることができるか」[72]と問う時のように。この文脈において、われわれのような知識人は、疲れも知らず執拗に、次のことを思い出すのである。つまり、平和、安全、共生（conviviality）は、「他者を同一の者に転化させ」たり、他者性を否認する具体的な「歴史の主体」による支配のすべての様式に対する個別かつ特定の対抗に複雑に絡み合っているということである。ここでの反復の危険は、みずからが権威づけを行う者としての「生得的な情報提供者」になってしまうことへの誘惑に屈するところにある。同時に反復の危険はまた、その世界で特権を与えられている者——どれだけ個人的に無実な遊歩者であったとしても——であるという現実と、グローバルな資本の香りに導かれて、グローバルな都市のストリートにおける強制された移民労働者の現実とを無批判に混同してしまうことにもある。

　この「対抗的な挑戦」にとって決定的に重要なのは、侵犯があらゆる倫理的実践において果たす不十分ではあるが、必要な役割を肯定することである[73]。ジュリア・クリステヴァは、彼女の評論「新しいタイプの知識人＝異端者」の中で、「常識のぬかるみにはまる」[74]ことを避けるためには、みずからの国、言語、性別、アイデンティティに対してよそ者になることでしかない、と論じている。「それ自体すでに一つの異端であるような、……なんらかの亡命がなくては何も書けはしないのである……」[75]と彼女は付け加えている。亡命や差異や論争の場所としての異議申し立ての中心では、限界の認識ならびにこうした限界を侵犯する実践の両方が存

在するのである。したがって、リチャード・K．アシュレーとR．B．J．ウォーカーの言葉を借りていうとすれば、ディアスポラの倫理というものは以下についてのものであると示唆するのかもしれない。

> 境界や枠組みの肯定ではなく、限界への問いとその侵犯。すでに場所に存在する意味と秩序の資源のための探求ではなく、どのように意味と秩序は課せられているのかを問いに付すような備え＝迅速さ。権力からの解放を約束してくれる主権的な像への熱望ではなく、近代のグローバルな営みにおいて権力が作動していることへの執拗で細部にまでわたる分析。純粋無垢な信仰を有する人々が生まれ故郷と呼ぶことのできる自明の存在としてのある領域的な拠点を創り出すための自由のための闘争――しかし、それは宗教的な欲求ではない[76]。

それらの差異の具体性、偶発性、敵対性において、この主体と主体位置の多元性は、グローバルな資本主義への挑戦を広げ深め、より広範な倫理的／政治的展望を提供するだけではない。より重要なことに、それは真の政治的選択を可能にさせるような（「根拠がない」とはいえない）根本的な決定不可能性の構造をも創造するのである。例えば、市民社会における異なる運動の接合や連結は、この諸々の政治的共同体の凝集、脱‐凝集、再‐凝集を雄弁に語っている。排除された者たち、周縁に追いやられた者たち、余計な存在と宣告された者たちによる抵抗と連帯の共同体も同様に形成される。それらの偶発性を承認し、根本的な転換の必要性とまではいかなくとも、その望ましさを認識するような、時に敵対的でさえあるような真の観点なしには、ジャック・デリダが「理論＝倫理的決定」[77]と呼ぶものの可能性はありえないことになる。しかも、こうした相異なる闘争の他性の承認だけでなく、とりわけエルネスト・ラクラウが、それらの「連結の偶発性」と「連結の偶発性」として強調するものの承認がなくしては、われわれ自身の政治的アイデンティティを構築する可能性は存在しえないことになる[78]。ラクラウにとって、この「理論＝倫理的決定」は、多元性の中心にあって、「決定を根本的に革新する領域」にある決定不可能性と「倫理的接合の資源」である決定不可能性との間に位置している[79]。

それなしでは、倫理あるいは政治もありえないのである。デリダが述べているように、「決定不可能なものによるこの試練なくしては、またそれをくぐり抜けることなくしては、道徳的ないし政治的責任は存在しない」(80)。それどころか、すべてのものが決定可能なものに還元されるとすれば、また、決定不可能なものが回避されるとすれば、単なる計画、技術、そして無責任な適用だけとなり、倫理、政治、責任といったものは存在しなくなるだろう(81)。これはサバルタンが大学とその知識人に対して語らせることで、私が意図しているものの一部である。エマニュエル・レヴィナスの表現を簡潔に言い換えれば、サバルタンの声と顔は、平和、安全、共生にとっての可能性の条件なのである(82)。

最後に、教会と社会の中で真理の場所であるよう努めている高等教育機関にとって真実性の実践と呼ぶべきものがある。近代の「細部にわたる権力の儀式」に組み込まれているにもかかわらず、意図とデザインによって神学校は、近代の大きな物語によって生み出される慣習化された思想と行動に挑戦することができる。神学校はまた、性差別主義、人種主義、階級といった他の歴史的な複数の物語によって生み出された思想と行動に挑戦することができる。神学校は、それらが据えられている世界の異なる理解を表明することを求めることができ、教会や社会にとっての立法者になるふりをしたり、なることを切望したりすることなしに、まったく別の政治的、経済的、文化的、宗教的な生の解釈を提供することができるのである。

しかしながら、真理は常に思考や過去・現在・未来（時間性）と、ほどけないほど複雑に絡み合っているのである。マルティン・ハイデガーが、隠匿と開示の両方を伴う真理の開示は、思考それ自体と分離することは不可能であると観察していた。単に意識だけでなく、批判的意識でさえもが、存在の真理が明かされ、専有化されるトポスとして自己を位置づけることを要求されていると考えた(83)。しかしながら、デリダが指摘し、ハイデガーが認めているように、思考はまた理性原理とそれを超えるもの、また未来以前の歴史を設定する開始および清算として、始原とアナーキーの両方を前提としているのである。したがって、思考は、理性原理を拒否することなく、それを越えて突き進み、日常的なもの、従来的なもの、伝統的

第4章 ディアスポラ、帝国、抵抗——断絶と反復としての平和とサバルタン

なものに屈服することを拒むのである。

ここで私は配置と批判の場所に戻ることにする。最後の分析として、平和、安全、共生の言説に従事する際に、大学と知識人の適切な役割とは、思考の実践への責任、つまり、「根本的に新しくよりよき」ものへの開始となるような真理の涵養、保護、擁護にある。デリダはこう述べている。「……思考への挑発は、記憶の欲望と未来への露出、未来の機会をも守ろうとするほどに十分に忠実な番人の忠実さ、……所持してもおらずいまだ存在してもいない独特の責任、これらを同じ瞬間において取り集める……」[84]と。

〔注〕

(1) 本稿は2006年6月2日から6日にかけて、国際基督教大学COEプログラムの主催で行われた平和、宗教、政治に関する国際シンポジウム「9.11事件以後の平和運動と平和主義」での報告のために用意されたものである。

(2) James D. Faubion, "Introduction," *Michel Foucault: Aesthetics, Method and Epistemology, Essential Works of Foucault*, Vol. 2, edited by James D. Faubion (New York: The New Press, 1998), xxxii.

(3) Michel Foucault, *Aesthetics*, 476.

(4) Manfred Halpern, "Choosing Between Ways of Life and Death and Between Forms of Democracy: An Archetypal Analysis," *Alternatives: Social Transformation and Humane Governance* 12: 2 (1987): 5-35.

(5) Michel Foucault, "The Masked Philosopher," interview conducted on April 6-7, 1980 by Christian Delacampagne, reprinted in *Michel Foucault, Ethics, Subjectivity and Truth, Essential Works of Foucault, 1954-1984*, Vol. 1, edited by Paul Rabinow (New York: The New Press, 1997), 323.（市田良彦訳、「覆面の哲学者」、『ミシェル・フーコー思考集成VIII 1979-1981 政治／友愛』、287頁参照）

(6) Michel Foucault, "The Concern for Truth," in *Politics, Philosophy, Culture: Interviews and Other Writings, 1977-1984*, ed. L. D. Kritzman (New York: Routledge, 1988), 265.（湯浅博雄訳、「真実への気遣い」、『ミシェル・フーコー思考集成X 1984-1988 倫理／道徳／啓蒙』、168頁参照）

(7) Jacques Derrida, "The Principle of Reason: The University in the Eyes of its

Pupils," *Diacritics* 13.3（1983）: 3-20.（高橋哲哉訳、「大学の瞳＝被後見人——「根拠律」と大学の理念」、『他者の言語』所収、法政大学出版局、1989年、147－175頁）

(8) 例えば、以下を参照。Martin Heidegger, *The Question Concerning Technology and Other Essays*, translated by William Lovitt（New York: Harper Torchbooks, 1969）; William Leiss, *The Domination of Nature*（Montreal, Canada: McGill-Queens University Press, 1994）.

(9) 例えば、以下を参照。William G. Staples, *The Culture of Surveillance: Discipline and Social Control in the United States*（New York: St. Martin's Press, 1997）.

(10) Richard Ashley and R.B.J. Walker, "Reading Dissidence/Writing the Discipline: Crisis and the Question of Sovereignty in International Studies," *International Studies Quarterly* 34（1990）: 367-416.

(11) Anthony Giddens, *The Consequences of Modernity*（Stanford: Stanford University Press, 1990）: 55-78.

(12) Ashley, note 10.

(13) John Dewey, *Democracy and Education*（New York: The Free Press, 1916）; Ivan Illich, *De-Schooling Society*（London: Marion Boyars Publishers, 1999）; Paulo Friere, *Pedagogy of the Oppressed*, trans. Myra Bergman Ramos（New York: Crossroads Publishing Company, 1972）.

(14) Derrida, note 7.

(15) Jean François Lyotard, *The Postmodern Condition*（Theory & History of Literature）, trans. G. Bennington and B. Massumi（London: Manchester University Press, 1984）, xxiv.（小林康夫訳、『ポスト・モダンの条件』、水声社、1986年、9頁）

(16) Friere, note 13; Jim Merod, *The Political Responsibility of the Critic*（Ithaca, New York: Cornell University Press, 1989）, 1; Alvin Gouldner, *The Future of Intellectuals and the Rise of the New Class: A Frame of References, Theses, Conjectures, Arguments, and an Historical Perspective on the Class Contest of the Modern Era*（New York: Oxford University Press, 1982）; Noam Chomsky, *Chomsky on Mis-Education*, ed Donaldo Macedo（New York: Rowman and Littlefield Publishers, Inc, 2004）.

(17) Yoichiro Murakami, Noriko Kawamura, and Shin Chiba, eds., *Toward a Peaceable Future: Redefining Peace, Security, and Kyosei from a Multidisciplinary Perspective* (Pullman, Washington: The Thomas S. Foley Institute for Public Policy and Public Service, Washington State University, 2005).

(18) Régis Debray, *Critique of Political Reason* (London: Verso, 1983).

(19) 例えば、以下を参照。Gary Dorrien, *Imperial Designs: Neoconservatism and the New Pax Americana* (New York: Routledge, 2004).

(20) Giorgio Agamben, *State of Exception*, trans. Kevin Attell (Chicago: University of Chicago Press, 2005).

(21) これに関する学術文献は広範囲に及ぶ。例えば、以下参照。Michael Mann, *Incoherent Empire* (London: Verso, 2003), David Harvey, *The New Imperialism* (London: Oxford University Press, 2003), Gopal Balakrishnan and Stanley Aronowitz, eds., *Debating Empire* (London: Verso, 2003), Michael Hardt and Antonio Negri, *Empire* (Cambridge: Harvard University Press, 2000); Michael Hardt and Antonio Negri, *Multitude: War and Democracy in the Age of Empire* (New York: Penguin Press, 2004). マイケル・ハートとアントニオ・ネグリの著書である「＜帝国＞」と「マルチチュード」は、帝国的ルールの脱中心化されたシステムが、「マルチチュード」と称するところの相当程度に流動的な編成によって挑戦されている、というメッセージに加えて、広範囲にわたって大衆消費を分析しているという理由によっても注目に値する議論を提示している。

(22) 概説として以下を参照。Paul A. Passavant and Jodi Dean, eds., *Empire's New Clothes: Reading Hardt and Negri* (New York: Routledge, 2004). 特に以下を参照。Ernesto Laclau, "Can Immanence Explain Empire?" in Passavant and Dean, *Empire's New Clothes*: 21-30. Cf. Mark Taylor, *Religion, Politics, and the Christian Right: Post 9/11 Powers in American Empire* (Philadelphia: Augsburg Fortress Press, 2005), Sharon Welch, *After Empire: The Art and Ethos of Enduring Peace* (Philadelphia: Augsburg Fortress Press, 2004).

(23) 「アメリカ帝国」についての補足は、未刊行の原稿ではあるが以下から抽出。Charles Amjad-Ali and Lester Edwin J. Ruiz, "Betrayed by a Kiss: Evangelicals and the US Empire-The Consequences of A Theological and Political Paradox."

(24) H. J. de Blij, and Peter O. Muller, *Geography: Realms, Regions and Concepts*, 11th edition (Hoboken, New Jersey: Wiley and Sons, Inc., 2004): 40.
(25) ヴァスコ・ダ・ガマはヨーロッパとインドを繋ぐ最初の海上貿易のルートのすべてを完成させたことで著名である。彼は1497年7月8日にポルトガルのリスボンを発ち、最終的には1498年5月20日にインドのカルカッタへ到達した。
(26) 戦争が1588年以降、少なくとも10年ほど続いていた間にイベリア人は航海力を失い、その結果、植民地の帝国的独占力もなくした。
(27) これは当初、*McClure's Magazine*の1899年号として出版され、のちに*Rudyard Kipling's Verse: Definitive Edition*(Garden City, New York: Doubleday, 1929)としても掲載された。
(28) Michel Foucault, *The Archaeology of Knowledge*, trans. A.M. Sheridan Smith (New York: Pantheon, 1972).(中村雄二郎訳、『知の考古学』、河出書房新社、1981年)
(29) *Ibid.*, 17.(邦訳、30頁)
(30) William E. Connolly, *Identity/Difference: Democratic Negotiations of Political Paradox*(Ithaca, New York: Cornell University Press, 1991): 61.(ウィリアム・E. コノリー著、『アイデンティティ＼差異——他者性の政治』、岩波書店、1998年、111頁参照)以下も参照。Foucault, note 28: 205.(邦訳、282-283頁)
(31) この還元の例として以下のものを含む。ニカイア公会議に反対した教父たち(anti-Nicene fathers)は、いくつかのアジアやアフリカ起源の存在にもかかわらず、ただちにヨーロッパと同一視されてしまっている。ほとんどの地中海に関するギリシャの知識が、イスラームを通して西洋に伝わっているにもかかわらず、それらの大部分は否定されるか、よくていいかげんな認識を与えられるかであった。
(32) Richard Slotkin, *Regeneration through Violence: The Mythology of the American Frontier, 1600-1860*(Norman, Oklahoma: University of Oklahoma Press, 2000).
(33) 歴史的に、フィリピンの人々は常に「移住」の民であった。のちに*Las Islas Filipinas*と呼ばれた「起源の」島民たちは、遊牧民であった。すなわち、最初の「入植者たち」は、マレー－ポリネシア地域から渡ってきた漂流難民だ

ったのである。スペインの植民地主義支配の下では、「原住民たち」はヨーロッパ、特にスペインへ移住し、アメリカの植民地主義の時代には、アメリカ合衆国へ移住した。19世紀後半と20世紀を通して、フィリピン-アメリカ戦争の苦境時であっても、アメリカへの移住と移民は実質的に途絶えることはなかったのである。実際、顕在していようといまいと、フィリピンの人々はアメリカ人の生活の基盤を支えるものの一部となっていた。すなわち、ハワイのパイナップルやさとうきびのプランテーションで働くフィリピン人、アメリカ極東軍（USAFFE）での働きの見返りにアメリカ政府から約束された第二次世界大戦の退役軍人手当を要求するフィリピン人、勉学のためにアメリカに来るフィリピン人、アメリカの軍隊に入隊するフィリピン人、フィリピン人看護師、アメリカに亡命してきたフィリピン人などである。最近の調査で、フィリピン人は今や182カ国にわたって在住していることが明らかになっている。その人口は劇的なものとなっている。すなわち、フィリピン人の移住者、移民、未登録労働者らは、北米大陸には430万人、ヨーロッパには80万人、中東には160万人、うち90万人はサウジアラビアに、13万人がオーストラリアに、5万人がアフリカに、6万3000人がオセアニアに、3000人が南米大陸に、130万人がアジアに、そのうち12万人は香港（760万人の都市人口の中で、25万人が外国人労働者）にいるとされている。

(34) フィリピンがアメリカ合衆国の唯一の「正式な」植民地であったということは（プエルトリコとハワイにも実際には同じことが言えるが）他の移民よりもフィリピン人の移住や移民の力学に重要な相違を提供している。定義上では、フィリピン人は市民とはいえないまでも、移民というより、むしろアメリカ合衆国の構成員であるとされている（明らかに「植民化」された構成員ではあるが）。言い換えれば、他の移民たちのアイデンティティが、「祖国」と「受入れ国」両方との関係で構成されているように、われわれの諸々のアイデンティティは、何よりもまずアメリカの植民地主義との関係で構成されているのである。

(35) Michael Dillon, "Sovereignty and Governmentality: From the Problematics of the 'New World Order' to the Ethical Problematic of the World Order," *Alternatives: Social Transformation and Humane Governance* 20 (3) (1995): 323-368. 以下も参照。Sarah Anderson, ed., *Views from the South: The Effects of Globalization and the WTO on Third World Countries* (San

Francisco: Institute of Food and Development Policy, 2000).
(36) Paul Virilio, *Open Sky*, trans. Julie Rose (London: Verso, 1997).
(37) Nikos Papastergiadis, *The Turbulence of Migration: Globalization, Deterritorialization, and Hybridity* (Cambridge: Polity Press, 2000): 3-21.
(38) Ibid. 以下も参照。Nevzat Soguk, *States and Strangers: Refugees and Displacements of Statecraft* (Minneapolis: University of Minnesota Press, 1999).
(39) Epiphanio San Juan, "Fragments from a Filipino Exile's Journal," *Amerasia Journal* 23 (2) (1997): 1-25.
(40) William Safran, "Diasporas in Modern Societies: Myths of Homeland and Return," *Diaspora* 1 (1), (1991): 83-99; Peter Stalker, *Workers without Frontiers* (Boulder, Colorado: Lynne Rienner Publishers, 2000); Khachig Tololyan, "Re-Thinking Diaspora (s): Stateless Power in the Transnational Moment," *Diaspora* 5 (1), (1996): 3-36; Grace Chang, *Disposable Domestics: Immigrant Women Workers in the Global Economy* (Cambridge: South End Press, 2000).
(41) 例えば以下を参照。Papastergiadis, note 37.
(42) Safran, note 40: 83-84.
(43) Pyong Gap Min, ed., *Asian Americans* (London: Sage, 1995).
(44) 本稿で使用されている「グローバルな資本主義」という用語は意図的に曖昧なままにしている。私の関心は、資本主義の実質的な定義を与えることよりも――今日資本主義が多元的な諸形態として存在していることを考えると不可能なのだが――、近代資本主義のグローバル化する軌跡によって特徴づけられた言説的な諸実践の地域を特定することにある。実際、「トランスナショナルな資本主義」という言葉のほうが、明らかに世紀の変わり目の多様な資本主義を表現するにはより有用な言葉だといわれるかもしれない。私は「グローバリゼーション」という言葉によって、グローバルなレベルで一定の自律性の水準を得ているような、根本的な構造的転換の複数のプロセスについて言及している。なお、根本的な構造的転換の複数のプロセスという時、それらは資本、人、商品、情報、考え、そしてイメージの動きと流れを維持しつつも、複数の共同体やアイデンティティが成立するための諸条件を変化させているのである。以下参照。Michael Featherstone, ed., *Global Culture:*

Nationalism, Globalization and Modernity (London: Sage, 1990). Cf. Yoshikazu Sakamoto, ed., *Global Transformation: Challenges to the State System* (Tokyo: United Nations University Press, 1994); Saskia Sassen, *Globalization and its Discontents* (New York: W.W. Norton, 1998).

(45) Giddens, note 11: 16ff.

(46) Anthony King, "Architecture, Capital, and the Globalization of Culture," in Featherstone, note 44: 397.

(47) Jonathan Okamura, *Imagining the Filipino American Diaspora: Transnational Relations, Identities, and Communities* (New York: Garland Publishing, Inc., 1998).

(48) James Clifford, "Diasporas," *Cultural Anthropology* 9 (3), (1994): 306.

(49) Roger Rouse, "Mexican Migration and the Social Space of Postmodernism," *Diaspora* 1 (8), (1991): 11.

(50) これはグローバルなレベルで、資本、人、商品、情報、考え、そしてイメージの流れの動きを維持するような、一定の自律性の水準を得ている根本的で構造的な転換のプロセスを含んでいる。

(51) Charles Lemert, ed., *Social Theory: The Multicultural and Classic Readings* (Boulder, Colorado: Westview Press, 1993, 1999).

(52) Eduardo Cadava, Peter Connor, and Jan-Luc Nancy, eds. *Who Comes after the Subject?* (New York: Routledge, 1991).

(53) Simon Critchley and Peter Dews, eds. *Deconstructing Subjectivities* (Albany, New York: State University of New York Press, 1996).

(54) Michael Ryan, *Politics and Culture: Working Hypotheses for a Post Revolutionary Society* (Baltimore, Maryland: Johns Hopkins University Press, 1989).

(55) 近代とポスト近代の分断は、根源的に論争の的となっている。ここで私が行なっているように、近代とポスト近代の両者を接近させてみることによって、これらの意味の構造は、その手法、文化の形状、そして政治的実践の連続性と非連続性において最もよく理解されると提案したい。したがって、このように、私は近代とポスト近代を時代区分として理解するよりも、「状態」や「感性」そして「実践」として理解している。私自身の方向性、感性、そして位置は、おそらく近代やポスト近代の理論や実践と一致するというより

も、ポスト植民地主義の理論と実践とより一層一致する。例えば以下参照。Bill Ashcroft, Gareth Griffiths, and Helen Tiffin, eds. *The Post-Colonial Studies Reader* (New York: Routledge, 1995).

(56) ここで私は「異邦人の問い」と「歓待の歩み／歓待はない」についての1996年の1月のパリでの講義の哲学的重要性を取り上げている。以下参照。Jacques Derrida and Anne Dufourmantelle, *Of Hospitality*, trans. Rachel Bowlby (Stanford: Stanford University Press, 2000).

(57) Derrida, note 7: 3. （邦訳、147頁）

(58) Ibid.: 19. （邦訳、172頁）

(59) Jürgen Habermas, *The Theory of Communicative Action*, Vol. 1 (Boston: Beacon Press, 1985; Paulo Friere, note. 13; John Caputo, *More Radical Hermeneutics: On Not Knowing Who We Are* (Bloomington, Indiana: Indiana University Press, 2000).

(60) 以下参照。Roberto Unger, *Knowledge and Politics* (New York: The Free Press, 1975); C.B. Macpherson, *The Political Theory of Possessive Individualism: Hobbes to Locke* (New York: Oxford University Press, 1962).

(61) 以下参照。Heidegger, note 8. See also Hans Georg Gadamer, *Truth and Method*, trans. Joel Weinsheimer and Donald G. Marshall, 2nd rev. ed. (New York: Crossroads, 1989); Paul Ricoeur, *From Text to Action*, trans Kathleen Blamey and John B. Thompson (Evanston, Illinois: Northwestern University Press, 1991).

(62) Hannah Arendt, *The Human Condition* (Chicago: University of Chicago Press, 1958). 以下も参照。 Mordechai Gordon, ed. *Hannah Arendt and Education: Renewing Our Common World* (Boulder, Colorado: Westview Press, 2002).

(63) Kwame Anthony Appiah, *Cosmopolitanism: Ethics in a World of Strangers* (New York: W.W. Norton, 2006).

(64) これは「文化」の議論が負う責務である。以下参照。Gayatri Chakravorty Spivak, *A Critique of Postcolonial Reason: Toward a History of the Vanishing Present* (Cambridge: Harvard University Press, 1999): 312. （上村忠男、本橋哲也訳、『ポストコロニアル理性批判』、月曜社、2003年、454頁）

(65) Proverbs 29: 18, *NIV*.

(66) 以下も参照。Bell Hooks, *Teaching to Transgress: Education as the Practice of Freedom*（New York: Routledge, 1994）.

(67) Jean L. Cohen and Andrew Arato, *Civil Society and Political Theory*（Boston: MIT Press, 1994）.

(68) Antonio Gramsci, *Selections from the Prison Notebooks*（New York: International Publishers, 1971）.（『グラムシ選集1－6巻』、合同出版社）

(69) 以下参照。Oscar Campomanes, "The New Empire's Forgetful and Forgotten Citizens: Unrepresentability and Unassimilability in Filipino-American Postcolonialities," *Critical Mass* 2（2）,（1995）: 145-200. 以下も参照。Epiphanio San Juan, Jr., "Configuring the Filipino Diaspora in the United States," *Diaspora* 3（2）,（1994）: 117-133; Epiphanio San Juan, *From Exile to Diaspora: Versions of the Filipino Experience in the United States*（Boulder, Colorado: Westview Press, 1998）.

(70) 以下参照。Halpern, note 4.

(71) Ashcroft, Griffiths, and Tiffin, note 55: 117.

(72) Gayatri Spivak, "Can the Subaltern Speak?" *Marxism and the Interpretation of Culture*, Cary Nelson and Lawrence Grossberg, eds.（London: Macmillan, 1988）.

(73) Hooks, note 66.

(74) Julia Kristeva, "A New Type of Intellectual: The Dissident," *The Kristeva Reader*, Toril Moi, ed.（New York: Columbia University Press, 1986）: 292-299.（棚沢直子、天野千穂子編訳、『女の時間』、勁草書房、1991年、31－45頁）

(75) Ibid.（邦訳、40頁）

(76) Richard Ashley and R.B.J. Walker, "Speaking the Language of Exile: Dissident Thought in International Studies," *International Studies Quarterly* 34（3）,（1990）: 265.

(77) 以下で引用されている。Ernesto Laclau, *Emancipation（s）*,（New York: Verso, 1996）: 89. 以下も参照。Jacques Derrida, *Specters of Marx: The State of the Debt, the Work of Mourning, and the New International*, trans. Peggy Kamuf（New York: Routledge, 1993）.

(78) Laclau, note 77: 89.

(79) Ibid.: 81-82. 以下も参照。Ernesto Laclau, *New Reflections on the*

Revolution of our Time（New York: Verso, 1990）.
(80) Jacques Derrida, *Limited, Inc*., trans. Samuel Weber（Evanston, Illinois: Northwestern University Press, 1988）: 116.（高橋哲哉、増田一夫、宮崎裕助訳、『有限責任会社』、法政大学出版局、2002年、250頁参照）
(81) David Campbell, "The Deterritorialization of Responsibility: Levinas, Derrida, and Ethics after the End of Philosophy," *Alternatives: Social Transformation and Humane Governance* 19（4），（1994）: 477.
(82) 例えば以下を参照。Bernard Waldenfels, "Levinas and the Face of the Other," *The Cambridge Companion to Levinas*, eds. Simon Critchley and Robert Bernasconi（New York: Cambridge University Press, 2002）.
(83) Martin Heidegger, *Poetry, Language, Thought*, trans. Albert Hofstadter（New York: Harper Collins, 1971）.
(84) Derrida, note 7: 20.（邦訳、173－174頁参照）

〔訳注〕

〔1〕Immanuel Kant, *Ueber Paedagogik*, translated by Annette Churton（Boston: D.C. Heath and Co., 1900）: 12.（湯浅正彦、井上義彦、加藤泰史訳『カント全集　17　論理学・教育学』、岩波書店、2001年、226頁）
〔2〕Régis Debray, *Critique of Political Reason*（London: Verso, 1983）.
〔3〕Gayatri Chakravorty Spivak, *A Critique of Postcolonial Reason: Toward a History of the Vanishing Present*（Cambridge: Harvard University Press, 1999）: 333.（上村忠男、本橋哲也訳、『ポストコロニアル理性批判』、月曜社、2003年、479頁）

第Ⅱ部
現代の平和主義について
―― 哲学、宗教、憲法の視点から ――

第5章

カントと反戦・平和主義
―― 9・11後の国際政治思想 ――

北村　治

はじめに

　人類の歴史には、戦争とテロリズムの悲しい物語が多い。毎年、世界のどこかで戦争またはテロが起きている。2001年9月11日、19人のテロリストが4つの飛行機をハイジャックし、そのうち2つの飛行機がニューヨークにある世界貿易センターに、そして3機目がアメリカ国防総省に激突した（残りは途中で墜落した）。このアメリカ同時多発テロ事件により、3000人以上が死亡したといわれている。これは、アメリカの歴史の中でも類のないテロ攻撃であった[1]。そして、オサマ・ビン・ラディンと彼が率いるアル・カイーダというテロリストのネットワークが9・11事件を起こしたという考えのもとで、アメリカ軍はイギリス軍とともにオサマ・ビン・ラディンらをかくまうアフガニスタンを攻撃した。2003年には、イラクが大量破壊兵器を保有しているとみなし、アル・カイーダと結びついているという理由をつけて、アメリカ軍はイギリス軍などとともにイラクに侵攻し、そして占領した。その結果、多くのアフガニスタン市民とイラク市民が亡くなった。9・11以降、アメリカ政府は「テロとの戦い」を最優先課題にしている。

　しかしながら、9・11事件は、戦争行為というよりも犯罪である。それゆえ、それに対する適切な対応は、犯罪捜査を行い、法の支配の下で犯罪者を起訴することである。アメリカがアフガニスタンやイラクの政府を転覆することは、たとえ両政権が独裁的であったとしても正当化すること

できない。人道に対する罪として9・11事件が、政治的責任のコスモポリタンな要求をしていることは明らかである。世界の市民は、グローバルな法の支配とグローバルな正義を必要としている⁽²⁾。

9・11以降、以前にも増してわれわれは、テロリズムを理解し、どのようにしてそれに対処すべきかを考えることが必要になった。われわれは、次のような問いに答える必要がある。戦争は、9・11事件に対する道徳的に弁護できる応答なのであろうか。テロリズムに対する道徳的に弁護できる応答は、グローバルな正義とデモクラシーを実現することなのだろうか⁽³⁾。これらの問いに対して多様な見解が存在することは明らかである。本稿では、カントの平和主義に依拠しながら、その答えの糸口を探りたい。

Ⅰ．平和主義と正戦論

国際政治思想において、戦争とテロリズムに対する一つの立場を表すものとして、「平和主義 (pacifism)」が再評価されている。アメリカの哲学者ダグラス・ラッキーは、平和主義を次の4つに分類している。1) キリスト教の平和主義 (Christian pacifism)：すべての殺人を悪とする、2) ガンディーの平和主義 (Gandhian pacifism)：すべての暴力を悪とする、3) アウグスティヌスの限定的平和主義 (Augustine's limited pacifism)：すべての私的暴力は悪であるが、政治的暴力はときに道徳的に許容される、4) 反戦・平和主義 (Anti-war pacifism)：私的暴力はときに道徳的に許容されるが、戦争は道徳的に悪である⁽⁴⁾。

最初のキリスト教の平和主義は、すべての人の命は神聖なものであるがゆえに、すべての殺人を悪とみなす。聖書には「汝、殺すなかれ」と書かれている。友会徒（クエーカー）らに代表されるキリスト教の平和主義者は、この言葉を、いかなる状況下においても誰も人を殺してはならないと解釈する。次のガンディーの平和主義は、すべての暴力に反対し、ヒンデュー教に由来する非暴力の教義を発展させようとする。ガンディーはまた、正義のための継続的な闘争において非暴力・不服従に立脚した「サティヤ

ーグラハ（真理の把握）」の思想を実践した。9・11後世界において、キリスト教およびガンディーの平和主義は、殺人または暴力はときに人の命を救うために必要とされるかもしれないという問題に直面している。航空機の衝突を避け、そして乗客全員の命を守るために、ハイジャックしたテロリストを殺害あるいは拘束することは許されないことなのだろうか。

　3番目のアウグスティヌスの限定的平和主義は、しばしば「正戦論（just war theory）」とも呼ばれ、先の2つの絶対平和主義とは異なっている。この限定的平和主義は、テロリストが航空機をハイジャックした場合、政治的暴力として自身の命を守るための行動は正当化されうる[5]。この限定的平和主義＝正戦論は、平和主義と区別し、それに含めない場合も多いので、少し立ち入って説明することにする。

　5世紀以前にキリスト教の平和主義者は、キリスト教徒は暴力を拒絶し、ローマ軍の兵として服することを拒否すべきだと考えていた。しかしながら、5世紀に入るとローマ帝国は、それまでのキリスト教への弾圧を止め、キリスト教徒を兵役に就かせるためにキリスト教を認めるようになる。そして、実際にキリスト教徒たちが兵役に就くようになると、教父たちは、それまでのキリスト教の平和主義（絶対平和主義）との矛盾を避けるために平和主義の新しい教義を必要とした。こうして誕生した戦争に関する新しい見地が正戦論である。正戦論は、ある国家が敵国に対して武力を行使することを認め、国を守ることを支持している。歴史的に見ると正戦論は、キリスト教的価値と防衛のための武力行使とを調和させようとして発展してきた。アウグスティヌスやトマス・アクィナスなど中世のキリスト教神学者たちは、正戦論を展開した。なお、正戦論は、17世紀になるとフーゴ・グロティウスによって自然法をふまえ世俗化されていった[6]。

　正戦論は、戦争についての2つの問いを区別し、戦争が正当化されうる要件、すなわち「正しい戦争」の要件を規定している。第1の問いは「戦争に訴えることの正義（jus ad bellum）」に関することであり、どのような状況であれば戦争の開始を正当化することができるのかを規定する。第2の問いは「戦争における正義（jus in bello）」に関することであり、戦争に際してどのような戦闘行為が正当化されるのかを規定する。すなわち、正戦論は、開戦と交戦に関する2つの正義から構成されている。そして、戦

争に訴えることの正義は、さらに①正当理由、②正当権威、③正当意図、④限定目標、⑤最終手段、⑥合理的成功見込み、の６つの要件に、また戦争における正義は、①戦闘員と非戦闘員の区別、②戦闘行為と戦闘行為が実現しようとしている目標との均衡、③戦闘行為と脅威の性質との比例性、④性悪手段の禁止、の４つの要件に分けられる[7]。

アメリカの政治学者ウイリアム・オブライアンは、「正しい戦争」であるためには、正当な理由があり、正当な権威によって布告されるなど、正戦の要件をすべて満たす必要があると主張する。その上で彼は、戦争開始にあたっての正当理由を自衛に限定し、できる限り平和的な手段によって、戦争によってなされる善が戦争という悪と釣合わねばならないことを指摘している[8]。正戦論は、もし戦争が道徳的に正当化されうるならば、戦争が満たすべき要件を示している。したがって、正戦論は、武力行使の範囲を定め、査定するための道徳的枠組みを提供している。すなわち、正戦論の本来の目的は、戦争を正当化することではなく、戦争のリスクを減少することである。しかしながら、歴史は、正戦論がしばしば戦争の正当化のために用いられ、開戦の根拠を与えてきたことを示している。その意味で、正戦論は、基本的に主権国家間のウェストファリア的秩序を維持するための現状維持的な理論である[9]。

既述したダグラス・ラッキーによる平和主義の分類のうちで、彼が支持する平和主義は４番目の反戦・平和主義である。反戦・平和主義においては、すべての戦争は道徳的に悪であるが、しかしある状況下では個人的な暴力は許されうる。ある状況とは、たとえばハイジャックしたテロリストに対して暴力をもってそれを阻止しようとする場合などが想定される。すなわち、ある暴力に対して自らを守ることは否定されない。したがって、反戦・平和主義は、「テロとの戦い」の時代において有効な視座を提供しうるように思われる。自衛権を擁護する人々は、自衛のために戦うことを認めるであろう。実際、自衛の理念と正戦の理念とは、自衛戦争が正戦とみなされることから密接に結びついている。とはいえ反戦・平和主義において、上記のような自衛戦争という例外を除いて正当化される戦争は存在しない。なぜなら、戦争はつねに許容されえない権利の侵害を含んでいるからである[10]。

第5章　カントと反戦・平和主義——9・11後の国際政治思想

　アメリカの哲学者ジェームズ・スターバは、戦争は多くの死と破壊をもたらし、また戦争の被害をうける人は無辜の非戦闘員であることから、反戦・平和主義を擁護している。彼にとって、アメリカによるアフガニスタンやイラクでの「テロとの戦い」は、多くの死と破壊をもたらすがゆえに道徳的に正当化されない戦争である。9・11テロ事件とその後の「テロとの戦い」から引きだされるひとつの教訓は、戦争とテロリズムはつねに道徳的に不正であるということである。そして、彼は、9・11に対するアメリカの応答は、武力行使ではなくグローバルな正義の理念に基づいたものでなければならず、アメリカ人は良き世界市民でなければならないと指摘している[11]。反戦・平和主義の観点からすると、戦争はけっして国の安全(セキュリティ)のために正当化されえない。

II. カントの反戦・平和主義

　戦争は、国家による殺人を正当化する行為である。そして、現代の戦争では多くの市民が犠牲となる。したがって、戦争は、人道に関する倫理的問題を抱えている。18世紀ドイツの哲学者イマヌエル・カントは、永遠平和のための道徳的行為こそが模範的であると説いている[12]。また、カントは、人間が、自身でなすべきことに関して道徳的義務を有していると述べている。そのなすべきこととは、永遠平和を探求することである。
　カントのいう定言命法は、ありうる結果にかかわらず、何をなすべきかを、われわれに教えている。定言命法に従うならば、われわれは、人類の最高善である永遠平和の実現に向けて行動しなければならない。そして、カントは、グロティウスらの正戦論を批判している。1795年に刊行された『永遠平和のために——一哲学的考察』の中で、カントは次のように述べている。「実際、フーゴ・グロティウス、プーフェンドルフ、ヴァッテルなど（いずれもひとを慰めよとして、かえってひとを煩わす者であるが）の法典は、哲学または外交政策のために書かれたもので、法的な効力は少しももっていないし、また事実もつことすらできないのであるが……それにもかかわらず、相変わらず忠実にこれらのひとびとの名が戦争の開始を正

当化するために引かれるのである」と[13]。

また、カントは、当時の国際法で認められていた戦争への権利（正戦論の根拠とされる）に対して、「国際法が戦争への権利を正当化する法を含むとすると、こうした国際法の概念はもともと無意味である（なぜなら、こうした国際法は、なにが合法であるかを、個々の民族の自由を制限する普遍妥当的な外的な法によってではなく、力に支えられた一方的な格率によって決定する法になるからである）」として、それを批判している[14]。

カントは、実際の国家間の関係が絶え間ない戦争状態にあるがゆえに、そうした戦争状態を抜けだすためには、永遠平和を実現させるための立憲的な枠組みが必要であると考えた。カントにとって戦争は、武力を行使して国家の権利を貫徹するための手段である。戦争は、国家の暴力であるばかりでなく憎悪も内包している。それゆえカントは、戦争は「文明化された国を圧迫する最も邪悪なもの」であるとみなしていた。反対に、永遠平和は最高善であり、われわれが探求すべき実践理性に基づく理念なのである。なぜなら、永遠平和は、自然状態にある人間間の、また戦争状態にある国家間の憎悪を終結させるからである。カントにとって、そうした永遠平和の保証を与えるのは、偉大な技巧家である「自然（natura daedala rerum）」にほかならない。しかし、カントは、ただ自然の摂理に任せるのではなく、永遠平和を実現するための具体的な予備条項と確定条項を示している。すなわち、人間一人ひとりの努力と漸進的な改革によって、永遠平和を実現する道を説いている[15]。

カントの永遠平和論は、国家間の永遠平和のための「予備条項」（禁止条項）と「確定条項」（命令条項）という普遍的原理から成っている。それは、たんにカントによる「一哲学的考察」（『永遠平和のために』の副題）ではなく、国内と国家間の政治ならびに国家が従うべき規則や合法性を列挙している。具体的に予備条項は、1）たんなる休戦条約は平和条約とみなされてはならない、2）いかなる独立国家も継承、交換、買収、贈与によって、他国がこれを取得できるということがあってはならない、3）常備軍は、時とともに全廃されなければならない、4）国家の対外紛争に関しては、いかなる国債も発行されてはならない、5）いかなる国家も、他国の体制や統治に暴力をもって干渉・介入してはならない、6）いかなる国

家も、他国との戦争において将来の平和時における相互間の信頼を不可能にしてしまうような行為をしてはならない、である[16]。

そして続く、確定条項は、1）各国家は「共和制」（代議的民主制）でなければならない、2）国際法は、自由な諸国家の連合制度に基礎を置くべきである（「国際連合」の創設）、3）世界市民法は、普遍的な友好をもたらす諸条件に制限されなければならない（国境を越えた「訪問の権利」の実現）、である[17]。すなわち、カントは、永遠平和＝世界平和の実現にむけて、常備軍の漸進的な廃止、諸国家の民主化、諸国家間関係の民主化、国際連合の創設（ひとつの世界共和国ではなく諸国家間の連合）などの具体的構想を示しているのである。そして、この構想は、現実をふまえた理想主義の立場からなされたものであった。カントのこうした「現実主義的理想主義」による平和構想は、人類の最高善としての世界平和が決して空虚な理念ではない根拠を明らかにして、人間一人ひとりに世界平和への努力を厳粛に義務づけている。

ところで先述の予備条項は、戦争を完全になくすものではなく、他国からの侵略に対する自衛戦争を認める余地を残している。したがって、国家の行動を規制しつつ、自衛権の行使を認めている点では、アウグスティヌスの限定的平和主義（正戦論）とカントの平和主義は共通しているという見方もある。しかし、カントは、既述したように正戦論を批判している。ただし、カントは、第3予備条項のなかで常備軍の存在が先制攻撃の原因となることから、その全廃を唱えているが、次のようにも述べている。「だが国民が自発的に一定期間にわたって武器使用を練習し、自分の祖国を外からの攻撃に対して防衛することは、これとはまったく別の事柄である」と[18]。また、カントは、戦争によって人々が平和の尊さに気がつき、「戦争によって、人間を多かれ少なかれ法的関係に立ち入らせるように」なるだろうと考えていた[19]。この意味において、カントは、既述したような友会徒（クエーカー）のようなキリスト教の平和主義者やガンディーのような平和主義者とも異なっている。すなわち、カントは、友会徒（クエーカー）やトルストイ、ガンディー、キング牧師といった絶対平和主義者ではなかった。

しかしながら、カントは、戦争の意義を認めているのではなく、永遠平

和の保証を与える「自然」の過渡的な配備が戦争を限定的に認めていると考えているにすぎない。カントは、永遠平和が実現する過渡的段階において、他国からの侵略に対する自衛戦争はやむを得ないが、やがて各国の常備軍が全廃され、戦争ではなく平和を好む共和制国家が集まり、そうした国家の連合ができればすべての戦争が禁止され、自衛戦争の問題は解決されると考えていた。したがって、戦争の禁止を唱え、永遠平和の実現を哲学的に考察したカントは、先のラッキーの分類に従えば「反戦・平和主義者」といえる。カントにとって、戦争とは平和のみならず正義の反対でもあるがゆえに、カントの反戦・平和主義は、戦争を望まないならば平和と正義を創造することを要請している。すなわち、古代ローマの格言である「もし汝が平和を望むならば、戦争の準備をせよ」とは異なり、「もし汝が平和を望むならば、正義と平和の準備をせよ (si vis pacem, para iustitam et pacem)」ということを示唆している[20]。

III. カントの反戦・平和主義の現在

カントの国際政治思想とホッブズの国際政治思想はしばしば対立するが、ホッブズ同様カントも、自然状態を戦争状態とみなしていた[21]。カントによれば、「一緒に生活する人間の間の平和状態は、なんら自然状態ではない。自然状態は、むしろ戦争状態である」[22]。現代国際政治理論の用語を使えば国内類推(ドメスティク・アナロジー)により、カントは、世界政府が存在しない国際社会を戦争状態の下にあるとする。18世紀においても、国際社会が「主権国家から成る社会」であることには変わりなく、ヒュームが指摘するように、主権国家は互いに勢力均衡を維持しようとし、他国を「潜在的な敵 (justi hostes)」とみなしていた。それゆえ、こうしたホッブズ的自然状態(戦争状態)において、戦争は不可避であるとされたていた。既述したようにカントは、こうした戦争状態から脱却し、平和状態を創設するために国家行動の禁止事項を挙げた永遠平和のための予備条項に加えて、3つの法的状態(国民法(市民法 ius civitatis)、国際法(万民法 ius gentium)、世界市民法(ius cosmopoliticum))に基づく3つの確定条項を掲げている。

第5章　カントと反戦・平和主義——9・11後の国際政治思想

ではなぜ、各国家は「共和制」でなければならないのだろうか（第1確定条項）。それに答える前に、カントは、「デモクラシー」をアリストテレス以来の支配者の数の問題として捉えており、古典的なデモクラシー（直接民主制）を衆愚的なものと考えていた（それはなにもカントに限ったことではなく、当時一般に、直接民主制は否定的な概念として捉えられていた）[23]。カントのいう共和制とは、自由と平等の権利が確保された国民が、共同の立法に従い、そして代表制を採用し、国家の執行権（統治権）と立法権とが分離している国家体制をさし、「根源的契約」（社会契約）から導き出される唯一の体制である。その意味で、カントの共和制概念は、代議的民主制と同義といえる（ただし立憲君主制ともとれるが）[24]。

自分の生活を犠牲にすることもなく、戦争を一種の遊戯のように決定し、戦争を楽しむ君主制とは異なり、カントが共和制（代議的民主制）を「永遠平和への期待にそった体制」として考える理由は、「戦争をすべきかどうかを決定するために、国民の賛同が必要となる（この体制の下では、それ以外に決定の方途はないが）場合に、国民は戦争のあらゆる苦難を自分自身に背負いこむ……こうした割に合わない賭け事をはじめることにきわめて慎重になるのは、あまりにも当然のこと」だからである[25]。

また、カントにとって世界市民法は、戦争を回避し、平和を促進するための定言命法に沿っている。カントは、「地球上の諸民族の間にいったんあまねく行きわたった（広狭さまざまな）共同体は、地上の一つの場所で生じた法の侵害がすべての場所で感じとられるまで発展を遂げたのであるから、世界市民法の理念は、もはや空想的で誇張された法の考え方ではなく、公的な人類法一般のために、したがってまた永遠平和のために、国民法や国際法に書かれていない法典を補足するものとして必要なのであって、ひとびとはこうした条件の下においてのみ、永遠平和にむけてたえず前進しつつあると誇ることができるのである」と述べている[26]。これは、世界平和のための世界市民の連帯によって、グローバル市民社会が形成されるという、現代的な議論を先取りしているといえる。

このようなカントの平和理念を踏まえて、次にカントの反戦・平和主義の現在をみることにする。まず平和と民主主義（デモクラシー）は、しばしば親和的であるとされる。こうした見方の代表が、アメリカの国際政治学者マイケル・ド

イルやブルース・ラセットらによって唱えられている、「民主主義国どうしが戦争をすることはほとんどない」というデモクラティク・ピース論である。カントの反戦・平和主義の流れを汲むこのデモクラティク・ピース論は、民主主義が世界中に普及すれば、戦争のない平和な世界が実現するであろうということを含意する[27]。実際、カントは、国内における悪しき統治と侵略的な対外政策のあいだに密接な関係があることを見て取っていたので、永遠平和のためには君主制ではなく共和制（代議制民主制）でなければならないと考えていた。

既述したように、しばしば平和と民主主義の親和性が強調されるが、実際には両者の間に緊張関係が存在し、戦争と民主主義が結びつくことは歴史的に見ても少なくない。民主主義国による国際政治が民主的でしかも平和的であるとは限らず、むしろ民主主義を標榜する国家が戦争を始めたり、「民主主義の防衛」や「民主主義の普及」を戦争目的に掲げたりすることさえある。たとえば、第1次世界大戦に際して、アメリカのウィルソン大統領は、参戦目的を「世界を民主主義にとって安全なものにする」ためであると宣言し、民主主義の防衛を戦争の正当化の根拠とした。また、第2次世界大戦中にアメリカのローズベルト大統領は、アメリカを「デモクラシーの兵器庫」と呼んだ[28]。

また、近年のアメリカの外交政策・安全保障政策において、カントはもとよりドイルやラセットの意に反してデモクラティク・ピース論は歪曲されながら受容され、アメリカの安全のために民主主義の普及が企図されるようになった。たとえば、クリントン前大統領は、「われわれの安全を保障し、持続的な平和を実現するための最善の策は、世界中に民主主義を普及することである。なぜならば民主主義国どうしは戦争をしないからである」と述べている。また、ブッシュ現大統領も「私が民主主義に固執するのは、民主主義国どうしは戦争しないからである。それゆえ中東へ民主主義を普及する必要がある」と述べている。すなわち、民主主義国が非民主主義国（とみなされる国）と戦争することは稀ではない[29]。

たしかに、これまでデモクラティク・ピース論は、しばしば戦争を正当化する根拠として利用されてきた。しかしながら、デモクラティク・ピース論は、あくまで「民主主義国間の平和」構想であり、民主主義国と非民

主主義国との間の戦争の可能性を否定するものではない。もちろん民主主義概念の捉え方にもかかわるが、民主的に統治された国家間の平和という構想は、多くの国が民主化した現在、国家間の平和を促進するものとして広く受け入れられている。カントの反戦・平和主義が示唆することは、代表制や権力分立といった制度的な拘束を受けている民主的な政策決定過程が、戦争の代償を血と金によって支払わなければならない市民によって制約を受けるために、国際関係において対外政策はより平和志向になるということである。アメリカの哲学者ジョン・ロールズは、カントの平和構想に倣って「万民の法（the law of peoples）」に従う政治的構想を打ち出し、平和と正義に満ちた民主的な国際社会の実現を目指していた。ロールズによれば、「戦争の問題に関する決定的な事実は、立憲民主制社会同士が互いに戦争を始めるようなことはないということである」[30]。

　戦争開始にあたり民主主義の普及を大義として掲げるのは、軍事介入のための政治的レトリックにすぎない。とりわけ9・11以降、アメリカをはじめとする民主主義国による戦争である「テロとの戦い」は、永遠平和のための永遠戦争となりつつある。もちろん、他国が武力を行使して民主主義を移植することと、NGOなどによる草の根の民主化支援や、平和運動が民主主義を要求することとは別の話しである。民主主義は安価な即席物ではない。民主主義の定着・深化には時間がかかるのである。もし民主主義が市民の生活にかかわることを自ら決めることだと解するならば、軍事介入によって民主主義を移植することはなんら正当性をもたない[31]。

　そもそも既述したように、カントは、国家主権を脅かす軍事介入に対して、「いかなる国家も、他国の体制や統治に暴力をもって干渉・介入してはならない」（第5予備条項）と断言している。なぜなら、「内部の争いがまだ決着していないのに、外部の力が干渉するのは、内部の病気と格闘しているだけで、他国に依存しているわけではない一民族の権利を侵害するもので、この干渉自体がその国を傷つける醜行であるし、あらゆる国家の自律を危うくするものであろう」からである[32]。カントの反戦・平和主義は、介入する側の平和を望む市民と介入される側の市民とが国境を越えて連帯しあうグローバルな平和運動に期待を寄せる。

　では一体、カントの反戦・平和主義と結びつく民主主義は存在するのだ

ろうか。カント自身、討議しあうことによって市民が戦争という「割に合わない賭け事」に反対するであろうと考えていた。その意味で、カントの反戦・平和主義にとって討議的民主主義の政治理論は示唆的である。アメリカの政治理論家エイミー・ガットマンとデニス・トンプソンは、世界市民主義（コスモポリタニズム）に近づきながら、9・11後の世界を見つめ、相互依存が深化し、グローバル化する現代国際社会において討議的民主主義が重要であることを指摘している。その背景には、イラク戦争開始に際して民主主義が機能しなかったことが挙げられる[33]。国内政治と国際政治の境界線が揺らぐ中で、討議的民主主義をグローバルな規模にまで深化させ徹底化させることが、戦争のない平和な世界を築くひとつの方法ではないだろうか。それは、ユネスコをはじめ国連が提唱する「暴力の文化（culture of violence）」から「平和の文化（culture of peace）」への転換をも意味している。

おわりに──反戦・平和主義の徹底化にむけて

グローバルな内戦という「新しい戦争」の時代に入り、「地球上の諸民族の間にいったんあまねく行きわたった（広狭さまざまな）共同体は、地上の一つの場所で生じた法の侵害がすべての場所で感じとられるまで発展を遂げたのである」[34]というカントの反戦・平和主義におけるコスモポリタニズムは、ナショナリズムの時代に失った輝きを取り戻している。それは、カントの反戦・平和主義に依拠したグローバルな平和運動やグローバルな市民社会の台頭によっても表わされている[35]。

言うまでもなく平和とは、単に戦争やテロなど直接的暴力のない状態＝消極的平和にとどまらず、貧富の格差や人権侵害、抑圧など「構造的暴力（structural violence）」のない状態＝積極的平和を含む[36]。途上国の貧困それ自体がテロを引き起こすという考えは、素朴（ナイーヴ）すぎる。たとえば、オサマ・ビン・ラディンをはじめアル・カイーダのメンバーの中には比較的富裕層の出身者もいる。しかし、貧富の格差というグローバルな不平等は憎悪をもたらし、貧困という経済的・社会的な不正義がテロの温床となって

第5章 カントと反戦・平和主義——9・11後の国際政治思想

いることも否定できない。したがって、グローバルな不正義とテロという人道に対する罪は、コスモポリタンな政治的責任とグローバルな正義を必要とする。具体的には、ロールズ流の格差原理に従い、もっとも不遇な立場にある人の利益を最大にするような財の配分＝「グローバルな配分的正義（global distributive justice）」の実現である[37]。ただし、グローバルな配分的正義が実現すれば問題がすべて解決するわけではない（それ自体を実現するだけでも難しいことであるが）。それ以上に求められるのが、貧困に苦しむ人々への権利付与（エンパワーメント）であり、アイデンティティと差異の承認である。

アメリカの哲学者マーサ・ヌスバウムは、テロリズムは皮肉にも、われわれに遠く離れ、そして貧困に苦しむ人々へ思いをはせさせると述べている。しかしながら、ヌスバウムは、9・11以降「テロとの戦い」がアメリカにおいて最重要課題になることで、かえって貧困に喘ぐ人々の日々の苦しみを忘却し、彼／彼女らとわれわれとのつながりを無視しがちになっていることを指摘している。たしかに9・11の衝撃はアメリカ社会において大きく、ヌスバウムもそれは理解するが、彼女は、われわれに必要なのは、他者への理解と人間の尊厳、人権意識に基礎づけられた「批判的な同情の文化（culture of critical compassion）」を築くことであると主張している[38]。彼女の主張は、カントの反戦・平和主義にみられる世界市民としての道徳的義務の観念と共通している。9・11後の世界において、他者との共生と平和が要請されているのである。

グローバルな反戦・平和運動による反戦・平和主義の徹底化は、将来、戦争だけでなくグローバルな不正義や人権侵害をもなくすであろう。ただし現在、反戦・平和主義は、内戦での大量殺戮（ジェノサイド）や人権侵害を止めるための（軍事）介入＝「人道的介入」を正当化することができるか否かというアポリアを抱えている。多くの正戦論者が人道的介入を正当化するなか、それとは異なるが、ドイツの哲学者ユルゲン・ハーバーマスなどは、世界市民法の観念に依拠しながら人道的介入を限定的に認めている。それは、人道に対する罪を座視することは、間接的にそれに加担していることにつながるため、世界市民として介入の義務を果さなければならないという倫理観に基づかれている[39]。

しかしながら、人道目的であっても軍事介入を無条件で正当化すること

は困難である。コソヴォの例もそうであるがアフガニスタンやイラクの場合も、介入がなされる前の悪（大量殺戮など）より、介入によってなされた悪（戦闘による死など）のほうが小さいとは言い難い。人道目的であっても、軍事介入は必ず無辜の市民の死を伴う。空爆には誤爆が付き物である。大量の難民を発生させたりもする。ましてや人道的介入には、介入する側である大国の恣意や、ある場所には介入するが、別の場所には介入しないといった選択的な介入の問題がつきまとう[40]。

　9・11後の世界では、人権の保障が重要であるばかりか、それが外交政策の正当性を判断する基準にもなる。それは、戦禍を被った人々の人権、貧困に苦しんでいる人々の人権、政治的抑圧を受けている人々の人権、テロリストであったとしても捕らわれた人々の人権、などを含む。今なお国民国家の役割を否定することはできない。しかし、カントの反戦・平和主義に立脚したグローバルな反戦・平和運動は、世界市民（地球市民）の意識と連帯を強化させるであろう[41]。カントの反戦・平和主義の実践が求められる所以である。カントいわく、「永遠平和は、決して空虚な理念ではなくて、われわれに課せられた課題である」と[42]。

〔注〕

(1) 詳しくは、National Commission on Terrorist Attacks upon the United States, *The 9/11 Commission Report*, New York: W.W. Norton & Company, 2004を参照されたい。

(2) Daniele Archibugi and Iris Marion Young, "Envisioning a Global Rule of Law," in James P. Sterba ed., *Terrorism and International Justice*, Oxford: Oxford University Press, 2003, pp. 160-162, 168.

(3) たとえば、Joseph Margolis, *Moral Philosophy after 9/11*, Philadelphia: Pennsylvania State University Press, 2004; Tom Rockmore, Joseph Margolis and Armen T. Marsoobian eds., *The Philosophical Challenge of September 11*, Oxford: Blackwell Publishing, 2005; Timothy Shanahan, *Philosophy 9/11: Thinking about the War on Terrorism*, Chicago: Open Court Publishing Company, 2005など参照。

(4) Douglas P. Lackey, *The Ethics of War and Peace*, New York: Prentice Hall,

1989, pp. 6-24.
(5) James E. White, *Contemporary Moral Problems: War and Terrorism*, Belmont, CA: Thomson Wadsworth, 2006, p. 2.
(6) A. J. Coates, *The Ethics of War*, Manchester: Manchester University Press, 1997など参照。
(7) Mark R. Amstutz, *International Ethics: Concepts, Theories, and Cases in Global Politics*, Lanham: Rowman & Littlefield Publishers, 1999, pp. 101-102.
(8) William V. O'Brien, *The Conduct of Just and Limited War*, Westport: Praegar Publishers, 1981.
(9) Mark Evans ed., *Just War Theory: A Reappraisal*, Edinburgh: Edinburgh University Press, 2005.
(10) James E. White, *op. cit*., pp. 15-16.
(11) James P. Sterba ed., *Terrorism and International Justice*, Oxford: Oxford University Press, 2003, pp. 209-221.
(12) カントは、戦争という国家暴力に反対しているものの、たとえば死刑制度については、国内の治安上の観点から、また殺人に対する適切な刑罰として賛成している。
(13) カント（宇都宮芳明訳）『永遠平和のために』岩波書店、1985年、40-41頁。
(14) 同44頁。
(15) 同54-71頁（第1補説　永遠平和の保証について）
(16) 同13-22頁。
(17) 同26-53頁。
(18) 同17頁。
(19) 同59-60頁。
(20) たとえば、Georg Cavallar, *Kant and the Theory and Practice of International Right*, Cardiff: University of Wales Press, 1999を参照。
(21) Howard Williams, *Kant's Critique of Hobbes: Sovereignty and Cosmopolitanism*, Cardiff: University of Wales Press, 2003など参照。
(22) カント、前掲書、26頁。
(23) カントにとってデモクラシーは、「全員がひとりの人間を無視して、また場合によってはその人間に反してまで（つまりその人間が賛同していないのに）決議できる、したがって実は全員ではない全員が決議できる」ものである

(カント、前掲書、34頁)。それゆえカントは、「代表制ではないすべての統治形態は、元来奇形である……民衆的な国家体制はそれを不可能にする、というのも、そこでは全員が主人であろうとするからである」と考えていた(同35頁)。

(24) 詳しくは、拙稿「カントの国際政治思想――デモクラシーと戦争／平和」『中央大学社会科学研究所年報』第11号, 2007年, 157-169頁を参照されたい。

(25) カント、前掲書、32-33頁。

(26) 同53頁。

(27) 詳しくは、Michael Doyle, "Kant, Liberal Legacies, and Foreign Affairs," *Philosophy and Public Affairs*, No. 12, Vol. 3, 4, 1983; Bruce Russett, *Grasping the Democratic Peace: Principles for a Post-Cold War World*, Princeton: Princeton University Press, 1993(鴨武彦訳『パクス・デモクラティア――冷戦後世界への原理』東京大学出版会、1996年)を参照されたい。

(28) この点に関しては、拙稿「デモクラシーと戦争――政治思想としての国際政治」日本政治学会編『年報政治学　戦争と政治学』第2007-Ⅰ号、木鐸社、2007年、25-40頁を参照されたい。

(29) 詳しくは、拙稿「アメリカのデモクラシーと戦争――冷戦後のアメリカ外交の思想的基盤」日本国際政治学会編『国際政治』第150号、2007年11月、52-65頁を参照されたい。

(30) ジョン・ロールズ（中山竜一訳）『万民の法』岩波書店、2006年、9頁。

(31) たとえば、Daniel Ross, *Violent Democracy*, Cambridge: Cambridge University Press, 2005; John Brenkman, *The Cultural Contradictions of Democracy: Political Thought Since September 11*, Princeton: Princeton University Press, 2007を参照。

(32) カント、前掲書、19-20頁。

(33) Amy Gutmann and Dennis Thompson, *Why Deliberative Democracy?*, Princeton: Princeton University Press, 2004, p. 37.

(34) カント、前掲書、53頁。

(35) James Bohman and Matthias Lutz-Bachmann eds., *Perpetual Peace: Essays on Kant's Cosmopolitan Ideal*, Cambridge, MA: The MIT Press, 1997; Mary Kaldor, *Global Civil Society: An Answer to War*, Cambridge: Polity Press, 2003

(36) 詳しくは、ヨハン・ガルトゥング（高柳先男、塩屋保、酒井由美子訳）『構造的暴力と平和』中央大学出版部、1991年を参照されたい。
(37) たとえば、Thomas W. Pogge ed., *Global Justice*, Oxford: Blackwell Publishers, 2001を参照。なお、ロールズ自身は、格差原理をグローバルな規模に拡大・適用すべきではないという立場にたっている。
(38) Martha C. Nussbaum, "Compassion and Terror" in James P. Sterba ed., *Terrorism and International Justice*, Oxford: Oxford University Press, 2003, pp. 229-252.
(39) この点に関しては、拙稿「世界市民法と人道的介入——カントとハーバーマスの国際政治思想」『政経研究』第84号、2005年、16-30頁が詳しい。また、Brian Orend, *War and International Justice: A Kantian Perspective*, Waterloo: Wilfrid Laurier University Press, 2000も示唆的である。
(40) 詳しくは、拙稿「戦争・正義・人道的介入——倫理的な国際政治の思想と現実」『中央大学社会科学研究所年報』第10号、2006年、27-47頁を参照されたい。
(41) 拙稿「地球市民社会の境界線——デモクラシーと差異」地球市民社会の研究プロジェクト編『地球市民社会の研究』中央大学出版部、2006年も参照されたい。
(42) カント、前掲書、111頁。

※冒頭に「など参照。また、拙稿「カントの永遠平和論と現代——「新しい戦争」時代の世界市民」萩原能久編『ポスト・ウォー・シティズンシップの構想力』慶応義塾大学出版会、2005年も参照されたい。」が続く。

第6章

9・11以後のキリスト教平和主義
――メノナイトの視点から――

片野　淳彦

I．はじめに

　2006年3月9日、イラクのバグダッド西部で一人のアメリカ人が他殺体で発見された。名をトム・フォックス（Tom Fox）といい、バージニア州クリアブルックの出身で54歳、両手を縛られ頭と胸を銃で撃たれた状態で見つかった。クエーカー教徒の彼は、キリスト教平和隊（CPT）という非政府組織のメンバーであった。CPTは1988年に設立された組織で、紛争当事者の「あいだに割って入る（getting in the way）」（Brown, 2005のタイトルを参照）といういわゆる市民的介入により、世界の武力紛争地域で暴力の縮減をめざす活動をしている。フォックスは他の3人のメンバーとともに2005年11月26日に誘拐された。アル・ジャジーラ・テレビでは2005年12月と2006年1月に、彼らの映ったビデオ映像が放映され、3月に放映された最後の映像ではフォックスを除くすべての人質が映っており、彼らは同月23日にバグダッド西部で発見され、米英の軍によって解放された。現場に犯人はおらず、救出時の銃撃戦もなかったという。

　CPTを組織したのは、いわゆる歴史的平和教会として知られるクエーカー、メノナイト、ブレズレンの三教派である。イラクには2002年10月から"駐留"しており、現地からの独自のリポートを提供することや、米軍とイラク当局によって収監されている人々およびその家族のために働くこと、イスラム教徒を含む市民に非暴力的介入や人権擁護活動の実際を教育・訓練することなどを任務としている。

第Ⅱ部　現代の平和主義について——哲学、宗教、憲法の視点から

　フォックスがCPTに関心を抱いたきっかけは、2001年9月11日の同時多発テロ事件であった。彼はクエーカー教会の創始者ジョージ・フォックスの言葉を思い起こし、自分もまた、テロという恐怖にさらされた世界が暗黒に包まれているように感じ、この世界を何とかして光の方へ近づけなければならないと痛感したという。こうして彼はCPTに参加し、平和を作り出すもうひとつ別の方法を示そうとした。「それはこの世にとっては異常に思われるだろうが、イエスの呼びかけを真剣に受け取るものであった」(Huebner, 2006)。誘拐される前日に、彼は「なぜ自分たちはここにいるのか」という根源的な問いを思いめぐらし、こう記していた。

　　もし私が神のメッセージを理解しているなら、神の答えは「平和を可能にする神の支配を作り出すことに参加するため」だということになるだろう。くり返すが、もし私が神のメッセージを理解しているなら、われわれがこの支配を作り出すことに参加するしかたは、心を尽くし、思いを尽くし、力を尽くして神を愛し、神と自分を愛するように隣人と敵を愛することによってだろう。その本質的な形において、異なる愛の側面がこの支配の創造をもたらすのだ（Fox, 2005）。

　フォックスはCPTで最初の、暴力による犠牲者となった。4月22日にワシントンDCで開かれた追悼式では、CPTの共同代表であるキャロル・ローズ牧師が参会者に「赦しとは何でしょう」と問いかけ、「赦しとは、私たちや他のあらゆる人に対してなされた悪に、私たち自身が囚われになることを拒否することです。赦しとは、トムを殺してもいいということではなく、この悪を行った人々を悪人の立場に留め置いたりはしないということです」と述べた（Markon, 2006: C03）。一方、一時的にイラクを離れたCPTは、慎重な状況分析を経て2006年末に、イラクでの活動を再開した。クルド人地域として知られるイラク北部のスレイマニアに拠点を移しての再開である。
　CPTの平和への取り組みは、現代におけるキリスト教平和主義の具体的な現れの一つにすぎない。本章では、メノナイトの視点からキリスト教平和主義の信仰と実践を解き明かしてみたい。まずその歴史的起源を素描し、

第6章　9・11以後のキリスト教平和主義――メノナイトの視点から

メノナイト平和主義の近年の発展と9・11事件がもたらした影響を見ていく。

Ⅱ．メノナイト平和主義の歴史的概要

　メノナイト教会の形成は、いわゆる急進的宗教改革（Radical Reformation）とりわけ再洗礼派（アナバプテスト）運動の伝統に連なるものとして位置づけられる。再洗礼派運動の起源の一つは、ツヴィングリがプロテスタント宗教改革を進めていたスイスのチューリッヒである。彼に師事する者たちの中から、熱心な聖書研究を通して、チューリッヒの教会改革が幼児洗礼の実践と政治への関与において聖書に合致しないと主張する者たちが現れた。彼らは1525年1月21日、小さな集会の席で自らの信条を実践し、イエス・キリストの教えへの自発的献身の表明として互いに洗礼を授けあった。この集まりの中にコンラート・グレーベル、フェーリクス・マンツ、ゲオルグ・ブラウロクという再洗礼派初期の指導者たちがいたのである（クラーセン、1992: 17-9）。

　カトリックにせよプロテスタントにせよ国教制度に組み込まれた教会にとって、自発的意思に基づく教会形成は社会秩序への深刻な脅威として危険視された。成人洗礼は違法化され、多くの再洗礼派が迫害を受け、財産の没収や国外追放、また殉教を経験した。チューリッヒでの再洗礼派運動の開始から5年以内に、前述の3人を含む初期の指導者たちのほとんどが命を落としている。グレーベルのように病死によるものもあるが、その多くは「殺してはならない」（出エジプト記20章13節）という聖書の命令に従い、自己防衛のために戦うことをしなかったためと考えられている。再洗礼派運動の中では、ミュンスター再洗礼派など武力行使を認めるグループもあったが、これらはまさにその戦おうとする意思のゆえに滅ぼされていった（グレシュベック、2002: 70-82）。一方、無抵抗主義をとるグループは宗教的に寛容な都市や国（ストラスブール、モラビア、ロシア、北米など）へ亡命・移住することで生き延びた。こうした遍歴がメノナイトの平和主義の発展に無視できない位置を占めることになる。

メノナイトという名前はオランダのカトリック司祭であったメノー・シモンズ (1496-1561) に由来する。再洗礼派運動を知って自らのカトリック信仰を再考していた彼は1536年に運動に参加し、彼のグループははじめメニスト、やがてメノナイトとよばれるようになった。そもそも彼が再洗礼派運動に身を投じるきっかけとなったのが、1535年6月のミュンスター再洗礼派の壊滅であった (出村、1970: 162)。この事件により暴力的狂信主義者として憎悪と蔑視の対象となり、雲散霧消の危機にあった再洗礼派の群れを再結集しようとした彼の働きが、イエスの愛敵の教えを強調する平和主義を導いたことは、当然であったと言える。

再洗礼派／メノナイトにとっては、迫害という社会的文脈が神学形成の土台であり、「悪に手向かうな」(マタイ福音書5章39節) というイエスの教えが、守られるべき第一の戒めとなった。この教えはまた、この世からの分離とこの世による統治に関与しないことを教えるものとして解釈された。伝統的なメノナイトの平和主義は無抵抗主義といわれ、謙虚で受動的かつ隠遁的態度を強調し、具体的には裁判に訴えることの拒否、労働組合への不参加、良心的兵役拒否などが行われてきた。

再洗礼派／メノナイトの無抵抗主義の研究で知られるガイ・F. ハーシュバーガー (Guy F. Hershberger) は、近代ヒューマニズム的平和主義と新約聖書的無抵抗主義を峻別することに努めた研究者である。第一に、聖書的無抵抗主義にとっては平和そのものが目的なのではなく、平和はキリストの福音の果実にすぎない。近代的平和主義が社会的・政治的変革をめざすのに対し、無抵抗主義は人間の心的変革としての回心をめざすものである。第二に、近代的平和主義はしばしば世界平和の可能性に楽観的であるが、これは人間性に根ざす罪という現実を十分に認識していない。第三に、近代的平和主義は、山上の説教などのキリスト教の原則をこの世の国家の実際の形に応用できると考えている。最後に、近代的平和主義は非暴力直接行動を支持するが、これはある社会的目的を達成するための、物理的力以外の戦略による強制にほかならず、強制による統治という国家的手法に類似するもので、結果的に新約聖書の倫理に基づくものではない (Hershberger, 1959: 104-105)。

こうした無抵抗主義の背景には、いわゆる「二王国論 (two-kingdom

theology)」すなわち全能なる神の支配の十全性と罪ある世界としてのこの世の不完全性を峻別し、そこから教会に象徴される神の支配と国家に象徴されるこの世の支配との分離を強調する視点がある。スイス再洗礼派の最初の神学的声明文といわれるシュライトハイム信仰告白（1527年採択）の第6項には、「剣は神の定めであるが、それはキリストの完全とは異質のものである。それは悪しき者を処罰し・殺し、また善人を保護し・守るためである。……その使用は世俗の支配者に委ねられるべきである」と記されている（ザトラー、1992: 93）。こうした社会一般に対する厭世的・隠遁的態度から、後に北米に移住・定着したメノナイトは「大地の静かな人々（the quiet in the land)」とも呼ばれた。

III. キリスト教的平和形成の近年の発展

20世紀になり、メノナイトの伝統的な無抵抗・不関与主義はゆさぶりを受けることになる。一方で、ジョン・ホーシュ（John Horsch）、ダニエル・カウフマン（Daniel Kauffman）、ヘンリー・スミス（C. Henry Smith）、ハーシュバーガーらのように、無抵抗主義を強く支持する知識層が存在したが、他方で、メノナイト教会内から無抵抗主義への批判が生じてもきた。ローレンス・バークホルダー（J. Lawrence Burkholder）やゴードン・カウフマン（Gordon D. Kaufman）は無抵抗主義を「心理的被虐主義であり、不健全な逃避と自己否定を結果する」と批判し、対立する人々の主張を仲裁したり第三者を保護したりするための社会倫理として十分ではないと指摘した。つまり正義と社会的責任の問題を回避して自らの純潔性を保とうとする潔癖主義を、無抵抗主義の問題点として取り上げたのである（Burkholder, 1990a: 637）。

無抵抗主義への挑戦は、メノナイト教会の外からもきた。メノナイトを取り巻く社会の近代化が、メノナイトのコミュニティと生活様式にさまざまな影響を与えたからである。まず、社会的文脈が変化した。かつては農村部にあって教育程度も低くほとんどが同種の職業を営んでいたメノナイトは、都市部に移住し高等教育を修め、専門職を含むさまざまな職種につ

くようになった。セクト的で主流派とは一線を画する立場から、より教派的で他教派とも協力的な立場に変わった。地域社会への限られた関心は拡大し、メノナイト中央委員会（MCC）による援助・奉仕活動に見られるとおり、その関心は国境をも超えたグローバルなものになった。「二王国」の神学的峻別は曖昧になり、政治への関与も、良心的兵役拒否などの反発的なものから、平和税創設運動などのより積極的なものに変化した（Driedger and Kraybill, 1994: 213-38）。

　メノナイトの神学者・倫理学者であるゲイル・ガーバー・クーンツ（Gayle Gerber Koontz）によれば、メノナイトの平和神学の大きな転換点を、1960年代と1970年代に認めることができるという。メノナイトの社会的地位だけでなく、「世界的な革命運動の機運、ラテンアメリカにおける解放の神学、アメリカにおける公民権運動、ヴェトナム反戦運動、第二波フェミニズム運動」など、社会それ自体が大きな変革を経験したからである（Koontz, 2007: 4）。これらの状況はメノナイト平和主義の立場から正義の問題に対して応答することを求めるものであった。これらはまた、メノナイトの平和理解を拡張することをも促した。すなわち、戦争に対する限定的でしばしば個人的な応答（より具体的には良心的兵役拒否）から、不正義（政治的抑圧、貧困、人種差別、性差別など）に対する広範囲の集団的な応答へと、平和の意味内容が拡張されたのである。

　メノナイト平和神学の発展においては、ジョン・ハワード・ヨーダー（John Howard Yoder）に言及しないわけにはいかない。その代表作『イエスの政治』（初版は1972年）において、ヨーダーは綿密な聖書釈義、とりわけルカ福音書とローマ人への手紙の釈義を通して、イエスの生涯と活動を社会的・政治的問題への関与として再検討した。彼はキリスト教徒であるということ自体が一つの政治的立場（すなわち「イエスこそ主である」）の表明であるとして、イエスの福音を本質的に非政治的であるとする伝統的無抵抗主義を批判する。彼はむしろ、「政治権力への積極的な非暴力的関与の模範を示した者としてイエスを描写し、」「他者への尊重を反映した経済的正義とジェンダー関係を提案して、絶えることのない暴力の根本原因を明らかにしようとした」（Koontz, 2007: 5）。同時に彼は、イエスの教えを政治的妥当性のないものとし、ゆえに社会倫理に適用しえないとする

第6章　9・11以後のキリスト教平和主義――メノナイトの視点から

ラインホールド・ニーバー（Reinhold Niebuhr）などの議論をも批判した（Yoder, 1994: 107）。

こうした平和神学の展開は、その焦点を次第に変化させ、前述の「二王国論」からあらゆる権力に対する「キリストの主権性（lordship of Christ）」への転換、具体的には無抵抗主義から非暴力抵抗主義への転換をもたらした（Yoder, 1964: 8-16）。1920年代には社会を忌避・敬遠していたメノナイトが、1980年代にはほぼ全面的な社会的・文化的参画をするようになる（Burkholder, 1990b: 683）。社会に対する神学的立場の変化は、平和教会としてのメノナイトの実践をも変化させる。つまり、伝統的にメノナイト教会の社会とのかかわりは宣教および奉仕・救済活動であったのだが、より積極的に平和を作り出す働きとして、紛争解決や非暴力的介入にも関わるようになったのである（Reimer, 2003: 7-8）。

紛争解決および調停の分野では、1979年にメノナイト調停サービス（MCS）が設立され、調停および紛争解決に携わる実務者を北米レベルでネットワーク化する。MCSは「宗教系の紛争解決組織としては当時唯一のもの」（Sampson and Lederach, 2000: 34）であり、その主要な活動はキリスト教会の内外において、個人の訓練、リソースの提供、対人レベルおよび集団レベルの紛争の調停などである。MCSの働きから、この分野で働く種々のメノナイト関連の制度が発展した。一つは、イリノイ州ロンバードのロンバード・メノナイト平和センターをはじめとする、地域の教会を拠点とした平和センターである。もう一つは、バージニア州ハリソンバーグのイースタン・メノナイト大学、カリフォルニア州フレズノのフレズノ・パシフィック大学など、メノナイト系大学における紛争研究と平和構築に関連する教育プログラムである。さらに、平和に関するリソース共有の場としてアメリカ合衆国メノナイト教会（MCUSA、これは北米最大のメノナイト系教団組織である）に設けられた「平和と正義ネットワーク」がある。現在MCSは、MCCの犯罪司法局と統合され、同委員会の平和構築局へと再編されている。なお犯罪司法局は、いわゆる修復的司法という考えに基づいて始められた、被害者・加害者和解プログラム（VORP）に関与してきた部局である（ゼア、2003: 161-77）。

紛争地域への非暴力的介入の活動については、あらためてCPTが取り

上げられるべきだろう。非暴力と平和形成への献身を表明したキリスト教徒を組織して市民的介入を行うという着想は、ブレズレンの神学者ロン・サイダー（Ronald J. Sider）によるものであった。彼は1984年、フランスのストラスブールにおけるメノナイト世界会議（MWC）の大会で、メノナイト派諸教会に向けて以下のようなメッセージを送った。

> 剣によって平和をもたらそうとした人々は死ぬことを恐れてはいなかった。誇りと勇気とをもって彼らは命をささげた。……愛する人のため、正義のため、そして平和のためにということで、彼らは何百万もの命を投げ出した。彼らが取った道よりも、平和主義者の平和への道、イエスの道のほうが犠牲が少ないと、なぜ思えるのか。……アナバプテストには自らの信念のために命をささげてきた伝統がある。だが今日、我々は安逸と柔弱に慣れてしまい、富と地位とにしがみついている。北アメリカとヨーロッパで安楽に暮らしている平和主義者たちは、中央アメリカ、フィリピン、南アフリカで行われ、我々の社会も支持し助長させている不正に対して、非暴力的に抵抗し、そのために傷を負い、命を落とす覚悟があるのではない限り、これらの土地にいる我々の追いつめられた兄弟姉妹たちに向かって平和を説くべきではない。……平和を作り出すのは戦争を行うのと同じくらい犠牲を伴うことだ。我々はその犠牲を払う覚悟がない限り、平和教会とよばれる資格もないし、平和の道を説く資格もない。（サイダー、2004: 193-4）

サイダーの呼びかけは、平和教会の使命を再認識することを聴衆に迫る、一種の平和主義リバイバルだったといえよう。大会の後、北米のメノナイト教会団体の役員がこのメッセージを具体化する可能性を協議し、1988年にCPTが設立される。その存在はまだ20年ほどにすぎないが、CPTはハイチ、ボスニア、チアパス（メキシコ）、ガザなどの紛争地域に派遣され、現在はケノーラ地区（カナダ）、アリゾナ／メキシコ国境、マグダレナ・メディオ地方（コロンビア）、ヘブロン（ヨルダン川西岸地区）、およびイラク北部に駐留している。CPTを管理運営する母体はメノナイトからブレズレン、クエーカーを含む歴史的平和教会に拡大され、バプテストや長

老派の平和団体をスポンサーにするなど他教派をも含む組織となっている。2007年9月現在、専従のキリスト者平和部隊の隊員は36名、いわゆる"予備役"は152名で、教派を超えたさまざまなキリスト教徒が参加している。

　再びクーンツによれば、1980年代はメノナイト平和主義が、正義・平和・暴力への応答をめぐる多様な問題に応答すべく、さまざまな分野への細分化を経験した時代であった（Koontz, 2007: 8）。たとえば聖書学の分野での平和をめぐる研究が、ミラード・リンド（Millard Lind）、ワルデマー・ジャンセン（Waldemar Janzen）、ウィラード・スワートリー（Willard M. Swartley）らによって行われ、歴史神学と組織神学の分野ではノーマン・クラウス（C. Norman Kraus）、アラン・クライダー（Alan Kreider）、トム・フィンガー（Thomas N. Finger）らの研究が、またフェミニズムの視点からはルース・クロール（Ruth Krall）、リディア・ハーダー（Lydia Harder）、メアリー・シャーツ（Mary Schertz）らの研究が注目される。紛争解決研究や市民的／非暴力的介入への関心の高まりも、こうした細分化の一つと見なせるだろう。

　こうした流れの一つとして、近年脚光を浴びつつあるもう一つの分野が、公共政策との関わりである。この流れは特に1990年代になって、メノナイト教会に大きな影響を与えた。湾岸戦争、ソマリアやルワンダの内戦が、冷戦後世界の新しい現実を見せつけた時代である。このポスト冷戦の文脈上で、9・11事件がメノナイト平和主義に新しい挑戦を突きつけることとなった。すなわち、「グローバルな経済と平和の関係、グローバルな権力政治と平和の関係、そしてイスラムとキリスト教の関係」という三重の関係をめぐる問題である（Koontz, 2007: 11）。

Ⅳ．9・11事件の衝撃

　メノナイト教会における平和形成の発展を言葉と行いの両面から素描してきたが、以下では9・11事件がキリスト教平和主義者に及ぼした影響に目を転じよう。むろん、事件の影響は深刻かつ広範囲なものであり、その

全容を本章で網羅することは著者の能力を超えるものであるから、ここでは特徴的と思われる事例をいくつか取り上げるにとどめざるを得ない。

2002年1月、「我らは神の平和の民：9・11とパクス・アメリカーナへのメノナイトの応答を探る集い」と題する集会が、バージニア州ハリソンバーグとテキサス州ダラスで開かれた。これは前述のMCCや「正義と平和ネットワーク」など、主要なメノナイト関連団体の役員の声かけによるものであった。集会の最後に採択された声明は、アメリカのメノナイトが「この世におけるキリストの平和の道を積極的に学んでおらず、」「近隣や地域社会、また世界において平和を作り正義を追求するという困難な仕事をせずに神を愛するような、お気楽な福音の虜になっている」ことを告白した（We are people of God's peace, 2002）。声明はまた、アメリカのメノナイトの生が「パクス・アメリカーナ」の神話に基づいており、アメリカを唯一の超大国にしてその力による繁栄と平和の守護者と認識していることを指摘した。そもそも、9・11を境に世界が新しい危機の時代に突入したという認識自体が、それ以前から安全や正義を享受できずにきたアメリカ国内外の多くの人々の状況に共感をもって向き合うことをしてこなかったことの証左であると自己批判している（We are people of God's peace, 2002）。

こうした罪責告白を受けて、声明はこの世のあらゆる権力や構造を超えて「キリストの主権性」を再確認するとし、再洗礼派以来の平和形成への献身という遺産、メノナイト教会による救済奉仕、開発援助、相互扶助、質素な生活、暴力の縮減といった活動を想起することを呼びかける。さらに具体的行動として、祈り、平和教育、宗教間および人種間の対話、平和神学の一層の発展、平和と正義の公的なアドボカシー、責任ある資源利用、「平和の君」であるキリストへの全的忠誠の強化などを提起している（We are people of God's peace, 2002）。

より専門的な動きとしては、MCCの平和事務所（ペンシルベニア州アクロン）による「平和神学研究プロジェクト」がある。これは、強制力を含む力の行使が平和形成にとって有用か否かという問題を、2年をかけて多角的に検討することをめざしたもので、その成果も刊行されている（Friesen and Schlabach, 2005）。これらの議論により、メノナイトの平和神学の新しい次元に光が当てられたことは確かであるが、この分野を扱うメ

第6章　9・11以後のキリスト教平和主義——メノナイトの視点から

ノナイトの文献はまだ他になく、考察も未だ揺籃の域を出ないと言わねばなるまい。前述の文献でも議論が一定の方向に収斂しているとは言えないことから、論議はまだ継続しておりこれがメノナイトの公的な神学的態度を結果するかどうか、行方は不透明である。

　こうした公的ないし共同的な応答ばかりでなく、メノナイト個人もまたさまざまな応答を行っている。たとえば神学者のJ. デニー・ウィーバー（J. Denny Weaver）は、9・11事件は忘れられない悲劇であり記憶されるべきであるが、どのように記憶するかが重要だという。キリスト教平和主義者がすべての暴力に反対するのは、暴力によって悪を正すことができるという前提に反対するからである。テロ組織と合衆国政府は互いに間違ったメッセージを伝え合っているのであり、暴力の連鎖はより強力な暴力で止められるものではない。そこにこそ、キリスト教平和主義者と平和教会が公的役割を見出すべき地点がある。すなわち戦争に反対し代替策を提示することだと彼はいう（Weaver, 2003, 34-7）。

　歴史学者のジョン・D. ロスはまず、キリスト教の信仰とは弟子の道という生き方を通してイエスに従うことであることを再確認する。そうした信仰のあり方は「教義的信条のリストや、神との個人的な関係や、特定の教会に会員籍をもつことなどに信仰を再定義すること」とは異なる（Roth, 2002: 10）。そして彼は具体的な代替策を考えるためには、いわゆるコンスタンティヌス主義と称される、政治権力への全面的関与と、いわゆる静寂主義と称される、政治過程からの全面的退避の両方を慎重に避けることが重要だとする。誠実と憐れみこそが「キリスト教信仰の核心」であるとする彼は、マイノリティのための福祉活動や社会啓発を主題とする演劇活動など、地域社会におけるキリスト教平和主義者の取り組みを、自発的結社による民主主義社会の強化・育成の営みとして提示する。こうした活動は、平和主義者がテロ行為に対して何もしていないのではないことの現れであり、平和を作り出す営みはむしろ一般市民の日常生活のレベルに数多く存在することを示すものでもある。彼はまた「二重のビジョン」が必要だと強調する。これは、「自らの地域社会や国家の営みに全面的に参加するとともに、自らがより大きなグローバルな共同体の一員であることを認識する余裕をもつこと」である（Roth, 2002: 178）。さまざまな具体的活動の中

には、既述のCPTのほかに、企業経営者と貧困にある世界の人々とのつながりをめざすメノナイト経済開発協会（MEDA）や、退職者による平和運動を行うシニアズ・フォー・ピースなどがある。彼はまた公的生活からの「選択的離脱」を提案し、訴訟に訴えることや国歌を歌うことをやめる、経済的に質素な生活をする、軍事費相当分の納税を拒否すること（いわゆる良心的軍事費拒否）など、すでにメノナイト教会の一部で実践されていることを挙げている。彼はまた謙遜という美徳を「十字架に示される傷つきやすさを毎日の人間関係で実践すること」として強調し、以下のように論じる。

> 結局のところ、キリスト教平和主義というのは論争に勝つためのものでも、理想的な政治的結果にいたるための道具でも、水も漏らさぬ完璧な倫理のシステムですらない。それはただ、たとえ十字架に導かれることになっても、真摯かつ完全にイエスに従おうとする決意なのだ。（Roth, 2002: 12）

9・11事件がもたらしたのは、単に伝統的な平和主義の立場を再確認することだけではない。前にも触れた通り、事件はまたキリスト教平和主義者に、強制力（とりわけ警察力）の行使をどう捉えるかについて、再考を促すものでもあった。たとえば『ソジャナーズ』誌の編集長ジム・ウォリス（Jim Wallis）は、これまで自分は合衆国の外交政策に対し、その二重基準とプロパガンダゆえに市民的不服従を実践してきたが、9・11事件で問題になったのは無辜の人々の安全そのものであったといい、ボンヘッファー、エリュール、ガンディーの例を引きながら、無辜の人々が加害者に殺されるのを避けるために、何らかの力の行使が必要かもしれないことを認めた。その上で彼は、国際的な警察活動や一定の強制力行使を、神学の問題として追究するべき時が来ているとし、これをキリスト教平和主義者への難問として提示している（Wallis, 2002）。

あるいは、ウォリスの提言はすでに始められているというべきかもしれない。メノナイトの神学者A.ジェームズ・ライマー（A. James Reimer）は三位一体の概念を用いて、平和主義神学の伝統における暴力と非暴力を理

解し、「力の行使が正当化される場合はあるか」という問いに答えようとした。彼によれば、三位一体の神を信じるということは、「一人の神を理解する方法が創造者・キリスト・聖霊の三つであること」である。つまり「ナザレのイエスに神が十全に啓示されていると言明することは、そこに神について言明すべき全てがあることを意味しない。」キリスト教徒は「この世で非暴力的な平和形成者となるよう召されているが、神はその本質において、すべての人間的倫理システムを超越している。」彼は「神の怒りと裁きが我々自身の暴力行使を正当化するものではない」ことを明言するが、「神の本質が愛であるとはいえ、厳密に言っていかなる人間の倫理的意味においても神が『平和主義者』であるということはできない」という（Reimer, 2004）。

　ライマーは戦争や軍事力の行使と、国家レベルや国際レベルにおける警察活動を区別し、前者は退けるが後者は必要とする。警察力と軍事力は異なる前提に立つものであり、警察活動は社会における法と秩序を維持する制度的メカニズムと考えられるからである。彼はまた、16世紀の再洗礼派にあっても、社会秩序や強力な市民的制度の必要性を否定した者は（それによって迫害と殉教を経験したにも関わらず）皆無であったこと、そうした制度は力の行使によって悪人を処罰・抑止し、無辜の人々を保護するものであることを挙げ、罪深きこの世にあっては力の行使が正当である場合があり、「21世紀メノナイトの課題は、何らかの二王国的思考を再把握し、その二つの領分の関係を再構築することである」と結論づけた。彼はまた、キリスト教徒が非強制的な紛争解決の方法を追求することが最優先の課題であるが、「すべての紛争がこの方法で解決できるという幻想」に囚われるべきでないとも述べている（Reimer, 2004）。

　ウォリスやライマーの議論は、自らが平和主義の領分を超えて、他のキリスト教戦争理解、つまり正戦論の立場に身を置いてみようとする試みと捉えられるだろう。こうした思考の流れは前述のヨーダーにさかのぼることができる。彼は自らの平和主義の立場だけでなく、キリスト教会に広く普及している正戦論を真剣に扱うことでも知られていたからである。おそらくは、正戦論者に対して真に批判的であるためには、平和主義の立場からその誤りを言い立てることよりも、正戦論そのものの伝統を当の正戦論

者以上にしっかりと踏まえることが必要であるということを、彼は見抜いていたのであろう。広範かつ周到な研究により、彼は正戦論の信頼性を批判的に検討し（Yoder, 1996: 1-7）、正戦論が歴史の過程において多様な思想として発展し一般に考えられるほど一貫した思想として歴史を生き抜いてきたわけではないことを明らかにし（Yoder, 1996: 8-31）、その伝統を現代の現実世界に適用することの困難さを示したのであった（Yoder, 1996: 50-70）。

　ウォリスとライマーの議論が、どちらかというと平和主義のナイーブな側面を指摘すべく正戦論の思想を援用しているように思われるのに対し、ヨーダーの方向性により忠実な論考も出されている。正戦論の基本的概念を2001年10月7日に始まる対アフガニスタン軍事攻撃に適用したデュエイン・シャンク（Duane Shank）が、その一例である。彼は正当な理由があるか、正当な権威によって行われる戦争か、意図は正しいか、万策尽きた上での最後の手段か、戦争によってなされる悪を上回る善がなされるか、といった正当化の基準を具体的に検討することにより、「戦争はできるだけ回避すべきであるという正戦論の前提が覆されるべき理由は見当たらず、」「戦争以外の選択肢は試されてすらおらず、」「アフガニスタンにおける戦争は正義の戦争には当たらない」と結論している（Shank, 2002）。

　9・11事件については、紛争解決の研究者および実践者からも、多くの分析が提供されている。たとえば、アメリカの内外で紛争解決と調停に従事してきた社会学者のジョン・ポール・レデラック（John Paul Lederach）は、9・11事件の意味を正義・敵・変化をめぐる三つの逆説的問題として捉えている。まず正義をめぐっては、応報ないし報復により事件の責任を問う声がある一方、事件に社会経済的な不正義（すなわち貧困や人権侵害）の所在をみる声がある。敵をめぐっては、一方には敵の存在を特定の人物や領域として可視化しようとする傾向があり、他方では文化、思考、物語、選ばれた神話、栄華、トラウマといった形で、領域なしに時間をかけて醸成された多世代的・社会的現象としての大文字のテロル（Terror）こそが、敵の本質であるとする言説が存在する。変化をめぐっては、内部を変えることなく外部のみを変えようとする孤立主義がある一方、文化・宗教・認識枠組みを内側から変えていこうとする動きもある。彼は、これらを「あ

第6章　9・11以後のキリスト教平和主義——メノナイトの視点から

れかこれか」の二者択一的理解ではなく、「あれもこれも」という包括的理解で捉えることが、事件の複雑さを複雑なものとして捉えるために重要だとする（Lederach, 2001, 3-7）。

　また、ブレズレンの著述家リー・グリフィス（Lee Griffith）は『テロとの戦いと神の恐怖』において、テロとの戦いにおいて非暴力の代替策が重要だとし、その重要性を現実の出来事と教会史の事例と聖書の釈義を織り交ぜながら論じている。実はこの著作の大部分は9・11事件より前に書かれたものだが、そのあとがきは特に事件に言及したものである。ここで彼は9・11事件の常套句ともいうべき「9月11日を境にすべてが変わった」という言説に反論し、事件を境に変わったものは何もないという。無辜の人間が犠牲者の大半であることも、善と悪の二元論的な考えが喧伝されることも、アメリカが暴力の連鎖に加勢することも、テロがいかに種まかれまた刈り取られるか（アメリカが支援した「自由の戦士」がやがて「脅威」とされる）ということも、国家の安全保障（セキュリティー）のために社会保障（セキュリティー）と自由が犠牲にされること（第二次大戦中の日系人強制収容など）も、テロ行為が神の怒りの現れと解釈されること（こうした黙示論はトーマス・ミュンツァーからオウム真理教まで脈々と続いている）も、すべて事件の前から繰り返されてきたことだからである。とりわけ神の視点からみれば、「創世記」に記されたカインによるアベルの殺害以来、事態は何一つ変わっていない。むしろ本当の変化は、無辜のアベルを無残に殺したカインの命を、神が奪わなかったことにこそある、と彼はいう。神はカインの命を救い、その額に守りのしるしを与え、敵を避けて住むところを与えた。ここにこそ唯一の驚くべきこと、唯一の希望があるのだと、彼は論じている（Griffith, 2002: 271-8）。

　9・11事件の衝撃とその後の激動は、メノナイトの平和主義への確信を大きく揺さぶる出来事であった。デュエイン・K. フリーゼン（Duane K. Friesen）の指摘によれば、アメリカのキリスト教徒は9・11以来、キリスト教徒としてのアイデンティティとアメリカ人としてのアイデンティティの間で、大きな不安定感を感じているという（Friesen, 2002）。一方には、二つのアイデンティティに全く齟齬を感じない人々がおり、キリスト教徒であるということは、いわば自動的に善良で愛国的なアメリカ市民である

ことだと考えられている。他方で、二つのアイデンティティに齟齬や矛盾を感じる人々もいる。アイデンティティの危機を感じる人々にとっては、キリスト教信仰と自分を取り巻く社会や文化との関係を自分自身の問題として再検討することが不可避的に必要となるだろう。

　キリスト教平和主義に引きつけて見るならば、信仰と文化の関係を再考するということは、異なる二つの平和主義の立場、すなわち無抵抗主義と非暴力主義を捉え直すことに通じている。これらの立場の違いに、自らを社会のどこに位置づけるのかが端的に現れるという意味においてである。大きな流れとしては、確かに無抵抗主義から非暴力主義への軸足の移行が指摘できることは、既に論じた通りである。その一方で、非暴力主義が直面する問題としていわゆる「贖罪的暴力の神話」が指摘されている。「贖罪的暴力の神話」とは、この世において自由・正義・秩序・人間の尊厳といったより高次の価値を担保するためには、暴力が有効であるという文化的前提である（Wink, 1992: 13-31）。繰り返しになるが、この論点がより具体的な形で表出したのが、9・11以後の強制力の行使をめぐる前述の議論であったと言えよう。そもそも強制力の行使は常に暴力的であるのか、軍事力と警察力を峻別することは常に可能なのか、国内社会と国際社会のそれぞれにおいてキリスト教非暴力主義者が警察力の行使を容認できるのか／すべきなのか、またその程度はどのくらいまでなのか、などといった論点がより慎重かつ深刻に検討されなければならない所以である。

Ⅴ．結びにかえて

　メノナイトの視点から、キリスト教平和主義について何が言えるだろうか。メノナイト自身についていえば、その平和主義の立場の変遷を「受動性から行動主義へ、隔離から関与へ」とよぶことができるだろう（Driedger and Kraybill, 1994: 263）。「無抵抗」という言葉はほとんど「非暴力」という言葉にとって代わられ、メノナイトは奉仕と証しを通じてこの世に関わっていくための知恵を蓄積してきた。しかし、この一般的な傾向を一直線の進歩の過程として捉えることはできない。むしろ、この世と教

第6章　9・11以後のキリスト教平和主義――メノナイトの視点から

会との間の緊張関係に敏感であるべきだという立場と、この世もまたキリストの支配の及ぶところとして積極的に関与するべきだという立場とが、弁証法的に緊張していると言うべきだろう。少なくとも、9・11事件が「二王国論」再生のきっかけとなる一方、行動主義の有意性もまた確認することになったことは確かである。

　はじめの物語に戻ろう。CPTのような活動は、こうした弁証法的緊張を解く一つの可能性となるかもしれない。一方で、彼らの活動は明らかなキリスト教平和主義の行動主義的表現といえる。暴力を縮減し、外国人として現地にとどまることで国際社会から紛争地域への関心を象徴的に示し、現地で起きていることを広報する活動を通じて、彼らは平和の福音への信仰を行動で示しているからである。他方で、その働きには敬虔で静寂主義的な要素もまた含まれている。訓練の段階から、彼らは非暴力直接行動の技術のみならず、礼拝・祈り・ジャーナルといった霊的訓練も学んでいる。彼らはしばしば自らの活動を「ただ在るという働き（ministry of presence）」とよぶ。「何をするか」ではなく「いかなる者として在るか」が重要だとの認識からである。彼らはその活動において、効果的であることよりも信仰に忠実であることを優先する。

　そしてなによりも、彼らは命を危険にさらす覚悟をしている。それは非暴力が最も安全な方法だからではなく、非暴力が神の意思だと信じるからである。フォックスの死は、現代における殉教者の物語をまた一つ加えることとなった。再洗礼派／メノナイトの伝統において語り継がれ、迫害と殉教に直面した信徒を繰り返し勇気づけてきたのは、こうした無数の殉教の物語であった。17世紀オランダのメノナイト牧師ティーレマン・ファン・ブラハトによる1200頁に及ぶ大著『殉教者の鏡』（Braght, 1886）はその集大成として再洗礼派／メノナイトの信徒らによって長く読み継がれ、その英語訳第2版は2005年に第26刷が出されたほどである。その意味でも、フォックスの生と死はキリスト教徒の弟子の道を体現するものであったし、そこに私たちは無抵抗主義と非暴力主義が分ちがたく結びついた姿を見ることができるのである。

〔参考文献〕
〈和文〉

クラーセン、ウォルター（1992）（野村竹二訳）『もう一つの宗教改革：アナバプテストの生きた道』シャローム出版

グレシュベック、ハインリヒ（2002）（C. A. コルネリウス編、倉塚平訳）『千年王国の惨劇：ミュンスター再洗礼派目撃録』平凡社

サイダー、ロナルド・J.（2004）（棚瀬多喜雄・棚瀬江里哉編訳）『平和つくりの道』いのちのことば社

ザトラー、ミヒャエル（1992）（出村彰訳）「神の子らの兄弟の一致（シュライトハイム信仰告白）」『宗教改革著作集8：再洗礼派』教文館

ゼア、ハワード（2003）（西村春夫ほか監訳）『修復的司法とは何か：応報から関係修復へ』新泉社

出村彰（1970）『再洗礼派』日本キリスト教団出版局

〈欧文〉

Braght, Thieleman J. van (1886) *The Bloody Theater or Martyrs Mirror of the Defenseless Christians Who Baptized Only Upon Confession of Faith, and Who Suffered and Died for the Testimony of Jesus, Their Savior, From the Time of Christ to the Year A. D. 1660*, tr. John F. Sohm, Scottdale, PA: Herald Press.

Brown, Tricia Gates ed. (2005) *Getting in the Way: Stories from Christian Peacemaker Teams*, Scottdale, PA: Herald Press.

Burkholder, John R. (1990a) "Nonresistance," *Mennonite Encyclopedia*, vol. 5: 637-8.

Burkholder, John R. (1990b) "Peace," *Mennonite Encyclopedia*, vol. 5: 681-5.

Driedger, Leo, and Donald B. Kraybill (1994) *Mennonite Peacemaking: From Quietism to Activism*, Scottdale, PA and Waterloo, Ont.: Herald Press.

Fox, Tom (2005) "Why are We Here?" *Electronic Iraq*, December 3, Online, retrieved May 26, 2006, http://electroniciraq.net/news/2212.shtml

Friesen, Duane K. (2002) "Christian Pacifism and September 11," *Mennonite Life*, 57 (3) Online, retrieved April 12, 2005 http://www.bethelks.edu/mennonitelife/2002sept/friesen.php.

Friesen, Duane K., and Gerald W. Schlabach eds. (2005) *At Peace and Unafraid: Public Order, Security, and the Wisdom of the Cross*, Scottdale, PA: Herald Press.

Griffith, Lee (2002) *The War on Terrorism and the Terror of God*, Grand Rapids, MI: Eerdmans.

Hershberger, Guy F. (1959) "Pacifism," *Mennonite Encyclopedia*, vol. 4: 104-5.

Huebner, Harry (2006) "Different world views behind criticism of CPT in Canadian media," *Mennonite Weekly Review*, April 10, Online Edition, retrieved May 26, 2006, http://www.mennoweekly.org/APRIL/04-10-06/CPT-MEDIA04-10.html

Koontz, Gayle Gerber (2007) "Peace Theology in Transition: North American Mennonite Peace Studies and Theology, 1906-2006," *The Mennonite Quarterly Review*, 81 (1) retrieved July 4, 2007, http//www.goshen.edu/mqr/pastissues/jan07Gerberkoontz.html.

Lederach, John Paul (2001) "Quo Vadis?: Reframing Terror from the Perspective of Conflict Resolution," lecture presented at the University of California, Irvine, Townhall Meeting, October 24, retrieved May 29, 2006, http://www.emu.edu/ctp/bse-reframing.html

Markon, Jerry (2006) "In Tribute to Activist, a Call to Forgive: Peace Group's Aim: Praising Va. Man, Not Blaming Killers," *Washington Post*, April 23, Page C03.

Reimer, A. James (2004) "Is Force Sometimes Justified?: Gibt es 'Legitime Gewalt'?" Project Ploughshares Online, retrieved May 18, 2006, http://www.ploughshares.ca/ libraries/Reduce/ InterventionPaperReimer.htm

Reimer, Dalton (2003) "Toward a Holistic Understanding of Peace: The Twentieth-Century Journey," *Direction*, 32 (1): 3-9.

Roth, John D. (2002) *Choosing Against War: A Christian View*, Intercourse, PA: Good Books.

Sampson, Cynthia, and John Paul Lederach eds. (2000) *From the Ground Up: Mennonite Contributions to International Peacebuilding*, Oxford: Oxford University Press.

Shank, Duane (2002) "War in Afghanistan: Was It Just?" *Mennonite Life*, 57 (1) Online, retrieved July 17, 2007, http://raven.bethelks.edu/mennonitelife/2002mar/shank pf.php.

Wallis, Jim (2002) "Hard Questions for Peacemakers," *SojoNet*, January-February, Online, retrieved October 7, 2004, www.sojo.net/index.cfm?action=magazine. article&issue=soj0201&article=020112

"We are people of God's peace: Gatherings to discern a Mennonite response to September 11 and Pax Americana" (2002) Online, retrieved August 29, 2006, http://peace.mennolink.org/articles/sept11_statement.html

Weaver, J. Denny (2003) "Remembering the Future: September 11 and War with Iraq," *DreamSeeker Magazine*, 3 (1) 34-7.

Wink, Walter (1992) *Engaging the Powers: Discernment and Resistance in a World of Domination*, Minneapolis, MN: Augsburg Fortress Press.

Yoder, John Howard (1964) *The Christian Witness to the State*, Newton KS: Faith and Life Press.

Yoder, John Howard (1994) *The Politics of Jesus*, 2nd edition, Grand Rapids, MI: Eerdmans.(初版の邦訳は佐伯晴郎・矢口洋生訳『イエスの政治：聖書的リアリズムと現代社会倫理』新教出版社、1992年)

Yoder, John Howard (1996) *When War is Unjust: Being Honest in Just-War Thinking*, 2nd edition, Eugene, OR: Wipf and Stock Publishers.

第7章

近代日本におけるイスラーム的文脈
—— 世界秩序構想への一契機 ——

鈴木　規夫

　　こんな事情があったればこそ我らはイスラエルの子らにたいして明文の
　　法規を定め、人を殺したとか、あるいは地上で何か悪事をなしたとかい
　　う理由もないのに他人を殺害する者は、全人類を一度に殺したのと同等
　　に見なされ、反対に誰か他人の生命を一つでも救った者はあたかも全人
　　類を一度に救ったのと同等に見なされる、とした (*Qur'an 5: 32*)。

　シンガポールの元国連大使で、現在は国立シンガポール大学公共政策大学院長のキショール・マフブバーニは、かつて「アジア人は考えることができるのか」と問うた。その結論は、アジア人が「考える」ことができるようになれば、その答えもはっきりするであろうというものであった (Mahbubani 1998: 33)。平和研究のグランド・セオリーを構築していくために、われわれはイスラーム的文脈においていったい何を「考える」ことができるのだろうか。イスラーム的文脈で何かを「考える」ことができれば、その答えも明確になっていくだろう。なぜなら、そのように「考える」ことが可能であるということは、われわれが新たな来るべき何か別の世界秩序イメージを獲得しつつあるということを意味しているからである。しかし、そもそもわれわれはイスラーム的文脈において世界平和についてほんとうに何かを「考えて」きたのであろうか。本稿ではそれがそもそもの問題となる。

第Ⅱ部　現代の平和主義について——哲学、宗教、憲法の視点から

Ⅰ．アメリカにおける〈よいムスリムと悪いムスリム〉

１．〈よいムスリム〉

　2007年1月25日、ワシントンD.C.でマジッド・ハッドゥーリーが亡くなった。98歳であった。彼は英語とアラビア語とで都合35冊の著作を残した⁽¹⁾。なかでも、『イスラーム法における戦争と平和』*War and Peace in the Law of Islam*（1977）は、日本人の国際法や国際政治の研究者にはよく知られている。その一部は、ダール・ル・イスラーム（イスラーム圏）、ダール・ル・ハラブ（戦争圏）、ダール・ル・スルフ（中立圏）といった世界秩序イメージに支えられた「イスラーム国際法」（*siyar*）理解への手掛かりとして紹介されている。もちろん、そうした諸概念と、現代世界における「ネイション」や「ステイト」などとは、多くの点では異なっている（ルジャンドル/西谷2000参照）。

　ハッドゥーリーは、ワシントンD.C.のジョンズ・ホプキンス大学高等国際学学院（SAIS）の大学院中東研究プログラム創設者であった。彼は、1949年から1980年までこのSAISで教え、中東、イスラーム研究教授としての名声を得ていた。

　現在、ファウド・アジャーミーが、そのマジッド・ハッドゥーリー講座教授であり、SAISの中東研究プログラム責任者となっている。アジャーミーは、コンドレッザ・ライス国務長官の顧問の一人であり、ポール・ウォルフォウィツはかつての同僚である。彼の人生は一つの古典的なアメリカの成功物語であるともいえる。

　アジャーミーは、1945年、十字軍の城の遺跡もある、ナバティヤの南東7キロ、南レバノン、アロウンのシーア派の村に生まれた。アメリカにおいて同世代のアラブ系知識人の中では、最も政治的影響力の高い、「誇るべき」帰化アメリカ人となっている。『オリエンタリズム』（1978）の著者、故エドワード・サイード　コロンビア大学教授は、アジャーミーの一つ前の世代となる。アジャーミーは、2003年のイラク戦争に際してブッシュ政権を大いに支持して、学術界の一部からは、「ナチに転向したのか」と散々批判されてきたことでも知られている。

第7章 近代日本におけるイスラーム的文脈——世界秩序構想への一契機

　平和研究の一般理論再構築にイスラームが何らかの貢献をなしうるのかどうかを考える場合、われわれはアジャーミーのような聡明であるがニヒルなイスラームへの姿勢により多くの注意を払わなければならない。

　彼は、おそらくアメリカ政治社会においては「よいアラブ・ムスリム」である。この「よいアラブ・ムスリム」の逆には、当然「悪いアラブ・ムスリム」が存在する。そして、その「悪いムスリム」の諸言説は、いずれにせよアメリカの政治社会にスムーズに受け容れられることはない。コロンビア大学アフリカ研究所所長のマフムード・マムダーニーが書いているように、「すべてのムスリムは今や「悪いムスリム」に対する戦争に参加することによって、自らがそうではないことを証明しなければならない状況に置かれている。何がよくて何が悪いのかという判断は、彼らの政治的アイデンティティの問題に関わるのであって、文化的宗教的アイデンティティの問題ではなくなっている」。「カルチャー・トークは、各々の文化にはそれを定義する明瞭な本質があり、その本質の一つの結果としての政治があるのだと説明する。9/11以降のカルチャー・トークは、たとえば、「イスラーム的なもの」として「テロリズム」の実践を価値づけ説明したのであった。したがって、「イスラミック・テロリズム」は、9/11の出来事の「記述」であるとともに「解説」でもあるものとして、提供されている。それはもはや市場（資本主義）でも、国家（デモクラシー）でも、文化（モダニティ）でもなくして、いわば、そこには平和的傾向をもつ市民的存在と、テロに傾く傾向にあるものとの間を分かつ線がある」(Mamdani 2004: 15-18)。

　アダム・シャアズは、アジャーミーのアメリカ的政治生活におけるユニークな役割を次のように描いている（"The Native Informant", *The Nation*, on April 28, 2003）。

　　アジャーミーのアメリカ的政治生活におけるユニークな役割は、アラブ・ムスリム世界の底知れず神秘的な中味を取りさって、その地域にアメリカの戦争を売り込む手助けをしてきたところにある。堂々たる顎髭をたくわえ、お洒落な衣服と、ほとんど軽薄なマナーを身につけた、小柄の禿げた男は、その役割を見事に果たしてきた。テレビで

は、成り上がり者にありがちな権力志向の男であることを演じて、瀏渕と論争に挑み、意地の悪い表情で喋りつつ、倦んだ権威をまき散らしている。他のアラブ人とは異なって、彼は肚に一物あるようには見えないのだ。彼は「われわれの一員」であり、つまりは「よいアラブ人」だというわけなのである。

では、誰が、なぜ、彼を「よいアラブ人」に仕立てたのか？ シャアズは続けていう。

　(『アラブの苦境』 The Arab Predicament という本は……) 1967年の戦争でイスラエルによって打ち負かされアラブ世界に拡がった知識人および政治的危機の状況への一つの解剖であり、それはこの地域に関する英語で書かれた本のうち、最も深部にまで針を下ろしえた繊細なものの一冊である。政治理論と文学と詩との領域を優雅に横断していくアジャーミーは、しばしば変動するアラブ知識人の繋ぎ目の解けてしまった一つの世界を、懸命に合わせようとする努力を傾注していくその肖像を描いている。それはまさしく、「アラブ・ネイション」の復興の至福千年の夢をもったナセルに幻滅し、「アラブ世界の分裂は現実であり、地図上の目論見、あるいは植民者のトリックというだけではない」堅固な現実の困難に立ち向かう一人の男の本なのであった。しかし、汎アラビズムだけが、知識人たちを圧倒した誘惑だったわけではない。そこにはラディカルな社会主義も、パレスティナ革命へのゲバラ主義の幻想もあった。真正なるものへのロマンと西洋への苦々しい拒絶を伴ったイスラーム原理主義も存在した。……プリンストン大学の高名な英国人オリエンタリストであり、イスラエルの強力な支援者であるバーナード・ルイスの推薦を受けて、1982年、アジャーミーはアラブ人で最初のマッカーサー「天才」賞を受賞し、1983年には外交評議会の一員となった。『ニュー・リパブリック』誌は、ちょっと不遇をかこっていた知識人環境での経歴に、お預けでじらされるような一瞥を提供するモデルである、アジャーミーによる冗長なエセーを発表するようになった。イスラエル支持派の知識人サークルは、

第 7 章 近代日本におけるイスラーム的文脈——世界秩序構想への一契機

アジャーミーを、その帝国主義の時代に西洋がいかに東洋をイメージしたのかという古典研究によりオリエンタリズムを矯正しようとする本によって颯爽と登場した、エドワード・サイードのライバルに仕立て上げたのである。

1967年の意味は、現代世界におけるイスラームの再認にとってとても重要であり、アジャーミーの『アラブの苦境』が、この問題を考えるのにきわめて優れた作品であることは広く認められている。エドワード・サイードの『オリエンタリズム』もまた、1967年に打ち砕かれたアラブ・ナショナリズムの一つの墓碑であった。1967年6月こそ、イスラームがポスト・アラブナショナリズムの時代に浮上してくると認識されていく、一つの重要な転換点であった。

現在のさまざまなイスラーム運動やイスラーム思想におけるアジャーミーの位置はきわめて明瞭である。彼自身の存在そのものが、彼の立場からすればすでにイスラーム的言説はすべて時代遅れになっているという一つの証左となっている。〈アジャーミー〉という存在がいかに作られたのかをよく知り分析しておく必要があるだろう。そうでなければ、西洋においてイスラーム的言説を以て一つの平和理論を構築することは難しくなる。

アジャーミーとは逆に、「悪いアラブ・ムスリム」は、「イスラームは平和の宗教である」とアメリカの公衆に呼びかけている。このアメリカにおける語義矛盾こそ、イスラームのおかれた現況をよく物語っている。

2．〈悪いムスリム〉或いは「イスラームは平和の宗教である」

ムスリムのためのアメリカ学習機関（ALIM）の共同創設者であるシャーマン・ジャクソンは、「イスラームは平和の宗教である」という題目が、「2001年の9/11のおぞましい出来事以来、四方八方から洪水のように広がっていった、たしかなマントラであった」という。彼は続けて次のように述べている（Jackson 2007: 394）。

> ジョージ・W. ブッシュ大統領から、ローカルな、ナショナルな、そしてインターナショナルなムスリム・スポークスマンに到るまで、

このイスラームの平和的本然は、繰り返し反復されてきた。もちろん、これが問題にならずにそのまま受け入れられてきたわけではない。懐疑論者や論客はいうまでもなく、さまざまな種類の日和見主義者たちでさえ、武装した暴力を聖書的命令により制度化すること、とりわけ、その信者に、少なくとも文面上において、「かれらを見つけ次第殺せ」と唱導する聖書が内包する、「新たに見出された政治的に正しい」宗教的描写の存在の仄めかすものを、あまりに無批判的に受け入れることを、繰り返し警告してきた。悲劇の数年後の今日、感情と修辞との両面において多少なりともおさまってはきた。だが、アメリカ人ムスリムを含む、多くのアメリカ人の間で、ムスリムと非ムスリムとの間に暴力と関係するイスラームの問題が起こるときには、引き続き疑いが存在している。

一般に、「イスラームは平和の宗教である」という場合、三つの次元が存在する。それはイスラームの歴史に親しいムスリムにとっては、とても馴染み深く平易な理解の仕方である。よく解説されるそのパタンを以下に紹介しておくことにしよう。

第一に、「平和の宗教」の典型的説明は、「イスラーム」の意味自体に「平和」があるとするものである。イスラームという言葉は、平和（*silm, salm, salam*）を意味する言葉と同じ語根に由来している。もちろん、意図的に他の意味を付与することもできるが、この種の説明は、ムスリムの戦略的意図によって構築されるため、結果として、静謐と充足と心の平安を言外に暗示する、神の意志への服従と同様の意味を含むことになる。実際、これは現世における戦争のない状態とは違うのだが、クルアーン（コーラン）によれば、イスラームの導きは、暗闇から平和と安全への道（*subul as-salam*）へ導く光として描かれている。神の特性でありその名の一つが、〈平和〉（*salam*）である。それはクルアーン自体に言及されているばかりでなく、多くの伝承にもある。一日五回のムスリムの礼拝時にもそれは常に唱えられている。また、「あなたの上に平和を」（*assalam 'alaikum*）という言葉は、現代に到るまで、ムスリムの間では日常的な挨拶となっている。イスラームは、ムスリムの日常生活を平和に保つようコード化してい

第7章　近代日本におけるイスラーム的文脈——世界秩序構想への一契機

るのだ。預言者ムハンマド、イエスなど他の預言者たちについても言及されるときにはいつでも、かれらの名に、直ちに次のフレーズが付加される。「彼の上に平和を」（'alaihis-salam）。天国は、クルアーンの多くの個所で「平和の家」と明示されていることもよく知られている。クルアーンでは「戦争」という言葉とその派生語は6個所にしか現れないのに、「平和」という言葉とその派生語は100回以上もあらわれる。もちろん、時代によって、「平和」と「戦争」それ自体の概念の問題については多くの議論があるのだが、われわれは「イスラームは平和の宗教である」というその傾向性については認識することができる。

　第二に、イスラームという言葉それ自体、本質的には、人間の意志をより高度な真実と超越的な法に服従し、引き渡すことを意味する。人は、被造物についての神の目的を知ることで、すべての人間存在が平等に保護されうる尊厳と自由のうちに、意義ある生に導かれるのであり、イスラームの教えは、すべての人々の基本的な自由と平等を自明のこととして仮定している。すべて神の被造物として平等であり、存在形態の差異は被造物それ自体の性格である。ムスリムは現世の自己の運命に自由意志がありうることを知っており、それ自体がアッラーの思し召しであると考える。預言者ムハンマドそのものが、彼の時代におけるピースメーカーであったともいえる。メッカの無血占領の後、敵を赦して共存を図ったことはよく知られている。ムスリムの歴史として、そのように語られているという事実が重要なのである。ムハンマドの23年間に及ぶ戦いの中で、敵味方ともに死亡したのは700名以下であったという。もちろん、総力戦となっている近現代の戦争とその形態は異なるが、こうした歴史的事実は「イスラームは平和と寛容の宗教」であることの証左となる。特に、信徒共同体形成期に、ムスリムとなった人々以外の人々との関係がどのようなものであったのかは、イスラームそのものの傾向を探る上で重要である。

　第三に、イスラームにおける平和は、戦争の不在を意味するばかりではなく、抑圧、腐敗、不正義、専制の不在をも意味している。イスラームは正義が打ち勝つ時にかぎって、真の平和が達成されるのだと考える。したがって、イスラームは抵抗権を認め、人々が選んだ理想や信仰の実践を妨げる諸体制に対する戦争は正当化される。イスラームは、正義の戦争理論

を有してはいるが、非ムスリムの共同体に対する戦争それ自体を正当化するわけではない。イスラーム社会は、ムスリムに友好的な人々に対しては平和を維持すべきなのであり、イスラーム国際法では、戦争時と平和時のそれぞれにおける、諸国家間の相互義務に関心を向けている。ある国家は、他国との関係において平和を基礎とすべきであり、人間性の完成への向上のために他国と協同して利益を交換する。こうした平和的絆は、すべての平和的な話し合いのための努力の諸段階に失敗しても、非常緊急の事態を除いて、破られるべきではないとされている。これは、イスラームが常にムスリムと非ムスリムとの関係において何よりもまず平和を基礎としているということを意味している。そもそも、ウンマ・イスラミーヤ（ムスリム信徒共同体）ummah islamiya が地上に出現したのは、マディーナにおいてユダヤ人とともにウンマが創設されたことに始まるのであり、ムスリムは、人々がムスリムにならないからといって戦ったりはしなかった。逆に、いかなる信仰システムであれ、それを承認しない人々に対する戦いを、むしろ認めるのである。クルアーンにも根拠は多くある。「宗教上のことでお前たちに戦いをしかけたり、お前たちを住居から追い出したりした者どもでさえなければ、いくら親切にしてやろうと、公正にしてやろうと、アッラーは少しもいけないとはおっしゃりはせぬ。もともとアッラーは公正な人間がお好き」(Qur'an: 60: 8)。他にも、「……だからもし彼らが身を引いて、汝らに戦いをしかけず、和平を申し出るようなら、それはアッラーが、もはや汝らに彼らを攻める道をお与えにならないということ」(Qur'an 4: 92〔90〕)。「もし彼らの方で和平に傾くようなら、お前もその方向に傾くがよい。そしてすべてアッラーにお委せ申せ。アッラーは耳敏く、全てを知り給う」(Qur'an 8: 63〔61〕)。

　以上三つのパタンは、「イスラームは平和の宗教である」をめぐってなされる典型的な語りである。もちろん、こうした議論には、イスラーム法上の法的判断などを導き出すための、多くの法解釈上の諸手続が必要である。

　逆に、イスラームへの悪意に充ちた言説は数限りない。

　たとえば、クルアーンと他のイスラームの法源は、暴力的言説に充ちていて、そうした暴力性がなければイスラームは現在まで存在してはいない

第7章　近代日本におけるイスラーム的文脈――世界秩序構想への一契機

といったパタンの攻撃である。

　さらに、ムハンマド死後、ムスリム共同体内の指導者問題を契機に頻発することになった、「リッダ」（イスラームから離れ他の信仰に帰依すること）をめぐる戦いにおいて、初代カリフのアブー・バクルは、背教者への軍事行動を命令したが、約二年間続いたその戦いは、アブー・バクルの個別の発想によるばかりでなく、ムハンマドやアッラーの教えに基づいていたというのである。これも昔からよくなされる攻撃パタンである。

　なおさらに悪いことに、クルアーン自体にも、背教者は死をもって罰せられるべきであると次のように言及されていることをもって、攻撃するパタンもある。「……もし、彼らが背を向けるようなら、つかまえて、どこでも手当たりしだい殺してしまうがよい。彼らを仲間にしたり助け手にしたりしてはならんぞ」(Qur'an, 4: 91〔89〕)。伝承家のブハーリーによれば、ムハンマドもまた「もし、ムスリムの誰かが、その宗教を棄てたなら、彼を殺せ」と言っているという。クルアーンでは、「アッラーも最後の日も信じようとせず、アッラーと使徒の禁じたものを禁断とせず、また聖典を頂戴した身でありながら真理の宗教を信奉もせぬ、そういう人々にたいしては、先方が進んで貢税を差出し、平身低頭して来るまで、あくまで戦い続けるがよい」(Qur'an, 9: 29) とされ、同じ章では、「だが、（四ヶ月の）神聖月があけたなら、多神教徒は見つけ次第、殺してしまうがよい。ひっ捉え、追い込み、いたるところに伏兵を置いて待伏せよ。……」(Qur'an, 9: 5)、とまで言っているが、前後の文脈は無視されている。一般に、こういった「平和の宗教」に対する攻撃は、元々の意味や文脈を無視し、自分の都合のよいようにテクストを改竄して歪めることによって為される。

　もし、政治的、イデオロギー的、宗教的な中傷合戦を望むなら、残念ながら、「平和の宗教」への攻撃者にとってイスラームが格好の餌食となることは必定であろう。ボビー・S. サイイドは、『ヨーロッパ中心主義の根源的な恐れとイスラーム主義の拡張』において次のように記している。「イスラームは、ムスリムの語彙の中でも最終的に最も絞り込んだものである。そこに絞り込まれたものでの論争は難しい。ムスリムにとって、絶対的であるイスラームは、別の言葉でいえば、「善の具体化」であり」、さらには「イスラームはより良い何かの希望の別名」なのである（Sayyid

2003: 160)。つまり、ふつうのムスリムにとって、〈悪いムスリム〉とは〈有徳の専制君主〉のような、それ自体矛盾した用語法であることも知っておかなければならない。

Ⅱ．〈ムスリムは考えることができるか〉

１．ムスリム知識人たちの〈グローバル公共圏〉

　平和研究のグランド・セオリーを構築していくために、われわれはイスラーム的文脈で何かを考えることはできるのであろうか。政治哲学者でコーネル大学教授のスーザン・バック-モースによるイスラーム主義へのアプローチに、一つの新たな意義を見出すことができる。

　……政治言説としてのイスラームを沈黙させ、イスラームを宗教実践にのみ矮小化しようとするブッシュは、結局多くのイスラーム主義が政治的抵抗という言説領域を拡大し、この領域に挑戦状をつきつけていることについて、公の議論を閉ざしている。しかしながら、こうした議論は、アメリカという一地域ではなく、グローバルな公共圏において真剣になされるべきであり、またそれは実に緊急な課題であるといえる。逆説的なことに、この緊急な課題は時間がかかるのだ。日々の出来事の万華鏡を記録し報道するニュースやジャーナリズムのコメントだけでなく、アクバル・アフマド、レイラ・アフマド、ムハンマド・アルクーン、タラール・アサド、アフマド・ダヴュトグル、サバ・マフムード、ジバ・ミール-フセイニ、アブデル・ワッハーブ・アル-メッシーリー、アリー・ミルセパッシー、アリー・ムッサーリー、ボビー・サイイド、ヒシャーム・シャラービー、アッザーム・タミーミー、バッサーム・ティビーといった学者の著書や論文を読まなくてはいけないからである。彼ら（必ずしも一致した見解を説いているわけではない）は、西洋で教育を受け、多くはアメリカに住み教鞭を執っている市民である。彼らは、フッサールやハイデッガーの現象学、フーコーの権力と真理の分析、グラムシの有機的知識人に関する仕事、

第7章 近代日本におけるイスラーム的文脈――世界秩序構想への一契機

デリダの脱構築、ラクロウやムフェのラディカル・デモクラシー、バーミンガム学派のカルチュラル・スタディーズ、スピヴァックやバーバのポストコロニアリズム、アドルノやホルクハイマー、ベンヤミン、ハバーマスの批判理論の伝統に滑らかに接している。少なくともこの10年は、西洋の読者へ向けて、世俗化、近代化そしてナショナリズムといった西洋的現象が、西洋から非西洋に移動していくことの概念的意味ばかりでなく、物理的な指示対象、そしてそれとともにある、それらの政治的価値の変化がいかなるものかを明確にするという、実に困難な役割を担ってきたのである（Buck-Morss 2003: 42-43）[2]。

現在では、すでにある種のグローバルな新世代のムスリム知識人のネットワークが、〈グローバル公共圏〉において形成されているといえるが、その聴衆は非常に限定的である。バック-モースはイスラーム的言説の革新的な政治的有用性について次のようにも述べている。

　……逆説的に（弁証法的に？）、イスラームが伝統的な諸制度からいったん切り離され、政治的には無為に空虚化されているのであるが、文化的生活では広く散在しており、それはポストコロニアル的秩序に対する政治的抵抗の分節化が可能になったことを意味している（Buck-Morss 2003: 45）。

彼女はさらに、「われわれ、批判理論家は、西洋の聴衆にイスラーム主義が、西側の報道で支配的な教条主義的原理主義やテロリストの暴力とはまったく異なる、一つの政治的言説であることを気づかせる必要がある」（Buck-Morss 2003: 49）と主張する。彼女の主張にもかかわらず、相対的に、イスラーム主義言説は〈カルチャー・トーク〉によってある特別の領域に組み込まれてしまう。それは、すでにわれわれのよく知るように、オリエンタリズムの機能的結果に他ならない。

　……それはまた、アメリカによる世界新秩序への非民主的押しつけに対抗するための、そしてまたネオ・リベラリズム、貧富の格差を拡大

していく正統的原理主義者の、経済的、生態学的暴力に対抗するための、一つの批判的議論の有力な資源なのである。換言すれば、世俗化は教条的信仰に対して何も担保になってはいないし、原理主義的宗教テクストは、多様な解釈に開かれている。イスラーム主義は、現代生活の諸々の不平等にともなう溝に来る、最も多様な道における社会運動の、市民社会内の一つの場となってきており、それは西洋の支配の時代（イスラーム主義者にとっては、西洋には、イスラームは歴史の進歩にとっての救いがたい障害であるとする、西洋オリエンタリストの判断も加わりつつ、西洋近代化の忠実な擬態化の典型として無神論的、唯物主義的ソ連も含まれているのだが）に発展してきたものであった（Buck-Morss 2003: 49-50）。

2．世俗化をめぐる議論

たとえば、バック-モースが批判理論家の一人として挙げているタラール・アサドは、世俗化に関して興味深い問題をいくつか出している。

> 私は、そうした宗教が、この語の通俗的意味において、それ以外の世界と同様に欧米では、国内政治において歴史的にも重要であり、重要であったことを否定はしない。この事実を認識することが、有益な仕事を促し続けることは疑いない。しかし、この明白な事実を超えて、体系的に扱われる必要のある諸問題が存在する。いかに、いつ、そして誰によって、宗教と世俗という概念が定義されるのであろうか？　それらを定義するという行為においてはどのような仮説が前提となるのか？　宗教的政治秩序からある世俗国家が統治する政治秩序への移行は、単に人間の法を選んで神的権威を棄てるというだけのことなのであろうか？（Asad 2003: 201）

アサドは、特定の場所と時間（占領期エジプト）を選び、宗教と世俗との定義をめぐる問いに注意を向け、世俗国家を「宗教的無関心や合理的倫理——あるいは政治的寛容性によって性格づけることはできない」（Asad 2003: 255）としつつ、権力の世俗化過程の前提条件でもあり、その結果で

第7章　近代日本におけるイスラーム的文脈——世界秩序構想への一契機

もある、占領期エジプトにおけるシャリーア改革の諸相を検討した。

世俗化のグローバルな規模での問題群は、教会、イスラーム主義、神道等々といったさまざまな種類の対抗勢力を抱えている。世俗主義と反対の諸概念は、実際は等しいものではない。それらはそれぞれの歴史的状況的諸条件に依拠している。リチャード・ドーキンズの『神は妄想である』（Dawkins 2006）の議論の仕方に従えば、世俗化の対抗勢力には、教会勢力ばかりでなくイスラーム主義なども存在している。われわれは、現代イスラーム世界において「イスラーム主義と世俗主義」との間で現実に進行している紛争に、どのように焦点を当てうるのだろうか。

一般に、〈イスラーム主義〉とは、全人類がイスラーム的原理に導かれなければならないという信仰に基づいた政治的活動を意味し、政治的社会的出来事を宗教と切り離して考えようという社会学的傾向として〈世俗主義〉を用いるが、はたしてそのような紛争がほんとうに存在するのであろうか。

イスラーム主義者およびイスラーム主義は世俗主義の反対概念なのであろうか。

神に祝福されたアメリカ合衆国と現代的に解釈されたイスラーム教義によって導かれるイランとの間にいかなる差異があるのか。

1980年代から2000年代にかけて、イスラーム主義は、ムスリム諸国における政治的言説とイスラーム圏地域研究に携わる研究者間の学術的議論との両方において、一つの中心的な位置を占めていた。しかし、「世俗国民国家に対するイスラーム主義者の政治的挑戦」という枠組みの設定そのものが、実は疑わしいのである。もちろん、われわれは、インドネシア、トルコ、ソ連後の中央アジアそしていわゆるムスリム諸国におけるイスラーム主義者の近年の動向と変動について、その知的、社会学的、経済的、政治的背景と現代のムスリムが多数派であるネイション・ステイトにおける、イスラーム法をめぐる哲学的政治的諸闘争を、特別に参照しつつ、議論することはできる。だがしかし、その中心的課題が〈イスラーム主義者〉と〈世俗主義者〉との間の闘争であるのかどうかは、まったく疑わしい。なぜなら、そうした諸ネイション・ステイトにおける〈世俗主義者〉は、少なくともドォーキンス（2006）のいう意味では、まったく世俗的でも何

でもないからである。

　よく知られるように、19世紀初期から、ムスリム諸地域は、彼らのモデルとして西洋的民法典を取り入れている。統治者は西洋起源の法を伝統的な諸法にほとんど置き換えてしまった。しかし、〈公共精神〉のない民法典と、その社会における西洋的スタイルの法的判断の資源なしの西洋起源の諸法との状況は、機能的であったとはいえない。こうした事実には1980年代から2000年代にかけてのイスラーム主義の劇的勃興を再考する余地を残している。

　イスラーム主義者が、ほとんどのムスリム諸国において影響力を回復している背景には、イスラーム法とその法制定を、とりわけ家族法において要求する、合理的要因が存在するのである。簡単に言えば、西洋諸法の移植は現在壊死寸前であり、それはイスラーム主義者と世俗主義者との闘争の問題なのではまったくない。イスラーム的オールタナティヴは、選択肢の一つに他ならない。

　ヴァージニア大学歴史学教授であるピーター・オヌフは、中東における状況にふれつつ、アメリカ史の世俗主義の経験について議論し、アメリカ的モデルのデモクラシーと法の支配が、普遍的原理として輸出可能なように変形されうると考えるのは、アメリカ史そのものの誤解に拠っているのだと述べている。

　オヌフによれば、アメリカ人が啓蒙的諸価値へのユニークな接近をしているという意識は、深いところで〈キリスト教性〉に根拠をもつアメリカ史における、一つの神の摂理の概念なのである。アメリカ合衆国は一つのキリスト教国家であるという、われわれがしばしば現在でも多くのキリスト教徒から聞くような議論は、狂気の沙汰というわけではない。ジェファーソンは、もし一つの宗教が背後の力として国家を支えないなら、一種のジョン・ステュアート・ミル主義者的な、良き思想と良き信仰の市場は、悪しき思想と悪しき信仰に追い出されるといった、自由競争の思想市場が存在してしまうであろうと考えていた。ジェファーソンの考え方は、時充ちるときに、すべての神秘化されたキリスト教の諸形態が、アメリカ人の間に共和主義化され啓蒙された信仰の共同体への道として与えられるというものであった、とオヌフは付言している（cf. Onuf 2006）。

問題は、〈イスラーム主義者〉と〈世俗主義者〉との間の紛争があるという結論へ飛んでしまう前に、なぜ誰も、ジェファーソンの考え方でイスラーム主義者の言説を検討しようとはしないのかということである。

イスラーム的教義によれば、イエスは神ではない。神と人間との間には、絶対的な断絶がある。ムスリムにとっては、イエスがムハンマド同様に高貴なる人間であることは明白であり、〈世俗主義〉のイスラーム的文脈における意味も、欧米のそれとは大いに異なるに違いない。われわれは〈世俗〉を、現実の人間生活が、次第にキリスト教という〈宗教〉の支配力から解放され、その配置換えを達成する空間として考えるべきではない。むしろ、「今日における〈世俗〉の概念は、世俗主義と呼ばれる教義の一部なのである」(Asad 2003:191)。

換言すれば、〈世俗〉の問題は、絶対的他者として神を信ずるムスリムにおける意味を構成できない。これをさらに解釈学的に検討するためには、やや異なった光をイスラーム的言説に当てて読んでみる必要があろう。

Ⅲ. 近代日本の場合

1.「世俗化した近代日本においてミカドはイスラームに改宗しうる」

世俗近代日本の場合はどうか。イスラーム的言説と近代日本との間には何かしらの関係が存在するのであろうか。平和研究のグランド・セオリー構築のためには、いずれにせよこのような着目も必要である。非西洋人が、近代西欧キリスト教世界秩序に代わる、何かもう一つ別の世界秩序を「考える」時、イスラーム的言説は、世界中の西洋化に抗してイスラーム主義者たちの唱える典型的なスローガン、「イスラームが解決である」のように、いつもある示唆を与えてきたからである。

ここに、「世界中のムスリムへの日本の浸透」と題された、1943年5月付の非常に興味深い一つの極秘レポートがある（OSS R&A890 1943）。アメリカの諜報機関である戦略諜報局OSS（CIAの前身）は、第二次世界大戦中、そのほとんどが西洋帝国主義の占領下にあった、ムスリムが多数派となっている世界諸地域への日本の影響力の浸透に非常な関心をもってい

た。この極秘レポートは、日本が世紀の転換期以降継続してきたムスリムの多く居住する諸国家、諸地域への戦略目的達成のための懐柔工作が、成功裡に実行されてきたとしている。OSSは、日本がムスリム政治集団と友好関係を結び、天皇はイスラームに改宗し、イスラームが日本の国家宗教となるかもしれない等々といった噂を、ムスリム世界に拡げる、東京側の工作方法の詳細について記しつつ、「日本はムスリム政策を粘り強く長年にわたって広く展開し、最も有能な政治的軍事的指導者の幾人かを配属していた。巧妙で便宜主義的かつ柔軟なそのアプローチと事実の無節操な操作とが、多くの地域でその果実を生みだしている」(OSS R&A890 1943: iii)、とレポートでまとめている。

当時の日本の戦略では、反西洋と反共との観点を合体させ、それに経済力を組み合わせつつ、ムスリムが多数の地域へアピールするような戦略が用いられていた。レポートによれば、東京の司令部はまた、多くの日本人がイスラームへ改宗しうることを示唆するために、神道には柔軟性に富んだ性格があるということを強調し、日本人の大規模な改宗がありうることを匂わせることで、ムスリムの宣教熱に訴えることができたのだという。そして、OSS調査分析班は、「イスラームの雅量のある保護者として装う代わりに、日本は真理の探求者としてもっともらしく振る舞うことができ、そうした状況下で、ここかしこに賢明に練られた、ミカドがムスリムに改宗するかもしれないという噂は、まことしやかに広げられている。希望に燃えた夥しい信者たちが、カリフとしてミカドを頂いて、イスラームが直ちに世界で最も偉大なる力となるのだという望みをいだくことになったのである」(OSS R&A890 1943: 5)、と記している。

このレポートでは、日本は1880年代以来、ムスリムが多数派である地域に友好関係を結ぼうとし始めたとしている。1904-05年の日露戦争後、日本はさらに大胆にムスリム勢力にご機嫌をとって近づくようになり、1906年には早くも、天皇がイスラームを日本の国教にしようと準備しているという〈噂〉が広がり始めていた。

それはある意味でほんとうのことである。実際、そうした選択肢は、イスラームばかりでなく、キリスト教についてもありえたのであった。近代国家日本は、西洋諸国のキリスト教に代替するような、「臣民」を心的に

第7章　近代日本におけるイスラーム的文脈――世界秩序構想への一契機

まとめ上げる国家の凝集性装置を求めていた。最終的には、近代日本国家の権力者たちは、人工的な国家神道を構築したのだが、明治期には未だ国家神道も不安定に揺らいでいた。

　第一次世界大戦後再び、多くの日本人がイスラームへ改宗するという噂が海外にも広められ、「日本全体がイスラーム化する準備は整っており、ミカド自身が積極的にムハンマドの信仰への改宗寸前」（OSS R&A890 1943: 8）、という「噂」が広められたとレポートは報告している。

　OSSは、こうした日本の対ムスリム政策は、汎アジア主義集団である黒龍会の構成員によって担われていると考えていた。なぜなら、その対ムスリム政策は、イスラームへの信仰を促進することが謳われ、署名者には、黒龍会会長の内田良平、「秘密結社の背後にあって霊感を与える」頭山満、後に首相となる犬養毅、そして汎イスラーム主義者であるアブドゥルラシード・イブラヒームが名を連ね、1900年ないしは1906年に結ばれた誓約、「ムスリム協定」で形作られたと考えられたからである。

　OSSの参照資料によれば、黒龍会は、1923年、佐久間という名の日本人を使って、中国におけるイスラーム化促進のために「光社」と呼ばれるムスリムの教宣センターを上海に設立している。もっとも、このOSSの情報源とは、佐久間貞次郎『支那回教徒の過去及現在と光社の前進運動』（出版社不詳1923.8）という文献による情報である可能性も高い。

　日本で設立された、数多くのムスリム関係出版や、グループ、モスクについてもこのレポートでは言及し、司令部の企画したムスリム学生の修学日本訪問が長年にわたって成功をおさめていることにも注目している。

　レポートは、日本が隣国における「持続的な諜報活動」を行ってきたという。「その結果、ロシアや中国のムスリムの多い地域では、日本に支援された破壊活動分子の作戦の衝撃を感じてきたのであった」（OSS R&A890 1943: 10）。レポートはさらに、「アングローアメリカンの専制君主」から東南アジアの国々を解放するために、東南アジアでの日本の勢力拡張について述べ、「要約すれば、日本の対ムスリム政策は、世紀転換期以来優勢となった、日本における最もダイナミックな要素によって支えられている」、としている。そして、レポートは「対抗策提案」とともに閉じられるのである（OSS R&A890 1943: 18-19）。

2. 1920年代にすでに解決されていた主要な理論問題

　近代日本における国家神道主義は「宗教的」問題であったとはいえないかもしれない。なぜなら、もともと神道は日本人にとって「宗教」ではないからである。「宗教」とは、本来キリスト教を意味し、明治初期に外交用語の一種として輸入された言葉に他ならない。近代日本は、「ネイション」、「ステイト」、「宗教」等々、一連の西洋化過程において、多くの言葉や概念を輸入した。その意味では「日本」や「日本人」といった概念自体も、そのような過程で導入されたのであった。近代日本国家の構造に適合させながら、ミカド（エンペラー）、近代天皇体系自身も、非常に重要な一つの新しい近代的装置として、国家的凝集性を構築するために、明治維新のファウンディング・ファーザーたちによりデザインされたものなのである。

　さらに、なぜ近代日本は自身を「帝国」と呼ぶことになったのであろうか。日本人のネイション概念には、アイヌ、琉球など、あらかじめマルチ・エスニック・グループが含まれている。とりわけ、1894-95年の日清戦争と1904-05年の日露戦争以降、ミカドは日本人というネイションにとってと同様に、アジア諸国民にとっても、いったいどのように位置づけられるのかが重要になっていた。内田良平や頭山満などの日本のナショナリストにとって、自身が汎アジア主義者であることには、大きな矛盾はなかった。よく知られるように「黒龍会」という名称自体、日本の防衛には黒龍江までの地域を掌握しておかなければならないという、一種のマニュフェストに他ならなかった。

　他方で、OSSが分析していたように、アジア全域のムスリムは、ミカドに積極的なイメージをもっていた。ミカドは日本人にとってのみ崇高な存在なのではなかった。そのため、日本のナショナリストはマルチ・ナショナルな天皇システムを事前に整備しておく必要があった。でなければ、日本「帝国」の論理は持続しえず、近代日本帝国システムは変則的な状況に直面するからである。この問題にはさらにミカドの継承問題が絡む。創出された近代天皇システムにおいて、次代のミカドをどのように選び継承させるのか、実に難しい課題となった。

　折口信夫は、1928年に発表した「大嘗祭の本義」と「神道に現れた民

第7章　近代日本におけるイスラーム的文脈——世界秩序構想への一契機

族論理」において、後に日本におけるこの天皇継承問題について決定的な影響力を残す考察をしている。とりわけ、その「みこともち」論とイスラーム神学における啓示と預言者・使徒との関係をめぐる議論との近似性について、ここで着目しておきたい。

　すでに安藤（2004）は、この問題を「折口信夫論」として展開しているが、「大東亜共栄圏におけるイスラーム型天皇制」とまで論じるその根拠の一つに、平田篤胤により実行された、「神道」における「一神教」の採用を挙げている（安藤2004: 161）。OSSレポートが、イスラームに対する「神道」の柔軟な性格と見ていたことにも、実は事実上この予め「一神教化されようとしていた神道」という理論的根拠があったのだといえよう。

　そもそも一神教か多神教かというフィールドは、キリスト教本来の問題であるというより、19世紀キリスト教神学の提示していた比較的新しい問題領域であって、必ずしも平田が影響を受けたイエズス会士マテオ・リッチ（村岡2004参照）などと通底するものではない。だが、近世近代日本における世界秩序認識の根底に関わる問題が、平田神道に存在することは事実である。

　折口は、「一体、日本の神々を性質から申しますと、多神教的なものだという風に考えられて来ておりますが、事実においては日本の神を考えます時には、みな一神教的な考え方になるのです。たとえば、沢山神々があっても、日本の神を考えるときには、天照大神を感じる、或は、高皇産霊神（たかみむすびのかみ）を感じる、或は天御中主神を感じるというように、一個の神だけをば感じる考え癖というものがあります。……日本人が数多の神を信じているように見えますけれども、やはり考え方の傾向は、一つ或は僅かの神々に帰して来るものだと思います」（折口1975-3: 464-65）、としつつ、「われわれは、日本の神々を、宗教上に復活させて、千年以来の神の軛から解放してさし上げなければならぬのです」（折口1975-3: 466）、とまで喝破している。ここでいう「宗教化」は、紛れもなく「キリスト教化」という意味では、本義に返る表現だともいえよう。

　そればかりでない。ユダヤ・キリスト教・イスラーム的一神教世界は、創造主と被造物との絶対的断絶を原理とする世界観を有しているが、人間とその「高皇産霊神」との関係についても、折口は、次のように述べてい

る。

　……今にいたるまで、日本人は、信仰的に関係の深い神を、すぐさま祖先という風に考え勝ちであります。……<u>われわれはまず、産霊神を祖先として感ずることを止めなくてはなりません。宗教の神を、われわれ人間の祖先であるという風に考えるのは、神道教を誤謬に導くものです</u>。それからして、宗教と関係の薄い特殊な倫理観をすら導き込むようになったのです。だからまず其最初の難点であるところの、<u>これらの大きな神々をば、われわれの人間系図の中から引き離して、系図以外に独立した宗教上の神として考えるのが、至当だと思います</u>。そうして其神によって、われわれの心身がかく発育して来た。われわれの神話の上では、われわれの住んでいる此土地も、われわれの眺める山川草木も、総て此神が、それぞれ、適当な霊魂を付与したのが発育して来て、国土として生き、草木として生き、山川として成長して来た。人間・動物・地理・地物皆、生命を完了しているのだということをば、もう一度、新しい立場から信じ直さなければならないと思います。つまりわれわれの知識の復活が、まず必要なのです。神道教は要するに、この高皇産霊神・神産霊神を中心とした宗教神の筋目の上に、更に考えを進めて行かなければなりません」（折口1975-3: 470-71〔なお、旧かな、旧漢字は現代表記に改めている。以下同。〕下線引用者）。

　創造主と被造物との断絶が、いわゆる「一神教」の根幹であるとすれば、折口は、本居宣長と同様に、神道をその根幹にまで根拠づけようとしている。
　こうした折口の戦後における「日本の神々を、宗教上に復活させて、千年以来の神の軛から解放してさし上げなければならぬ」という考え方は、実は先述したように、1928年に発表された「大嘗祭の本義」と「神道に現れた民族論理」とにも明確に表現されていた。逆に、そこにおける「みこともち」としての「天皇」の位置は、一神教世界における絶対神と預言者と使徒との位置関係を補助線として引くことによって、より鮮明に理解可能となる。

第 7 章　近代日本におけるイスラーム的文脈——世界秩序構想への一契機

　イスラームにおける預言者とは、絶対神アッラー（キリスト教徒もアラビア語ネイティヴであれば、神はアッラーに違いないのだが……）が天上界で記した書のコトバを、天使ガブリエルの朗誦の媒介により啓示され、それを預かり、人間界のコトバとして伝える者である。啓示という言語的形態のこのコミュニケーション回路は、ムハンマドが預言者の封印であることによってそこで終わり、ムハンマド以後預言者は存在しない。だが、ムハンマドが預かった啓示は、クルアーンというカタチで人々に伝達され、そこに残された明示的暗示的メッセージは、言語以外のカタチでのメッセージであるさまざまな「徴」（アーヤ）とともに、ヴィヴィッドに地上界で生き続ける。折口は、「みこともちの思想」として、この啓示と預言者の構造を、「天皇」というシステムの解釈において再現している。

　　……根本的に日本人の思想を左右している事実は、みこともちの思想である。みこともちとは、お言葉を伝達するものの意味であるが、其のお言葉とは、畢竟、初めて其宣を発した神のお言葉、即「神言」で、神言の伝達者、即みこともちなのである。祝詞を唱へる人自身の言葉其ものが、決してみこともちではないのである。みこともちは、後世に「宰」などの字を以て表されているが、太夫をみこともちと訓む例もある。何れにしても、みことは持ち伝える役の謂であるが、太夫の方は稍低級なみこともちである。此に対して、最高位のみこともちは、天皇陛下であらせられる。即、天皇陛下は、天神のみこともちでおいであそばすのである。だから、天皇陛下のお言葉をも、みことと称したのであるが、後世それが分裂して、天皇陛下の御代わりとしてのみこともちが出来た。それが中臣氏である。……　（折口1975-1: 154-155）

　また、ムハンマドは預言者であると同時に、「使徒」として、啓示と言語以外のカタチで不断に降りてくるアッラーの命令を人間集団に伝達し実行する使命を帯びていたのだが、折口の用語法にこれを換言すれば、「まつる」ということになる。

　　……一体、まつるという語には、服従の意味がある。まつらうも同様

> である。上の者の命令通りに執り行うことがまつるで、人をしてやらせるのをまたすという。……つまり、此天つ神の命令を伝え、又命令どおり執り行うて居る事をば、まつるというのである（折口1975-2: 176）。
> ……だから天孫は、天つ神の命によって、此土地へ来られ、其御委任の為事をしに来らせられた御方である。……天子様は、神の言葉を此国にお伝えなさる為に、お出でになったのである。……（折口1975-2: 177-78）

「天つ神の命令」は、いったいその「命令」をいつ誰が受け取ったのか。折口の次のような「高御倉」の説明は、ムスリムによる日々の礼拝（サラート）におけるクルアーンの朗誦の意味するところを、逆により深い理解に導くことになる。換言すれば、折口の説く「祝詞」はクルアーンのような位置づけが与えられ、ムスリムにとってもそれは理解可能な啓示の構造となるのである。

> ……高御倉とは、天上の日神の居られる場所と、同一の高い場所という意味である。だから祝詞を唱える所は、どこでも高御倉となる。そんなら、御即位式の時に昇られる高御倉は、何を意味するかといえば、……天が下の神秘な場所、天上と同一な価値を持って居る所、という意味である。天子様の領土の事を天が下、天子様の御家の事を天のみかどなどというのは、天上の日の神の居られる處と、同一な価値を持っている處、という意味である。みかどという語が後には、天子様の版図の事にもなるのは、此意味であり、後には、天子様の事をも申し上げる様になって来て居る。／高御倉で下される詞は、天上のそれと全く同一となる。だから、地上は天上にもなる。天子様は、天上の神となる。こうして、時も、人も、所も、詞も、皆元へかえる。……（折口1975-2: 204）

もちろん、ここに示されているのは「天上の日の神」の「詞」を地上で預かるということへの理解を導くための、一つのアナロジーである。肝心

なのは、「詞」を預かるその瞬間に、「時も、人も、所も、詞も、皆元へかえる」というところにある。イスラームの信仰の第一義的な行である礼拝が求めるものも、個々の魂がクルアーンの導きによって「もとにかえる」ことであり、それはアッラーと類推的に直面することに他ならない。礼拝は、この時空を超える瞬間を信仰の重大な契機として不断に自覚化する行為である。イスラームでは、「再生」が繰り返されるこの礼拝を信仰実践の柱としているのである。

折口はまた、「古代日本の考え方によれば、血統上では、先帝から今上天皇が、皇位を継承した事になるが、信仰上からは、先帝も今上も皆同一で、等しく天照大神の御孫で居られる。御身体は御一代毎に変わるが、魂は不変である」（折口1975-2: 195）という。こうした「世界王」の現世への顕現パタンは、世界中に多く見られるが、ムハンマド死後その代理としてムスリム信徒共同体の信仰の統合的機能を果たしてきたカリフ（ムハンマドの代理）という制度にも通底するところがある。折口は、天皇の血統という問題は実は本質的な問題ではなく、魂の系譜に繋がることこそ重要であるとしているが、カリフの制度もまた、ムハンマドの血脈を必ずしも求めるものではなかった。

Ⅳ. 小　括

折口による「天皇」の概念にイスラーム的言説の痕跡を確認できるのだとすれば、政治的言説としてのイスラーム主義を知る上できわめて良い検討事例であるといえる。平田篤胤にマテオ・リッチらの言説の軌跡が認められるように、近代神道は、当時の国際環境の影響をうけながら構築され変容されてきた。われわれは、日本のナショナリズムが構築されたものであり、何か予め存在した伝統の硬い基盤をもっていたわけではないことを知るべきであるが、それは世界の他の地域と同様であって、近代天皇システムをはじめとした、いわゆる日本的「伝統」のほとんどは、非常に近い過去が創りだしたものに過ぎず、日々更新され、再創造されている。イスラーム的言説は、非西洋「ネイション」が、近代キリスト教世界秩序に対

抗して、それとは別の世界秩序を構想しようとする場合（「大東亜共栄圏」構想は両刃の刃であったのだが……）、とても有効に作用する。

「イスラームは平和の宗教である」というマントラは、未だ十分に機能してはいない。しかし、新たな世界秩序の感覚を得るためには、イスラーム的文脈に置かれた言説は、実に世界構想を培う上において効果的なものになる。もし、われわれがこの点について注意深く「考える」のであれば、平和研究のグランド・セオリーのためのイスラーム的言説の可能性を、正しく了解していくことができるであろう。

〔注〕

(1) ハッドゥーリーの著書には以下のようなものがある。*The Islamic Law of Nations: Shaybani's Siyar*（1966）, *Arab Contemporaries*（1973）, *War and Peace in the Law of Islam*（1977）, *Independent Iraq*（1980）, *Islamic Jurisprudence*（1984）, and *The Islamic Conception of Justice*（2002）.

(2) われわれは、英語圏ないし著作英語翻訳の存在するそうした著述家の他に、フランス語圏などにおいて、さらに次のような人々を、この現代ムスリム思想家ネットワークの中に加えることができよう。Asghar Ali Engineer, Khalid Masud, Tariq Ramadan, Nasr Abu Zayd, Saifeddin Abdel Fatah, Farish Noor, Abdolkarin Soroush, Mahboobeh Abbasgholizadeh, Abdelmajid Charif, Khira Chibani, Nurcholish Madjid, Jalaluddin Rakhmat, Ebrahim Moosa 等。

〔参考文献〕

安藤（2004）, 礼二、『神々の闘争　折口信夫論』、講談社。

Asad, Talal（2003）, Formations of the Secular: Christianity, Islam, Modernity, Stanford University Press.

Buck-Morss, Susan（2003）, *Thinking Past Terror: Islamism and Critical Theory on the Left*, Verso.

Dawkins, Richard（2006）, *The God Delusion*, Bantam Books.

Jackson, Sherman（2007）, 'Jihad and the Modern World', in Donohue & Esposito (eds.), *Islam in Transition: Muslim Perspectives*, second edition, Oxford University Press.

ルジャンドル、ピエール＋西谷、修（2000）,「"なぜ"の開く深淵を生きる」、

第7章　近代日本におけるイスラーム的文脈——世界秩序構想への一契機

『宗教の解体学』（宗教への問い　第一巻）、岩波書店所収。

Mahbubani, Kishore（1998）, *Can Asians Think?*, Times Books International.

Mamdani, Mahmood（2004）, *Good Muslim, Bad Muslim: America, the Cold War, and the Roots of Terror*, Pantheon Books.

村岡（2004）, 典嗣、『新編日本思想史研究 村岡典嗣論文選』前田勉／編、平凡社。

Onuf, Peter（2006）, in Conflicting Ideas of Secularism Cloud "Ideal" of Secular Democracy in Middle East, Panelists Say, Posted March 2, 2006
http://www.law.virginia.edu/html/news/2006_spr/jb_religion.htm

折口（1975-1）, 信夫、「神道に現れた民族論理」『折口信夫全集』第三巻、中公文庫版所収。

折口（1975-2）, 信夫、「大嘗祭の本義」『折口信夫全集』第三巻、中公文庫版所収。

折口（1075-3）, 信夫、「平田国学の伝統」『折口信夫全集』第二十巻、中公文庫所収。

OSS R&A890（1943）, Japanese Infiltration Among the Muslims Throughout the World, dated 15 May 1943, Office of Strategic Services Research and Analysis Branch, in O.S.S./State Department Intelligence and Research Reports, I Japan and Its Occupied Territories During World War II, Reel I-9.

Roussillon, Alan（2005）, *La pensee islamique contemporaine: acteurs et enjeux*, Teraedre.

Sayyid, Bobby S.（2003）, *A Fundamental Fear: Eurocentrism and the Emergence of Islamism*, second edition, Zed Books Ltd.

Shatz, Adam（2003）, 'The Native Informant' in The Nation, on April 28, 2003.

※クルアーン（コーラン、Qur'an）についての日本語解釈については、基本的に井筒俊彦訳岩波文庫版（1957年発行）に拠っている。

第8章

戦後日本の憲法平和主義の一考察
―― その理論的意味について ――

千葉　眞

I．はじめに

　しばしば「平和憲法」と呼称される日本国憲法は、周知のごとく三つの基本原理に依拠している。それらは（1）主権在民、（2）基本的人権の尊重、（3）平和主義である。これら三つの基本原理は、憲法制定以来60年にもわたって、まがりなりにも戦後社会の公共哲学を構成する基本的な価値原理として国民に受け止められてきた。この憲法の平和主義の原理は、後に見るように、民主主義との密接不可分な結びつきのゆえに、独自の公共哲学の装いをほどこしていることは否定できない。同時に注目すべき点は、この憲法平和主義が、広範な意味での「反戦主義」ないし「戦争反対」[1]を意味するにとどまらないということである。通常、「反戦主義」ないし「戦争反対」という立場の平和主義においては、「侵略戦争」や「無差別戦争」への反対が意味されても、必ずしも「自衛戦争」や「正義の戦争」（正戦）が否認されているわけではない。しかしながら、日本国憲法の平和主義の原理は、徹底的平和主義とでも呼ぶべきより積極的な平和主義を提起しており、すべての戦争に反対し、戦争の違法化を要求している。その意味で憲法平和主義の原理は、国際法の歴史において「国際連盟規約」（1919年）、「不戦条約」（1928年）、「国連憲章」（1945年）といった戦争の違法化を目指すさまざまな歴史的法文書に連なる面をもっている。さらにいえば、日本国憲法の平和主義は、戦争の違法化の追求において上記の諸法文書のさらに一歩先に歩を進めており、国際紛争を解決する手段

第Ⅱ部　現代の平和主義について——哲学、宗教、憲法の視点から

としての戦争と軍事力を放棄し、戦力を保持しないことを要請している。すなわち、憲法第9条1項は国家の主権的行為の一部と見なされてきた戦争を放棄することを規定し、またその2項は戦力不保持と交戦権 (jus belli) の放棄を規定しているのである。ここに見いだされるのは、「反戦主義」や「戦争反対」といった漠然とした平和主義ではなく、むしろそれとは別個の位相に立つ徹底的平和主義の要請である。

しかしながら、日本政府の政策決定と実際の行動に即していえば、憲法の平和主義の原理は、1949年頃から次第に脅威に晒されるようになっていた。これはとりわけ、米ソ冷戦の開始に伴う極東におけるアメリカの政策転換によって惹起されたものである。こうした世界情勢の変化は、戦後日本の保守政権に大きな影響を与え、占領軍最高司令官ダグラス・マッカーサーの指令のもとで、警察予備隊が1950年に設置され、1952年には保安隊となり、また1954年には自衛隊が創設された。1990年代初めには日本の防衛費予算は巨大な額にのぼっており、世界でも常時5位以内にはいり、核保有国以外では最大規模になっている。「9.11」事件以降、アフガン戦争の開始を受けて、2001年11月には日本政府は海上自衛隊をインド洋、アラビア海域に派遣し、米軍主導の多国籍軍の「後方支援」に当たった。これは、太平洋戦争の敗北（1945年）以来、戦後初めての海外派兵であった。その一年後の2002年12月にはインド洋とアラビア海域にイージス艦とそれをサポートする船舶を派遣して、アフガン地域における米軍と同盟諸国の軍隊の支援を継続している。ついで2003年12月には、「人道支援」および「戦後復興」の支援という名目のもとに、航空自衛隊がイラクに派遣され、また翌年1月から4月にかけて、陸上自衛隊がイラクのサモアに派遣された。2006年7月には陸上自衛隊はイラクから引き揚げたが、航空自衛隊はいまだに当地での活動を継続している。

このように憲法の平和主義原理に関しては、戦後一貫して危機的状況が続いてきたわけだが、近年になって一つの転換点を迎えたことは確かである。われわれは、今日、戦後日本の平和主義の危機的状況に遭遇しており、ロバート・N. ベラーのいわゆる「破られた契約」[2]という表現を借用するならば、平和主義についての社会契約の破棄を経験しつつあるといえるかもしれない。その理由としては、すべての憲法制定行為は、民衆の間で

第8章　戦後日本の憲法平和主義の一考察——その理論的意味について

の、また民衆と政府との間の暗黙の社会契約として理解することが可能だからである[3]。ここで「破られた契約」とは、憲法制定行為を通じて、平和主義の原理に関して日本の民衆が政府とかわしたはずの暗黙の社会契約が廃棄された事態を言い表している。今日、これまで大部分の民衆によって受容され擁護されてきた憲法の平和主義の原理が、政府の一連の政策遂行と行動とによって無視されるに至っている。

　ここ数年、憲法改定の議論が日本の国政における最重要課題の一つとなってきたが、広く認識されているように、今や日本の国政は、ブルース・アッカーマンの用語を使用するならば、「通常政治」から「憲法政治」（国政の基本法・統治構造・基本政策の是非を国民レベルで問う政治）の段階に入ったといえる。2006年9月に新たに首相に選ばれた安倍晋三氏は「戦後レジーム（体制）からの脱却」を唱え、憲法改定を最優先課題の一つに掲げていた。もっとも「憲法政治」にしては憲法改定問題への国民の関心はさほど高くなく、厳密にいえば、政府主導の官製「憲法政治」であり、上からの擬似的「憲法政治」の面が強い。その安倍内閣も、2007年9月、一年程で突然瓦解し、福田内閣がそれに続くことになった。福田内閣の憲法政策は十分に明らかにされてはいないが、憲法改定の動きは継承されるものと認識すべきであろう。したがって、官製「憲法政治」は依然として深刻であり、現行憲法を重視する種々の陣営にとって憲法問題が「危険水域」に近づいた事実は変わらない。振り返ってみると、2005年10月28日に自民党は「新憲法草案」を公表し、2006年4月には改憲を推奨する「憲法調査会報告書」が提出され、2007年5月の国会では政府与党の「憲法改正国民投票法案」が可決された。上記の自民党の「新憲法草案」は、周知のように、前文を全面的に改定するほか、第9条2項を破棄し、その代わりに「自衛軍を保持する」という文言を新たに加えることを提案している。今後三年程は、日本国憲法改定をめぐる「憲法政治」の「関ヶ原の戦い」が行われるはずである。憲法改定の現実の可能性が、重大な争点として浮き彫りにされてきたことは明らかであろう。

　いずれにしても、過去60年以上にわたって一貫して日本社会に規定的な影響を与えてきた憲法の民主主義と平和主義に基づく戦後のデ・ユーレ（法の上で）の公共哲学は、必ずしも戦後政治を先導して来たわけではな

かった。すでに見てきたように、第9条の無効化にむけた施策が政府主導で次々と具現化されただけでなく、「解釈改憲」と呼ばれる憲法条項に関する政府による融通無碍な解釈が幅を効かせてきたのである。さらに戦後一貫して、上記の憲法の民主主義と平和主義に依拠したデ・ユーレの公共哲学は、もう一つの経済成長を指向するデ・ファクトー（事実上）の公共哲学と称すべきものと、緊張をはらみながら時には対立し衝突しつつ展開されていったのである。確かに戦争直後の頃はこれら二つの公共哲学は、緊張のうちにも調和的に発展してきた印象が強い。というのも、両者ともに民衆の福祉と社会権を重視し、施策面で重なり合う面を強く共有したからであった。社会福祉は1980年代後半に至るまで国政における最大の政策課題であったのであり、このことは政府与党と野党の双方によって強く支持されていたからである。しかし、この20年から10年程、経済政策においてネオ・リベラルな政策が政府与党の主導で推進され、その結果、上記の二つの公共哲学は厳しく衝突することになった。したがって、社会福祉政策の強調は、競争と市場メカニズムを重視する経済的ネオ・リベラリズムによって取って替わられることになったのである。こうして今日の日本においてわれわれは、国政と市民社会双方の次元においてこの国の公共哲学に関して、解釈をめぐる、また政治的な衝突――それが明白なものであれ、暗黙のものであれ――を日々目撃しているということもできよう[4]。

Ⅱ．憲法平和主義の意味

ジョン・M. マキは、1993年に次のように書いたことがある。「憲法に関する論争はあったが、危機はなかった。この憲法の安定性こそ、日本の立憲主義の実際上の運用について多くを証明している。[5]」さて今や楽観主義の時代は過去のものとなり、既述したように、憲法改定をめぐる議論は、国政における最重要課題の一つとなっている。こうした上からの官製「憲法政治」の状況のなかで、前文と第9条に含意された憲法平和主義の理論的意味について考察しておくことは重要であろう。具体的には密接

第8章　戦後日本の憲法平和主義の一考察――その理論的意味について

不可分の一連の問いが思い浮かぶ。前文の平和的生存権、第9条の戦争放棄、戦力不保持、交戦権放棄の諸規定の背後にはどのような平和主義が想定されているのだろうか。戦後日本の憲法平和主義を構成している考え方にはどのような思想や信条や前提が見られるのか。この憲法平和主義の理論的および実践的意味とはいったい何であったのであり、今日において何であり、また将来（もし存続すればだが）において何でありえるのだろうか。また今日、戦後平和主義を取りまく内外の情勢の変化に鑑みて、憲法の平和主義をどのように理解し評価すべきなのか。本章はこれらのすべての問いや争点について応答することはできないが、それでもそのいくつかについては検討を加えておくことになろう。とりわけ、憲法平和主義との関連を念頭におきながら、21世紀初頭の現在、いかなる平和主義の類型を観察することができるのか、をまず概説しておきたい。

1．反戦主義

　第一に、これはすでに言及した立場であるが、世界で最も広範な支持基盤を有してきたと思われる平和主義の類型として、「戦争反対」ないし「反戦主義」がある。この平和主義的立場は、「無差別戦争」や「侵略戦争」や「核兵器戦争」に反対する一方、敵国やその他の敵対的集団による侵略に対して「自衛戦争」に打って出る可能性については、一定の理解を示してきた。この「反戦主義」は、世界の他の諸地域のみならず、戦後日本においても多数にのぼる集団や人々の支持と共感を得てきた立場だといえるであろう。戦後の日本の平和運動の文脈において、この「反戦主義」は、原爆と水爆の使用および実験の廃止を訴える諸種の原水爆禁止運動（「原水爆禁止日本国民会議」（原水禁）、「原水爆禁止日本協議会」（原水協）など、多くの団体が積極的な運動を展開してきた）を鼓舞する指導理念として、大きな影響力を発揮してきた。この反核兵器主義としての「反戦主義」は、戦後日本の平和主義と平和運動の原点と言うことができる。

2．平和的手段による平和主義

　現代世界にみられる第二の平和主義の類型としては、この20年程、実際の紛争状況のなかで「平和的手段による平和」（J．ガルトゥング）[6]の

実現を目指すプラグマティックな平和主義がある。これは、紛争当事者間の対話や外交ならびに第三者機関による調停や和解、取次ぎや仲裁などの方法を駆使して、具体的な平和構築と紛争解決を追求する立場である。この二番目の平和主義は、戦後の平和研究の内部から出てきた一種の実用主義的および実践的性質を帯びた「平和的手段による平和主義」であり、平和研究の創始者の一人であるヨハン・ガルトゥングの名前を借用して、ガルトゥング的平和主義と呼ぶことも可能である。ただし、ガルトゥング自身は、本書の第10章の彼の論考からも明らかなように、従来の平和主義にしばしばみられた硬直した道徳主義ないし絶対主義の傾向のゆえに自分の立場を「平和主義」と特徴づけることを拒否していることは留意すべき点である[7]。平和の実現のために駆使される「平和的手段」には、例えば、紛争当事者間の対話や外交、第三者機関による紛争当事者たちの調停や和解の努力、第三者機関による仲立ちや仲裁や仲介など、さまざまな方法や手段がある。この実際の紛争解決や平和構築を具体的に志向するプラグマティックな平和主義は、戦後日本の平和運動では少数派を形成してきたにすぎないが、とりわけ北米諸国と欧州諸国においては戦後の平和理論と実践の重要な一翼を担ってきた。戦後日本における憲法平和主義の展開は、政府レベルの平和外交においても、また市民社会のレベルの平和活動においても一貫して不十分なものでしかなかった。こうした事情は、上記の具体的かつ実際の紛争解決と平和構築を志向する実用主義的平和主義の影響力と浸透度が微弱なものにとどまった事実と密接に関連している。

3．厭戦主義

第三番目の平和主義の類型として、伝統的に日本などにみられた戦争忌避や兵役忌避を特徴とする「厭戦主義」を挙げることが可能だと思われる。厭戦主義者にとって、戦争と兵役への忌避的態度は、必ずしも良心的拒否者の場合のように内面的な確信や勇気に基づくものではなく、むしろ凄惨な戦争体験などに由来することが多い。したがって彼らの戦争忌避や兵役忌避は、公然として戦争反対という形をとるのではなく、むしろ戦争逃避ないし兵役逃避という形をとることが多い。この平和主義の類型は、とくに非暴力主義などとの対比において、これまで消極的にしか評価されてこ

第8章　戦後日本の憲法平和主義の一考察——その理論的意味について

なかった。というのも、「厭戦主義」は一部では基本的に無気力かつ卑怯な行為、非協力的で利己的な行為として認識される傾向にあったからである。だが、今日この認識は格段に変化しており、「厭戦主義」は多くの国々の民衆においてみられ、その意義と実効性が以前よりも積極的に評価されるようになってきた。例えば、寺島俊穂氏は、この「厭戦主義」による戦争拒否ないし兵役拒否を平和主義の一カテゴリーとして理解し、日本における平和主義の隠された伝統として把捉することを試みている[8]。説明するまでもなく、この平和主義の第三類型は、戦後日本の憲法平和主義に圧倒的な影響を与えたといえよう。大多数の日本人が平和憲法を心から歓迎し喜んで受容した背景には、戦争はもうこりごりだという感覚があり、人々の悲惨な戦争体験があったからである。こうして戦争直後の数多くの日本の民衆は、自分たちの凄惨な戦争体験を通じて、戦争の犯罪性と悲惨さ、虚無性と愚かさを深く認識することができたのである。憲法前文と第9条は、一面、戦争直後の日本の民衆の「体験的平和主義」（小田実）の所産であったといえよう。

4．ネットワーク型平和主義

第四番目の平和主義の類型として注目したいのは、近年の「グローバルな平和と正義の運動」において表現された平和主義、つまり、地球規模の市民社会のネットワークを基軸とした世界市民の平和主義である。こうした近年の「グローバルな平和と正義の運動」を、現代の「平和主義」の一つの有望な類型として考えていく必要があろう。この平和主義は、さまざまな課題を追求する国境を越えて活動する諸種のNGOやボランティア団体の連携とネットワークを基軸として展開され実践されており、その意味で「ネットワーク型平和主義」あるいは「草の根平和主義」と呼ぶことも可能であろう。この地球規模の拡がりをもつ自発的なネットワークは、西洋諸国における伝統的なキリスト教平和主義のカテゴリーを越えて、戦争反対と地球的平和の実現、少数民族やエスニック集団の人権擁護、ジェンダー間の平等、環境問題の改善などにかかわる無数の団体や集団を網羅している。これらの集団は国境を越えて結びついているが、それらを支えているのは、インターネットや電子メールなどの新しい伝達技術とコミュニ

ケーション手段である。この関連で注目を浴びたのは、「ネットワーク型平和主義」の存在を世界に知らしめた最初の象徴的事件として理解することのできる1999年の「シアトル事件」であった。この「シアトル事件」の際に、「世界貿易機関」（WTO）の国際会議に抗議するために、諸種のNGO団体、環境問題にかかわる市民団体、第三世界の貧困や構造的暴力の除去と取り組んでいた市民団体など、北米を中心とした多種多様な集団が、大挙して米国ワシントン州のシアトルに結集し、「グローバルな平和と正義」の要求を突きつけたことは記憶に新しい(9)。その後、この「グローバルな平和と正義の運動」は、2003年3月のイラク戦争勃発の前夜にも史上類例をみない規模で展開された。世界中の延べ1000万人ものイラク戦争に反対する人々が、米軍のイラク侵略に抗議してデモに繰り出し、ニューヨークを含む世界のいくつかの大都市に集合して意思表示を行ったのであった(10)。戦争に反対する平和主義は、ここではメノナイト派、クウェーカー派、ブレズレン派といった、いわゆるキリスト教の「平和教会」の伝統や信徒たちに限定されることなく、多種多様な宗教的および世俗的団体によって担われたことは注目に値する。日本国憲法の平和主義は、約半世紀程の時間的なズレもあり、これまでこの種の地球規模の「ネットワーク型平和主義」の支援を受けることはほとんどなかった。しかし今後、憲法平和主義を維持し将来にむけて展開していく課題は、この「ネットワーク型平和主義」と密接に結びつくことによって、支持基盤を地球規模に拡げることであり、そこから新たな展望を獲得することも考慮に値するであろう。この関連で想起したいのは、1999年5月にオランダのハーグで開催された「ハーグ市民社会会議」において採択された「公正な世界秩序のための10の基本法則」である。この宣言が第1項において次のような仕方で日本国憲法第9条に言及したことは、よく知られている。「日本国憲法第9条が定めているように、世界諸国の議会は政府の行為によって戦争が起こることを禁止する決議を採択すべきである。」ここには、憲法平和主義と近年のグローバルな「ネットワーク型平和主義」との結合の将来的可能性を示す象徴的事例を確認することができる。

5．中間考察／二つの解釈上のカテゴリー
——絶対的平和主義と徹底的平和主義

　ここで中間考察として、これまでの立論の結果を要約し、さらに次の議論に移るための予備的作業を行っておきたい。今日、平和主義のあり方として列挙した上記の四つの類型のうち、第二の「平和的手段による平和主義」と第四の「ネットワーク型平和主義」は、将来にむけて重要な支持基盤となりえるとしても、現段階では日本の憲法平和主義との結びつきはそれ程みられない。しかし、将来にむけてこれら二つの近年の平和主義は、護憲陣営および活憲陣営にとって重要な意義を有することは言を俟たないであろう。既述した四つの類型のうち、第一の「反戦主義」と第三の「厭戦主義」とが、これまで憲法平和主義を支持し擁護してきた人々や集団において観察され支持されてきた立場であったことは、説明するまでもないであろう。「反戦主義」は、明らかにこれまでの護憲陣営においてつねに大きな存在としてあった。とりわけ重要な役割を果たしてきたのは、既述したように、被爆者運動および原水爆禁止運動を後ろ盾にした「核兵器戦争」の危険に対する反対運動であった。また第三番目の「厭戦主義」、すなわち、二度とこのような戦争を起こしたくないという戦争反対の立場は、護憲陣営の平和主義のなかにあっていわば裾野を形成していたといえるのではないだろうか。

　さて憲法前文と第9条において規定されている憲法平和主義の内実を理解するためには、上記の「反戦主義」や「厭戦主義」に加えていくつかの他の平和主義の類型を考えておく必要がある。というのも、それは一切の戦争を拒否するという意味での戦争放棄を要求し、また戦力不保持と交戦権の放棄を主張する立場を示しているからである。それゆえに、ここではさらに「非武装主義」、「非戦主義」、「非暴力主義」、「戦争廃絶主義」という四つの平和主義を逐次検討していくことにしたい。これら四つの平和主義の類型は、筆者の理解するところによれば、憲法平和主義の本質的内実を表現するものと考えてよいと思われる。さらに筆者の平和主義理解の枠組みにおいて、これら四つの類型は「徹底的平和主義」（radical pacifism）のカテゴリーに帰属するものと見なすことができる。確かにこれらの立場はすべて「絶対的平和主義」（absolute pacifism）のカテゴリーに入ると認

第Ⅱ部　現代の平和主義について——哲学、宗教、憲法の視点から

識することもできよう。というのも、太田義器氏の指摘するように、「非戦主義」も「戦争廃絶主義」も、「戦争の不在を求める」という意味ではこれまで絶対的平和主義と呼称されてきたカテゴリーと同一視できるからである(11)。しかしながら私は、これら「戦争の不在を求める」平和主義の四つの類型を、絶対的平和主義ではなくむしろ徹底的平和主義のカテゴリーにおいて理解することを提唱したい。というのも、歴史的に振り返ってみた時に、絶対的平和主義の概念はえてして、近年に至るまでのメノナイト派やL. トルストイなどにみられた「無抵抗主義」(non-resistance) と結びつけて理解されてきたからである。さらに「無抵抗主義」は敬意に値する高貴な道徳的立場であるが、この立場はそもそも、国家や集団の対応や政策と関連する集合的倫理というよりは、むしろ各人の生き方や態度を問題にする個人倫理において妥当する立場だと考えられるからである(12)。以下においてはこれら四つの平和主義の類型を逐次検討してみたい。

6．非武装主義

さて、以上の中間考察を経て、次に第五番目の平和主義の類型として「非武装主義」を取り上げてみよう。第９条１項の戦争放棄の規定ならびに２項の戦力不保持と交戦権放棄の規定は、護憲陣営においては憲法平和主義の解釈として自然に「非武装平和主義」という仕方で理解されてきた。米ソ冷戦期の状況においては「（永世）中立」が加わり、「非武装（永世）中立平和主義」という仕方で了解されるに至った。論者によって異なるが、多くの場合、「非武装主義」はその含意として「無抵抗主義」を意味することもあった。しかしまた、1980年代の日本社会党の指導者の一人であった石橋政嗣氏の場合のように、「非武装平和主義」という表現によって「無抵抗主義」という形態をとらない場合もあった。石橋氏の場合、侵略を受けた時には、さまざまな形でのボイコット、非協力、ゼネストなどを駆使して民衆による自発的な「非暴力抵抗」が試みられるべきであると主張している(13)。「非武装主義」の場合、一般的にそれを裏づける安全保障構想としては、前文の第二段落の以下の文章を文字通り受け止めていたと理解すべきであろう。「日本国民は、恒久の平和を念願し、人間相互の関係を支配する崇高な理想を深く自覚するのであつて、平和を愛する諸国民

の公正と信義に信頼して、われらの安全と生存を保持しようと決意した。」「平和を愛する諸国民の公正と信義」への「信頼」とは、当然のことながら日本政府による紛争や対立の政治的および外交的解決を真摯に追求する努力を意味していた。それと同時に、当時、世界の多くの国々および人々は、国際連合主導の世界平和の維持を強く望み、国際連合の指導力に大きな期待を寄せていた。日本政府も、憲法発布当時において、国際連合主導の安全保障体制——国連警察および国連軍の設置も含む——への立憲主義的コミットメントを前提としていたと思われる。

7．非戦主義

　第六の立場は、ここでは「非戦主義」ないし「非戦論」と名づけたものである。これは第9条の平和主義が単なる「反戦主義」にとどまりえず、むしろさらに一歩進んですべての戦争の違法化を目指していることからも、了解できる立場だといえよう。すでに見たように、国際政治と国際法の分野において戦争の違法化を求める動きは、第一次世界大戦後、綿々と継承されてきたのであり、日本国憲法の平和主義はこの戦争違法化の系譜に立脚している。また、とくに近代日本においてはこの「非戦論」の立場に立つ思想家や市民がかなりの数にのぼり、思想的立場を異にする多種多様な系譜や人々がこの「非戦論」の立場に立脚していた。これらの論者たちの議論を逐一見ていく紙数上の余裕はないが、代表的論者としては植木枝盛、内村鑑三、石橋湛山、矢内原忠雄、田畑忍、政池仁などがいた[14]。こうして憲法平和主義は、近代日本の「非戦論」の脈々たる思想的水脈によって豊かな滋養と支持とを受けてきたことは看過できない。

8．非暴力主義

　第七の類型は、クウェーカー派、M．ガンディー、M．L．キング牧師などにみられた「非暴力主義」ないし「非暴力抵抗主義」に基づく平和主義である。この「非暴力主義」は、しばしば絶対的平和主義のカテゴリーに帰属する「無抵抗主義」と同一視される傾向にあった。しかしながら、「非暴力主義」ないし「非暴力抵抗主義」は「無抵抗主義」とは明白に区別されて然るべき平和主義の類型である。というのも、既述したように

第Ⅱ部　現代の平和主義について——哲学、宗教、憲法の視点から

「無抵抗主義」とは一箇の高邁かつ勇敢な道徳的理想であるが、M. ウェーバーのいう「心情倫理」（動機の純粋性と理念の崇高性に力点をおく倫理的立場）に帰属する個人倫理の面が強く、国家の一般的政策には馴染まない性質を有しているからである。「非暴力主義」はそれ自体、個人の道徳的高潔さと正当性へのコミットメントを保持すると同時に、「無抵抗主義」との顕著な対比において「責任倫理」（政治における結果と実効性を考慮にいれる倫理的立場）の面をも内包し、両者を緊張のなかにも何とか架橋しようとする立場として理解することができる[15]。それゆえに「非暴力主義」は、政治的実効性とよい結果を志向する限りにおいて政治的立場ということもできる。I. カントの用語法でいえば、それはまた、道徳的「知慧」（Weisheit）と政治的「思慮」（Klugheit）とを弁証法的緊張において結合する「道徳的政治家」の立場だといえるかもしれない[16]。こうして「非暴力主義」としての徹底的平和主義の立場は、自らの道徳的正当性を主張するだけでなく、好ましい政治的結果をも求めるのであり、その意味で道徳的立場の表明であると同時に政治的姿勢でもある。

このようなガンディーやキング牧師らの「非暴力主義」は、日本国憲法の平和主義の法理を表現する一つの妥当かつ可能な立場ではなかろうか。この「非暴力主義」の場合も、前述の「非武装主義」と同様に、その安全保障構想は、憲法前文の「平和を愛する諸国民の公正と信義」への「信頼」に基づく平和外交を基調とし、国連主導の共通安全保障体制に依拠するものである。ただし、「非暴力主義」は「無抵抗主義」と異なって、敵国ないし敵対的集団による不当な攻撃や占拠や侵略に対しては抵抗する可能性を留保しており、しかしその場合、抵抗はあくまでも非暴力的手段——侵略者への非協力やゼネストやボイコット、良心的拒否や市民的不服従など——によって追求されるところにその特徴がある。この「非暴力主義」の立場は1970年代においては宮田光雄氏や小林直樹氏らによって擁護されたが、今日では次の世代に属する水島朝穂、君島東彦、寺島俊穂といった諸氏によって展開されている[17]。

憲法平和主義に関する「非暴力主義」の立場からの解釈は、一箇の適切かつ妥当性のある解釈上の見地であるといえよう。というのも、憲法前文に規定されている「平和的生存権」は、世界の人々の基本的権利の規定に

とどまらず、あらゆる国民の基本的権利であると理解することが可能だからである。さらにまた、第9条は必ずしも国民の自己保存の権利と自衛権とを否定するものではないからである。自己保存の権利も自衛の権利も、国民の「平和的生存権」の一部であると解釈することは妥当である。第9条が禁止しているのは一切の戦争を遂行する権利であり、そのなかにはいわゆる自衛戦争に訴える権利も含まれている。こうした解釈が適切であるとするならば、侵略を受けた国民は抵抗に打って出ることができる。この場合、ジーン・シャープが議論したように、防衛は基本的に「非暴力防衛」ないし「武力によらない防衛」であり、この防衛行為は「市民的防衛」もしくは「社会的防衛」の方式によって敢行される[18]。

9．戦争廃絶主義

　平和主義の第八番目（そして最後）の類型として検討したいのは、「戦争の廃絶」を目指す平和主義である。一応、これを「戦争廃絶主義」と名づけておきたいと思う。この平和思想は、西欧近代の歴史においてサン・ピエール、ジャン＝ジャック・ルソー、イマヌエル・カントなどの思想に溯るものである。さらにそれは、古代イスラエルの紀元前8世紀の預言者イザヤの思想にも確認できる平和思想である。カントの古典的著作『永遠平和のために』（*Zum ewigen Frieden*, 1795）は、この平和思想の一つの最も洗練された集大成であり表現であると見ることもできよう。カントのこの著作は、いくつかの注目すべき刺激的な論点を提示するものであった。例えばそれらは、軍隊の漸次的廃止、市民的憲法体制としての共和制の擁護、立憲主義的統治体制の必要性、自由な諸国家の平和連合の形成などの主張を含むものであった。カントはこれらの論点を雄弁に主張したが、それらは「すべての戦争の廃止」を成し遂げ、最終的には「永遠平和」を実現するために不可欠な条件として提示されたのである。カントはまた、平和の実現こそ「政治の最高善」であるという前提に立脚し、この前提的確信に基づいてこれらの主張をなしたのであった。この1795年の古典的作品において提示されたカントによるこれらの主張や議論は、その書を手にしたいかなる世代の読者にも衝撃的かつ斬新であることは否定すべくもないであろう。「戦争の廃絶」を訴えるカントの平和思想は明治日本の知識人た

ちにも衝撃を与え、当時の影響力のあった思想家たち——例えば、中江兆民、西周、植木枝盛、内村鑑三、安部磯雄など——にインスピレーションを与えた。これらの思想家たちは、おのおの多様な立場に依拠していたが、それぞれの仕方で軍隊を廃止し、戦争を廃絶すべきことを主張した。この著作が書かれてから1世紀半後の20世紀中葉には、この「戦争の廃絶」の思想は「国連憲章」においてその表現を獲得し、さらに「日本国憲法」のなかに受肉化された。戦後日本の平和主義は、この「戦争廃絶主義」の観点から理解した時にその理論的意味の核心が闡明されるといえよう。

III. おわりに
——憲法平和主義の持続的意義——

　いわゆる十五年戦争において日本の民衆は、向こう見ずで独りよがりの軍部と政府によって一連の残虐かつ愚かな侵略戦争に巻き込まれた。その結果は総計2200万人にも及ぶ外国の兵士と民間人を犠牲にし、日本人でも兵士と民間人を合わせて320万人の犠牲者を出した。この十五年戦争とも呼ばれるアジア・太平洋戦争は、人類の戦争の歴史においても最も凄惨な戦争の一つであった。日本国憲法は、こうした「戦争の惨禍」の直接的体験をもつ敗戦国民の基本法であり、被爆国の基本法である。平和主義の原理を奉じる日本国憲法は、戦争の悲惨さを体験した日本の民衆が喜んで迎え入れた国家の基本法でもある。またそれは、戦争は軍部が主導し、政府がそれを追認して起こるもので、戦争になれば、国民は浮き草のように権力者に弄ばれるだけだということをいやという程味わった国民の憲法にほかならない。

　この憲法は、一般民衆が十五年戦争期に堪え忍ばねばならず、精神と身体に刻み込まれた苦痛や苦難や生傷についての強烈な記憶を内に湛えた憲法でもある。したがってこの憲法は、「正しい戦争」、「正義の戦争」、「自衛戦争」という考え方に終止符を打った憲法だと言うことができる。というのも、満州事変も日華事変も、自衛と正当な国益の保護という大義名分のもとに戦われたことを一刻も忘れることが許されないからである。それ

第8章　戦後日本の憲法平和主義の一考察——その理論的意味について

ゆえに、憲法前文には「政府の行為によって再び戦争の惨禍が起ることのないやうにすることを決意し」という文言がみられる。憲法前文には自国の政府や軍隊への徹底した批判精神、懐疑主義が脈打っており、その批判的主体は主権者である一般民衆（国民）であることが前提とされている。

ここにおいて平和主義の原理の保障は、国民主権の原理、すなわち、民主主義の原理に委ねられていると言うこともできよう。つまり、軍国主義復活の歯止めとしての平和主義の保障を担保しているのは、主権者としての国民の意思と決意と責任であると認識されている。これは、西洋諸国における民主主義の発展の歴史と通則とはかなり異質な現象が、日本国憲法の法理において生起したことを物語っている。周知のごとく、西洋諸国の民主主義的伝統——なかんずくその共和主義的系譜——において国民主権は、同時に祖国を防衛する責任と義務を負う市民（国民）の概念を前提としていた。その名残は、例えば、「規律ある民兵」および「人民が武器を保有しまた携帯する権利」を承認している現存の世界最古の憲法典であるアメリカ憲法（1787年）の修正第2条（1791年）に見られるし、また市民が家庭に武器を備え、必要時には民兵として参戦することを制度化したスイスの民兵制度にも見られる。しかし、日本国憲法の場合、第二次世界大戦での凄惨な敗戦とその反省を契機に生まれた憲法であったという特殊な歴史的経緯のゆえに、平和主義と民主主義とのこのような緊密かつ必然的な結びつきが生じたといえるであろう。日本国憲法は、平和主義の原理を擁護し保障する制度的機制として、国民主権の原理——国家および軍部への懐疑と批判の主体としての国民の理念——をあてがい、第99条ではあえて踏み込んだ次のような規定を設けている。「天皇又は摂政及び国務大臣、国会議員、裁判官その他の公務員は、この憲法を尊重し擁護する義務を負ふ」。

さらに日本国憲法は、近代国民国家の主権的権力の相対化を前提とした憲法として理解すべきであろう。周知の通り、「交戦権」は国際政治の近代ウェストファリア体制においては国家主権の中枢的カテゴリーを構成している。したがって「交戦権」を否定する日本国憲法は、近代の国家主権の概念にとっては呪詛（anathema）のごとき存在であるといえるかもしれない。第9条1項は、「国権の発動たる戦争……は、国際紛争を解決する

手段としては、永久にこれを放棄する」と謳っている。さらに同条2項は、「陸海空軍その他の戦力は、これを保持しない。国の交戦権は、これを認めない」と宣言している。これらの条文が意味しているのは、地球の生存それ自体が国家主権の中枢的な構成要素である「交戦権」の除去に依拠しているという考え方にほかならない。こうして国家主権の自主的制限は、既述したように、とくに第9条の「戦争放棄」、「戦力不保持」、「交戦権の放棄」という仕方で主権の根幹部分である一切の戦争遂行権と軍事力をあえて放棄した点に認めることができる。「自衛権」は保持するとしても、「自衛戦争権」を放棄し、さらに国家が民衆を戦争に駆り立てる権力を保持することをあえて放棄しているわけである。こうして日本国憲法は、国家主権の自主的相対化を通じて、将来の世界平和の構築を促そうとするユニークな非戦国家の構想を保持しているといえよう。

　日本国憲法には近代の国家主権——とりわけ軍事主権——に基づいた安全保障論の主流、すなわち、国家安全保障論への批判的視座がみられる。国家安全保障論によれば、国民の安全を保障し「国益」を担保するアクターとして主権国家が想定されているわけだが、それは歴史的にみて、しばしば指摘されるように、内的矛盾をかかえこんでいる。第一の内的矛盾は、国家安全保障論の場合、自国の自衛のための戦力の整備と増強によって、近隣諸国を含む他の諸国との信頼醸成に裏づけられる平和外交のメカニズムが崩れ、不信と疑念の心理的悪循環がそこに始まるという点である。国際政治の修羅場では、この不信と疑念の心理的悪循環が昂じて、軍拡の悪循環を促すことは容易に予測できよう。もともと自衛のための戦力の存在であっても、他の諸国にとっては攻撃力としての脅威と受け止められる危険性がある。この事実は、日本の近代史においても、十五年戦争期にとどまらず、明治時代以来の「富国強兵」の歴史それ自体を通じて明らかにされてきた。国家安全保障の第二の内的矛盾は、軍隊は往々にして国民の生命と財産を護るという大義名分のもとに、しばしば自分たちの組織と時の政府を護るだけであったという点にみられる。十五年戦争について日本人が痛切に感得したことは、国家と軍部は他国民を侵略しただけでなく、自国民を捨てたということである。この典型的な事例は十五年戦争の末期の沖縄戦であった。

第8章　戦後日本の憲法平和主義の一考察——その理論的意味について

　日本国憲法に含意された世界平和のための制度構想は、すでに指摘したように、完膚無きまでの敗戦という日本の民衆の悲惨かつ屈辱的な体験、原爆投下の体験、餓死の恐怖、虚脱感のなかで受け止められ、大多数の国民によって支持されたのである。日本国憲法において民主主義の原理は平和主義の原理と緊密かつ必然的に結合されている。この民主主義と平和主義との結合は、確かに稀有な出来事に属するものであったかと思われるが、それは一面、上記の民衆の悲惨な敗戦体験と悔悟の念にその根拠を置いていたと考えられる。この民主主義は、それゆえに「謙遜な民主主義」（humble democracy）、あるいは戦争の惨禍の体験と虚脱感、罪責感と悔恨とを経由した「屈辱の民主主義」（humiliated democracy）たらざるをえなかったのである。

　この民主主義と平和主義との稀有な結合は、日本の民衆の悲惨な戦争体験と敗戦の屈辱感だけでなく、日本帝国の軍隊が十五年戦争期に犯した残虐行為への深刻な悔悟の念にも基づいていた。この民主主義と平和主義への民衆の切望、また両者の結合は、敗戦日本の瓦礫と焼け跡から生じたものであった。それは飢餓の民主主義であり、絶望の暗闇の後の希望に輝く平和主義としての意味をもった。ジョン・ダワーが『敗戦を抱きしめて』（1998年）のなかで注目したのは、敗戦国民が示した「悲惨、混乱、不平不満、憤怒」と共に「希望、活気、ヴィジョン、夢」であった。彼の指摘によれば、それらは「尋常ならざる混沌とした活力」を生んだにとどまらず、社会の各層、各世代が、必死に平和と新しい人生を追い求め、「よい生活、よい社会とはいった何なのか」を再考し始めるきっかけとなった[19]。戦後の「悔恨の共同体」は、敗戦と被爆という負の遺産——苦難、虚脱、餓死の恐怖——を基盤として、国民的汚辱と恥辱のもとで民主主義と平和主義を「抱きしめた」といえるかもしれない。それ以外に生きるべき道は見いだせなかったのである。平和憲法は戦争の焼け跡のなかから生まれた敗者の生存のための構想としての意味をもった。それは、当時の一般民衆のリアリズム、生活者のリアリズムとも呼ぶことが可能かもしれない。天は「戦争の惨禍」に打ちひしがれていた日本に将来の世界を切り拓く貴重な任務を与えたような印象がある。

　もちろん、将来の世界がどのようになり、どのような形姿をとるのか、

ということを予測することは、きわめて困難である。既述したように、日本の国政は「憲法政治」——それがいかに官製的なものであれ、擬似的なものであったとしても——の段階に入ったのであり、憲法改定について国内世論は二分されていると言ってよいであろう。民衆の意識における平和主義の後退は、一面、戦争世代の「体験的平和主義」が「経験的平和主義」となって次世代以降にうまく継承されなかったという冷厳な事実を突きつけている。同時にこのことはまた、敗戦直後の「悔恨の共同体」世代が共有した非戦・反戦・厭戦感情は、それ以後の世代の精神と身体に深く「受肉化」されることがなかった事実を示している。

日本国憲法による侵略戦争のみならず自衛戦争の原理的否定は、近代国家の歴史およびその理論史において一種のパラダイム転換を促すものと理解することが可能である。憲法前文のなかの次の文章、つまり、「われらは、全世界の国民が、ひとしく恐怖と欠乏から免かれ、平和のうちに生存する権利を有することを確認する」との文言は、このパラダイム転換のもう一つの表現として読むことができる。この「平和的生存権」は、どの国民によっても独占的に保持されるものではなく、世界のすべての国民、すべての人々に共有されねばならないのである。20世紀を一貫して、またその後もわれわれが経験してきた民主主義の苦悩は、一面、民主主義が実践と理論の双方において、国家の軍事主権パラダイムから自らを離脱させることができなかった点である。まさに民主主義と平和主義との必然的かつ緊密な結合の要請、ここにこそ、将来世界の展望にむけての憲法平和主義の持続的意義があるといえるであろう。

＊付記　本章の立論の一部はすでに千葉（2007b）において提示されていることをお断りし、この点につき読者の皆さまのご寛慮をお願い申し上げたい。

〔注〕
（1）Teichman 1986, pp. 1-12.
（2）Cf., Bellah 1975. 邦訳書（1983）。
（3）E.g., Arendt 1976, pp. 168-178. 以下をも参照。千葉（2003）、121-158頁。
（4）千葉（2007b）、61-68頁。

(5) Maki 1993, p. 39.
(6) E.g., Galtung 1996.
(7) 本書第10章に収録されたガルトゥング自身の論考「外交政策のプラグマティズムと平和運動のモラリズム」を参照。
(8) 寺島（2004）、188-191頁。寺島（2007）、38頁。以下をも参照。深瀬（1987）、89-91、131-135頁。
(9) 本書第11章に収録されたT. V. リードの論考「グローバリゼーションと21世紀におけるアメリカの平和運動」を参照。
(10) 本書第12章に収録されたD. コートライトの論考「もう一つのスーパーパワー」を参照。
(11) 太田（2007）、91-95頁。
(12) また、「無抵抗主義」とは一箇の政治的立場というよりは道徳的立場を意味している。
(13) 石橋（2006）、109-110頁。
(14) 千葉（1992）、95-112頁。千葉（2007a）、88-133頁。
(15) Weber 1982, SS. 57-67. 邦訳書、81-119頁。以下をも参照。千葉（1996）、108-119頁。
(16) Kant 1984, SS. 35-49. 邦訳書、291-306頁。
(17) 宮田（1971）、小林（1971）、水島（2001）、君島（2004）、寺島（2004）. 以下をも参照。千葉（2003）、Chiba 2005.
(18) Sharp 1990. 以下をも参照。寺島（2004）、213-259頁。
(19) Dower 1998, pp. i-v. 邦訳書（上）、i-viii頁。

〔参考文献〕

Arendt 1976. Hannah Arendt, *On Revolution* (New York: Penguin Books, 1976).

Bellah 1975. Robert N. Bellah, *The Broken Covenant: American Civil Religion* (New York: Seabury Press, 1975). 松本滋・中川徹子訳『破られた契約——アメリカ宗教思想の伝統と試練』（未來社、1983年）。

Chiba 2005. Shin Chiba, "A Reflection on the Pacifist Principle of the Japanese Constitution and on the Idea of Human Security" in *Toward a Peaceable Future: Redefining Peace, Security, and Kyosei from a Multidisciplinary Perspective*, eds., Yoichiro Murakami, Noriko Kawamura, and Shin Chiba

(Pullman, WA: Washington State University Foley Institute, 2005).

千葉（1992）．「内村鑑三——非戦の論理とその特質」（日本政治学会編『1992年度・日本政治学年報・政治思想史における平和の問題』1992年12月、岩波書店）。

千葉（1996）．千葉眞『アーレントと現代』（岩波書店、1996年）。

千葉（2003）．千葉眞「戦後日本の社会契約は破棄されたのか」（小林正弥編『戦争批判の公共哲学』勁草書房、2003年）。

千葉（2007a）．千葉眞「非戦論と天皇制問題をめぐる一試論——戦時下無教会陣営の対応」（『内村鑑三研究』第40号、2007年8月）。

千葉（2007b）．千葉眞「公共哲学として視た平和憲法」（千葉眞・小林正弥編『平和憲法と公共哲学』晃洋書房、2007年）。

Dower 1998. John Dower, *Embracing Defeat: Japan in the Wake of World War II* (New York: W. W. Norton & Company, Inc., 1998). 三浦陽一ほか訳『敗北を抱きしめて』（上）（下）（岩波書店、2001年）。

深瀬（1987）．深瀬忠一『戦争放棄と平和的生存権』（岩波書店、1987年）。

Galtung 1996. Johan Galtung, *Peace by Peaceful Means: Peace and Conflict, Development and Civilization* (London: SAGE Publications, 1996).

石橋（2006）．石橋政嗣『非武装中立論』再刊（明石書店、2006年）。

Kant 1984. Immanuel Kant, *Zum ewigen Frieden*, hrsg., Rudolf Malter (Stuttgart: Philipp Reclam jun., 1984). 遠山義孝訳「永遠平和のために」（『カント全集』第14巻、岩波書店、2000年）。

君島（2004）．君島東彦「『武力によらない平和』の構想と実践」（『法律時報』第76巻・第7号、2004年6月）。

小林（1971）．小林直樹『憲法第九条』（岩波新書、1971年）。

Maki 1993. John M. Maki, "The Constitution of Japan: Pacifism, Popular Sovereignty, and Fundamental Human Rights," in *Japanese Constitutional Law*, eds., Percy L. Luney, Jr. and Kazuyuki Takahashi (Tokyo: University of Tokyo Press, 1993).

宮田（1971）．宮田光雄『非武装国民抵抗の思想』（岩波新書、1971年）。

水島（2001）．水島朝穂『武力なき平和』（岩波書店、2001年）。

太田（2007）．太田義器「絶対的平和主義と憲法」（千葉眞・小林正弥編『平和憲法と公共哲学』晃洋書房、2007年）。

Sharp 1990. Gene Sharp, *Civilian-based Defense: A Post-military Weapons System* (Princeton: Princeton University Press, 1990).

Teichman 1986. Jenny Teichman, *Pacifism and the Just War* (Oxford: Basil Blackwell, 1986).

寺島 (2004). 寺島俊穂『市民的不服従』(風行社、2004年)。

寺島 (2007). 寺島俊穂「憲法第九条と戦争廃絶への道」(千葉眞・小林正弥編『平和憲法と公共哲学』晃洋書房、2007年)。

Weber 1982. Max Weber, *Politik als Beruf*, 6 aufl. Berlin: Duncker & Humblot, 1982). マックス・ウェーバー『職業としての政治』(脇圭平訳、岩波書店、1980年)。

第Ⅲ部

現代の平和の外交政策と平和運動について

第 9 章

21世紀における外交政策の原理を求めて

トマス・ショーエンバウム

（山中佳子 訳）

Ⅰ．序論

　21世紀の最初の10年も終わりに近づきつつある今、国際関係は規模も影響力も多様に異なる世界の192にも上る国々の外務省庁によって担われている。今日、世界の国々の人口は65億人を超え、史上最大の規模となっている。世界は混沌と危険に満ちており、いわゆる国際的な「紛争」（conflicts）は42を数える[1]。「紛争」とは、戦争を引き起こすか、もしくは引き起こしかねない国際的な不調和と定義することができる。そしてこれらの紛争のうち、少なくとも1年間に1000人の死者を出している八つの紛争については、国際連合（以下、国連）により「主要な戦争」（major war）と定義されている[2]。

　このように現在の世界情勢は劣悪であるが、過去は今以上にひどいものであったともいえよう。20世紀は人類の歴史の中で最も凄惨な時代であった。2度の世界大戦だけをとってみても、7000万人から8000万人の死者を出した。そして1946年から1989年にわたって冷戦が起こり、この戦争は、一方におけるアメリカおよびその連合国と、他方のソビエト連邦（以下、ソ連）およびソ連の支援のもとで世界の至る所に成立した共産主義諸国との間で起こり、世界中がこれに巻き込まれた。アメリカとソ連との間の直接の戦争は免れたが、多数の国々の間で数多くの代理戦争や暴動が引き起こされ、数千万人もの死者と広範囲にわたる破壊がもたらされた。

　1989年から1990年にかけての冷戦の終結ならびにソ連の崩壊をもって、

世界は順調に新しいスタートをきったかのように見えた。アメリカの「勝利」は、アメリカの何らかの行動によってもたらされたというよりは、ソ連と共産主義体制が内在的にもっていた脆弱性によるものであったが、それによってアメリカは、疑いようもない世界の唯一の超大国となった。しかし、アメリカは新しい指導者としての役割を拒否したのである。1991年にイラクのサダム・フセインの勢力をクウェートから成功裏に追放するという、外交上の、そして指導者としての能力を存分に示したが、しかしその後、アメリカは、1993年にソマリアにおいて平和維持軍の屈辱的な失敗を経験した。結局のところ、アメリカは狭い自国の国益優先主義に逆戻りし、地球規模の問題と取り組む指導者の地位には二度と立たなかった。今日、冷戦の終結からおよそ20年が経とうとしているが、アメリカが1989年の勝利の機会をうまく活用できなかったことは明らかである。1990年に多くの人々は、自信たっぷりに「世界の新秩序」はアメリカの統率のもとに実現されると予想したが、その種のことは何も起こらなかった。それどころか、過去17年間にわたり、アメリカの外交政策を任された統治者たちが犯してきた大きな過誤と誤算と間違いとは、アメリカの指導力を修復不可能な状態にまで貶めたのである。現在、アメリカが世界最大規模の経済力と軍事力を保持するにもかかわらず、世界の多くの国々は、アメリカの提案や政策を無視するか、あるいは反対するかのいずれかの態度を取るのである。

　われわれは、今まさに「多極化」（multi-polar）と呼ばれる世界に生きている。アメリカは、軍事的、経済的に強大な影響力を振りまきつつも、その勢力と名声を維持し続けている。そして、明確な敵も示さずに、国際的支持もほとんどないまま、一方的な「テロへの戦い」を打ち出したのである。他の国々はといえば、必要な時にのみアメリカを利用し、そうでない時は独自路線を歩んでいるような状況である。このような国際的勢力の間における不調和は、中国、ロシア、インド、ブラジル、ナイジェリア、イランなど、世界のあちこちで見受けられた。この多極化傾向は、21世紀の始まりにすぎないのと同時に、21世紀を特徴づけるものとなるのかもしれない。

　多極化傾向は、国家が関与している限り進み続けるのであるが、その一

第9章　21世紀における外交政策の原理を求めて

方で、われわれが21世紀を捉える上で重要なのが「グローバル化」(globalization)の概念である。かつては、個々人が世界中で交流したり、旅したり、仕事したりということは考えられなかった。しかし、完全には程遠いものの、通信手段、交通手段、そして技術は進歩しているのであり、それによって世界が新たな方向に進んでいることは、否定のできない事実である。実際、商品やサービス、そして資金が、今までにないほど自由に世界中を飛びかっているという現実と共に、世界各国の政府は、北朝鮮などの例外は除いて、多かれ少なかれグローバル化を受け入れていると言えよう。グローバル化が多少の悪影響をもたらしてはいるものの、世界経済はこれまでになく堅調である。グローバル化へ向けた動きは確実に強まっていき、21世紀の重要な性質の一つとなるであろうことは、ほぼ間違いない。

　多極化とグローバル化が、世界に何をもたらすかを予測することは出来るだろうか。もしかすると、特に過去100年間と比べると、平和で豊かな時代となるのかもしれない。武力衝突は慢性的に起こっている地域に限られるだろうし、戦争による死者数は、過去の大虐殺に比べると少なくなるだろう。世界の経済的生産量は膨大で、今も増え続けている。世界のどの大陸も、今までにないほどの発展ぶりである。新しい技術は、われわれの生活に活気を与え続けている。20世紀に起きた大規模の混乱が起こるといったことも考えにくいのである。

　しかし、このような状況は一瞬のうちに変わりうるのである。核、生物・化学兵器といった大量破壊兵器の拡散は続いており、将来には、非国家主体が、それらを国家と同じ権力をもって使用するようになることであろう。国際舞台は表面上は落ちついて見えるが、大きな危険な問題が、隠れて存在している。多くの民族衝突は未だ解決されずに残っている。人権は多くの国で形骸化している。地球規模の自然災害が多発している。数十億の人々が食事や水、住居を十分に得ることも出来ず、1日に3ドル以下で暮らしている。病気や自然災害で数百万人が被害を受けている。つまり、世界は決して安全であるとは言えないのだ。たとえハルマゲドンが来なくても、私たちは助けを求めて泣き叫びたくなるほど難解な、多数の問題に直面しているのである。

それでは、21世紀の外交政策はどのようにすればよいのだろうか。これは全世界にとって一律に問われる問いであるばかりでなく、現時点で最も重要な問いですらあるのだ。世界が繁栄するか滅亡するかは、192ヵ国の外交機関が採る決断によって決まるのだから。

このような問いへの答えは実に明快である。破滅を避け、21世紀の世界が抱える困難を切り抜けるためには、全世界の外交政策が、可能な限り、国際法と、国連のような多国間機関を基に行われるべきなのである。もちろん、これは問題に即座に効く特効薬、といった完璧な答えではない。国際法にも多国間機関にも深刻な欠陥はあるからだ。しかし、その他の代替策よりははるかにましな答えなのである。この論文では、なぜ、国際法や国際機関を軽視するのではなく、むしろ可能な限り強化する必要があるといえるのか、について、事例も交えて説明していく[3]。

Ⅱ．現実主義とユニラテラリズムの愚かさ

国際法と多国間機関への依存は、もちろん、外交政策に対する従来の見解に反するものである。なぜなら、国際政治に対する従来のアプローチは、実務家、学者にかかわらず、国家にプラスに働く国益を国全体で追求する、という考えに端を発するのであるが、このアプローチを用いて国家が国際舞台に国益を見出すためには、権力を保有し、行使する必要があるからである。その権力とは、軍事、経済、社会、外交、文化といった様々な要因によってもたらされる。21世紀で最も高い評価を受けている政治理論家の一人のハンス・モーゲンソーは、1965年に、「国際政治は権力闘争であり、そしてその究極の目的が何であれ、権力がその当面の目標であり、権力をいかに獲得、維持、そして行使するかによって政治行動が決定されるのである」[4]と述べている。

権力に重点を置いて国益の概念を形成する、国際関係上のこの観点は、「政治的現実主義」（political realism）と呼ばれている。この政治的現実主義者によると、外交政策関係者は、追求すべき国益を特定し、その国益を追求するために何が必要かを計算するのである。この計算過程においては、

第9章　21世紀における外交政策の原理を求めて

国益と権力とが切り離しがたい関係にあることは明らかである。同様に、この考え方だと、どのような場合も同じような結果に辿り着くことになることも明らかである。つまり、結果の合理性と政策決定者の能力とを前提にすると、より強い権力はどの国際取引にも常に影響する、という結論になるのである。

この「現実主義」の立場で考えると、さらに特記すべき特徴が浮かび上がってくる。まず最初に、国際舞台は基本的に秩序やどの種の政府も存在しない「無政府状態」であるということである。無政府状態であるということは、国家がそれぞれ好き勝手な行動をとるということである。この観点の支持者にとっては、「国際社会」という言葉は実質的な意味を持たないのである。

二番目に、ほとんどの場合、国益は国によって基本的に異なるもので、共通する部分は全く、あるいはほとんど存在しないということである。現実主義者の中には、共通の国益の存在を認める者もいるが、その者たちは、共通しない部分の方がより重要であると主張する。

三番目としては、国家間で相互協力をすることは、不可能、もしくは大変困難であるいうことである。現実主義者によると、たとえ共通の国益が存在したとしても、国家は構造的に協力関係を拒む傾向があるのだ。このような問題は、「ゲーム理論」の中の有名な理論的枠組みである、いわゆる「囚人のジレンマ」として知られているものである。それは、警察の留置場にいる二人の囚人が、二人が共同で犯したと疑われる罪について質問されるというものだ。二人の囚人は、別々に質問され、お互い意思疎通は出来ない。そして各々が警察から、もし自白すれば、寛大な措置を受けるだろうと告げられる。二人の囚人にとって最もよい結果は双方が協調し黙秘し続けることであり、その結果、警察が十分な証拠を得ることが出来なかった場合、双方とも釈放されるのである。しかし、各々の囚人には、相手を巻き込む、もしくは自白することにより、この状態から抜け出すことができるという強い誘因が存在する。そして、国際関係においても同様に、国家は協調の利益を持つと同時に、各国家が協調から「離脱」し、何の責任や負担も課されることなく協調による利益を享受する「フリーライダー」となることについての強い誘因を有する。そのため、国家間の協調がうま

くいかないかもしれない、ということが考えられるのである。

現実主義者からすると、権力の行使を伴った外交政策は、基本的にはユニラテラル（一国主義的）な性質をもつ。ユニラテラリズムとは、国際的合意や国際機関といった要素を考慮せず、国家が独自の行動をとることを意味する。したがって、現実主義者にとって、国際法は意味を持たないのである。彼らにとっての「協力」とは、ユニラテラルな決断をし、他の国々を「便宜上の連合」へ参加を促すため権力を行使することである。このような政策決定過程の典型例としては、2003年のイラク侵攻の際のアメリカの決定を挙げることが出来る。アメリカ政府の上層部は、密かに且つ一国主義的に戦争の開始を決定し、イギリスを始めとする35ヵ国のアメリカを支援する国々の協力を得るために、様々な方法で権力を行使したのである。

ここまで論じてきた中で、私が描く現在の外交政策についての様相が正確ではない、と思われる方もいるだろう。その方たちは、全ての現代国家が関与する多くの国際「レジーム」や政府間組織、また多国籍企業や非政府組織等の非国家組織の外交政策決定へ与える影響について指摘するのであろう。そして、世界もその指導者達も、もはや現実主義やユニラテラリズムではなく、より多くの他の要因に基づいて外交政策を決定しているのだ、と主張するのであろう。

私は、伝統的な「現実主義」が複雑な現代世界の中で多少修正されたことは認めるが、現実主義の理論的枠組みが、その呼称を変えつつもいまだ健在であることもまた事実である。世界の指導者達は、いまだ「国益」を重視し、そのため、国家間の権力関係の調整が、いまだ重要とされているのである。このことを示す例は多くある。イランと北朝鮮による核兵器、核物質の開発は、明らかに彼らの権力行使や国益のためのものである。他の例で最近のものとしては、エネルギー資源を、隣国を脅し優位に立つための強力な武器として使うために、ロシアが石油とガス資源を全て国有化するとの決定を下した例を挙げることができる。また、アメリカにおいても、2007年8月に民主党の大統領候補指名選挙の候補者であるバラク・オバマ上院議員が、アフガニスタンとパキスタンのテロ地域に攻撃する際、核兵器を使用しないと発言し、大変な政治的問題となった、という例を挙

げることが出来る。

　もちろん、現実主義はいまだ健在であるだけではなく、過去半世紀の新しい政府間組織の設立、グローバル化、共産主義の崩壊と冷戦の終わりと、めまぐるしく変化した世界の中で、現在においても多くの政治家から大きな支持を受けている概念でもある。ジョセフ・ナイやロバート・コヘインといった学者達は、この最近の新しい世界の状況を、「複合的相互依存」（complex interdependence）といった言葉で表している[5]。この「複合的相互依存」体制という言葉は、国家と政府間組織が同盟関係とつながりで結ばれた多国間交流網が、他国家や国際組織に依存することで成り立っている、という意味を表している。しかし、この「相互依存」も現実主義の影響を色濃く受けている。というのも、この「相互依存」体制とは、無政府状態を和らげるため、そして協調を促進するため形成される「有志連合」と大差ないという意味で弱点を持つ国際レジームだからである。世界のどこにも国際レジームを強める要因がほとんど存在しないので、大国は国際レジームを簡単に無視することが出来るし、実際無視するのである。国家が国際レジームを重視する時というのは、たいてい権力や国益にプラスになるときである。こうした国際レジームの脆弱性を示す事例としては、近年の国連の状態がある。国連運営の基本的方針である満場一致での議決の方法は時代遅れであることは周知の事実であるが、かといって現代的状況に適合する形での改革については合意は見いだされないままである。その結果、1945年の世界を反映して軍事力の行使を独占し、世界で最も強力な国際機関として組織された国連安全保障理事会が重大な欠陥を保持している事実が、浮かび上がってくる。国連安全保障理事会において、拒否権発動の権限を持つ五つの常任理事国の中で、その優位な地位を進んで放棄しようとする国は一つもない。そのため、安全保障理事会の拡大案、役割の修正案は勢いをなくしている。つまり、今までのところ、複合的相互依存の概念と国際レジームとは、現実主義のパラダイムを根本から変えることに失敗しているのである。

　冷戦中、国際関係の中で、「穏健なヘゲモニー」（benign hegemon）の立場をとっていたアメリカによって、現実主義は緩和されていた。世界的な同盟組織と経済的、軍事援助を通じて、アメリカは、従来の権力の均衡に

基づく地政学的なシステムを、安全保障と抑止に基づく新しいシステムに変化させていったのである。アメリカは、その指導者としての地位を、順調な経済と支援政策、そして頻繁な協議によって保っていた。そして、敵対勢力は抑止し、封じ込め、時には軍事的介入も行ったのだ。

冷戦終結以来、このアメリカの穏健なヘゲモニーというシステムは崩壊したが、それに取って代わるものは何も見つからなかった。アメリカの外交政策は、クリントン政権下にあった8年間で方向性と実体とを失ったものの、ジョージ・ブッシュ政権下で例外主義と優位主義に基づいた新しい方針を取り入れることとなった。2001年から今に至るまで、アメリカの政策決定者は、アメリカの安全保障は自由市場や民主主義に代表されるように、経済的にも政治的にもリベラルな立場でいるべきである、という態度を貫いている。事実、アメリカは国際情勢において、自国で決定した政策と完全に一致しない限り、マルティラテラリズム（多国間主義）と法とを拒絶している。その結果、アメリカは国連や国際刑事裁判所、国際司法裁判所、そして国連気候変動会議（UNCCC）といった多数の国際レジームを拒絶し、その影響力を弱めてきたのである。アメリカは、アメリカが敵国とみなす国々に関する「レジーム変動」も含めて、その権力を伴ったあらゆる種類のユニラテラリズム的行動を起こす権利を主張しているのだ。

このアメリカの、指導力行使における失敗と、この多極化社会における他の国々の指導力不足の結果、世界の平和、安全保障、富は危機にさらされるようになってきたのである。世界は現状を十分把握しないままに、災いを招いているのみである。今こそ、21世紀の国際関係における、冷戦後の世界の状況を反映した新しいパラダイムを採る時なのである。

Ⅲ．自由主義的国際主義の場合

21世紀の変化に合うように、そして過去の過ちを繰り返さないように、外交政策と国際関係を正しい方向へと導く新しいパラダイムが求められている。戦争や過去の災禍から人類を救うために、現在行われている国際関係の将来を見越したうえで、その新しい土台をどのように構築していくか

第 9 章　21世紀における外交政策の原理を求めて

を明確にしなければならない。つまり、われわれは、現状はどうかということを議論するのではなく、これからどうすべきかという点に注目する必要があるのである。これまでの経験に基づいて現状を分析するよりも、むしろ、これからの世界がどのように秩序づけられるべきか、また外交政策決定者がどこに重きを置くべきか、といった、国際関係における規範的な理論について考えるべきなのである。

　出発点は、今日における世界の非調和状態と192カ国の外交方針の国際的無秩序と呼ばれるものをいかに改善するか、に焦点を置くことである。つまり、過去150年間で、惨めな結果に導いた外交政策決定の理論的枠組みについて考えることである。伝統的な現実主義者も、また新現実主義者も政策決定を担っていたにもかかわらず、成功したということはできない。過去の外交政策の核となる概念、つまり（1）大国間の権力バランスの維持、（2）同盟国間の包括的安全保障、（3）「穏健なヘゲモニー」（近年アメリカ）への依存、は上手く機能しなかった。われわれは、国際関係において、これらや他の方法に取って代わる、新しい基準を必要としているのである。

　そもそも、国際関係において過去よりも広い目標を設定する必要がある。国家防衛の最大化を目標とする、国家安全保障に重きをおいたアプローチに満足していてはだめなのである。21世紀の国際的福利に対する主な脅威としては、病気や貧困、基本的人権の欠乏、環境の悪化、政治の腐敗、そして民族的、文化的な不安定が挙げられる。21世紀には、「人間の安全保障」（human security）という新しい安全保障の観点も現れている。「人間の安全保障」は少なくとも、国家安全保障、人道上の安全保障、環境面での安全保障の三つの次元に分けられる。この新しい定義は、国際的な脅威はもはや外部からの攻撃によって生じるのではない、という事実を反映している。国連安全保障理事会は、1992年1月31日、冷戦後の安全保障について、以下の理解を示した。

　　「国家間の戦争や軍事的衝突が存在しないことそれ自体は、国際的な平和や安全保障を保証したものではない。何の軍事的原因もない、経済、社会、人道、環境の面における不安定とが、平和と安全保障に対

する脅威となってきている。国連の加盟国は全体として、適した枠組みを通じて、これらの問題の解決を最優先事項として臨む必要がある」(6)。

そして次に、過去の使い古された方針と政策を、この新しい国際安全保障の枠組みに置きかえるためには、戦略的な政策が必要である。そして、その最善の方法は、法の支配に拠った国際社会の新しい枠組みを形成することである。法の支配は、国際社会だけでなく国内秩序に対しても必要不可欠である。国際的な法の支配の形成に不可欠な要素は、(1)国際法の尊重と、(2)国際機関の活用の促進、の二つである。国際法とマルティラテラリズムが、現実主義、ユニラテラリズムとに取ってかわり、21世紀の外交政策の新しい試金石とならなくてはならないのだ。

この、急進的で新しい政策を始めることに異議を唱える者もいるかもしれないが、世界が国際的な法による支配体制の形成に向けて動くべきだと信じる三つの理由を、以下に掲げる。まず最初の理由としては、私が、「構成主義」における、高次の権威や政府が欠如している国際的「無秩序」状態は法的関心をも無にする、という新現実主義理論の基本前提は間違っている、との主張が正しいと確信していることを挙げたい。

無政府状態が国家システム特有のものであるとされる理由は、単に国家それ自体がそのような前提を採用しているからである。つまり、無政府状態は、構成主義者の主張の範囲では、国家の多数派によって人工的に「作られた」ものなのである。無政府状態は、国家同士の関係にのみ存在するわけではない。構成主義によると、国家それ自身が、特に権力のある国家それ自身が、国際的規範や法則に従い、国際機関を通じて動くことで、この無政府状態から抜け出すこともできるのである(7)。

二番目の理由として、21世紀の世界は過去とは大いに異なるということを挙げる。われわれは、人類史上初めて、かつて予想できなかったほど即時の交流、物やサービス、資源、そして人の自由な移動といった、真に「グローバル化」した世界に住んでいる。このグローバル化によって、国際関係の中の国家システムと新しい概念に変化の道を開いた。過去、各国はそれぞれの思想や利益を持ち、国際外交や取引の中でそれらを追求した。

国家にとって国益は最優先事項であった。国際関係は大概、勝者が出る一方で必ず敗者が出るゼロ・サム・ゲームであり、双方共に得をする（win-win）取引は例外的なものであった。こうした状況の中で、無政府状態や現実主義思想が発達するのは仕方のないことであって、過去の国際社会は、各々の国益を追求していく原子論的で、利己主義的な国々で組成されているものであったと性格づけられることだろう。

　しかしながら、今日の世界では、個々の国家利益はもはや最重要のものではない。いまや、国際的な関心の集まるほとんどの分野において、地域規模での、そして地球規模での利益が優先される。例えば、経済面では、1940年代から緻密に組み立てられ、歴史的にも世界に多大なる富を与えてきた世界経済の流れから外れては、いかなる国家も、大国でさえも繁栄することが出来ないのである。環境面においても、全ての国家が、全世界に影響し得る環境の悪化に対する対処法に関心を示している。つまり、いかなる国家も、隣国の、そして地球の反対側の国家の環境政策にさえ影響されずにいることは出来ない。いかなる国家も、他国の病気、貧困と無関係でいることはできない。今日の世界では、そのような災いの影響が全ての国家に広がるのだ。したがって、21世紀では、過去とは違って、国家間共通の利益が存在し、そのような共通の利益は、協調した行動によってのみ十分に満たされるものである。いかなる国家もこれらの共通の利益を自国だけで十分に満たすほど強くはなく、もしくは個々の利益でさえ、多国間の国際的支援がなければ達成できない場合すらあるのだ。

　法の支配を国際関係の中で形成すべき時が来た、とする三番目の理由としては、ここ60年間の国際法と国際機関のとてつもない成長と、第二次世界大戦後の新しい世界の始まりとを挙げることができる。それらは1945年の国連憲章と共に始まり、いまだ重要な位置を占めているものである。しかし、人間が関わる全ての領域において、いまや多政府間組織と同様の、国際法の拡張された主体が存在しているのだ。もちろん、国際法と国際社会の構築作業は完成していないし、いまだ進行中なのであるが、今までにすでに多くの構築作業が行われてきた。もちろん、国際機関はより強められ、国際法は改正される必要があるけれど、われわれは良いスタートを切ることができたと言えるだろう。国家が、特に影響力の強い国家

が望むならば、21世紀のための新しい地球規模の秩序を構築することができるのである。

スウェーデン外相であるライラ・フレイヴァルズとイギリス外相であるジャック・ストローがこれについての見解を示している[8]。

> 「国際法は全ての国際関係における共通の基準であり、われわれがより安全で繁栄した世界を築くため努力する時、その中心にあるものである。国連を中心とする戦後の多国間システムは、60年もの間世界の主要国が衝突するのを防いできた……国際法は包括的な行動を構築する枠組みでもあるのだ。」

このことが、本当に実現することを願ってやまない。

Ⅳ. 新国際秩序の諸要素

21世紀における国際関係を導く新国際秩序を構築するためには、二つの主要な要素がある。その二つとは、(1) 国際法の尊重と、(2) 国連のような多国間機関の適切な使用である。以下にその詳細を述べることとする。

1. 国際法

国際法は、長く様々な歴史を有している。その歴史は、少なくとも、17世紀に国際法の創設者として知られているオランダの法学者であるヒューゴ・グロティウスが、主権国家による戦争への関与の法的抑止についての論文を執筆した時代にまで遡る[9]。しかし、そのような古い歴史にもかかわらず、今日の国際法は、世界の法の多くの国家的仕組みと比較すると、弱く散逸した仕組みである。その理由はおそらく、世界中の国民国家の台頭により、国家の法的システムが複雑化・高度化したためであろう、と考える。法律家は、特に弁護士と裁判官は、一国の法的仕組みに精通するためでさえ、長い年月をかけ学び、訓練する必要がある。この理由は、

国家の法的仕組みが、大きく考えて二つの同じような「類型」、つまり法体系と成文法とを法の適用の中心に据えるものと、ある事例に対し、裁判官が下した法的解釈と判決とを重視する慣習法を中心とするものとに分けることが出来るにもかかわらず、国家の法的仕組みが各々著しく異なるからである。一方、国際法は、国家の法的仕組みに強く影響されてはいるが、一国のそれとは違って、少なくとも理論上は地球規模で適用できる法的仕組みであると言える。したがって、全世界の法律家が同じ法体系を学び適用しなければならない。国際法は固有の特徴的な性質を有している――最も重要なものとしては、法源、解釈手法、紛争解決、実施、制裁方法などを挙げることが出来る。

法源に関して、国際社会には世界政府や承認された立法機関が存在しないので、国際法システムは、精巧な法源と法形成の仕組みを成長させてきた。国際法の法源は、三つの主要な、そして二つの副次的なものとに分けられる。

主要な法源

・条約（treaty law）

条約は、広義には、国家と国際組織間で締結される全ての種類の合意を含むものである。しかしながら、条約は独特の立法方法を有しているため、一般的に、非加盟国の法的義務や権利に対しての影響はない。条約は二国間又は多国間で結ばれるが、重要な「立法」に関する条約のほとんどは多国間で、多くの場合は多数の国家間で締結される。条約の例としては多数あるが、国連海洋法条約、気候変動に関する京都議定書、北米自由貿易協定（NAFTA）などを挙げることが出来る。また国連憲章のような、特に重要とされる条約の多くは、地球規模で結ばれ、ほぼ普遍的なものとなっている。現在、国連法務部には40万以上の条約が登録されている。

・慣習法（customary law）

慣習は、繰り返され広く遵守されることを通して、法的義務へと概念を変容し、法を形成することができる。慣習が「法」となるためには、二つの要素が必要である。一つ目の要素としては、一般慣行としての慣

習であって、どのような種類の実行、表明も、広範囲で、且つ比較的長い期間適用されているということである。二つ目の要素としては、関連する国家実行が、単なる国家礼賛や儀礼ではなく、法的義務にすべきである、という認識を明示することである。慣習法は、明らかに適用が困難であり、また、大抵の場合、その規範は曖昧なものである。このような慣習法の一つの例としては、国家は、その領域内において他国に甚大な損害を与えることを回避する義務があり、また損害を与えた場合には補償をする責任がある、というものが挙げられる。慣習法はしっかり定義されておらず不明確なものであるため、大抵の場合、条約になることでより基準が明確化される。例えば越境大気汚染条約（1979年）は、国境を越えて影響を及ぼす一定の形態の大気汚染に、特に合意した制限を設けるために43カ国によって締結されたものである[10]。

・法の一般原則（general principles of law）

国際法は、一般的に受け入れられ、国家の法システムの基礎の一部とされる「法の一般原則」を、法源の一つとしている。このような一般原則には、平等原則や法の適正手続といったものが含まれる。

副次的な法源

・国際法廷の判決

国際司法裁判所（ICJ）のような国際法廷の判決は、直接には係争当事者のみを拘束するが、後の法廷が判断をする際には、過去の判決や理論、そして解釈に整合性を持たせる必要があるため、このような判決はどの国家にも普遍的影響を持つものといえる。後の法廷の決断は、一般的に同様の、もしくは似た事例に対する過去の判決と一貫した立場で行われるものである。

・法の専門家の著作物

国際法の形成においては、学者や専門家の著作や観点から大きな影響を受けることが多くある。

主に国際法を形成し、また国際法から恩恵を受けるのは国家であるが、国際法の仕組みは国家以外にも影響を及ぼしている。たとえば、国際組織

が国際法を形成することもあるし、企業や他の経済主体、そして個人も国際法により法的権利を有し、義務を負う。例えば、海洋における石油の流出については、石油の所有者やタンカーの運転者が、多数の条約により法的義務を負うこととされている。そして、全ての人間が国連の人権システムの下では（少なくとも理論上は）、人権保護を受けることとなっている。個々人もまた、国際犯罪に対して制裁を与えられることとされている。

国際法は、一般的な法と同様に、それに関係する国家、組織、個人に対し多大な影響力を持つものである。法を伴わなければ、相互間の権利と義務を共有している団体による社会集団は形成できないと言えよう。法は、国内において、その権限の管轄内の全ての人間を、他の人間と関連づける機能を有している。例えば、あなたは日常、よく知らない、あるいは全く知らない何千もの人間とすれ違ったり関わったりするだろう。しかし、法は、契約の履行や負債取引、誰かを故意にあるいは過失で傷つけないことなどについて、あなたが全ての人間を平等に取り扱うことを要求する。したがって、法を通じて、あなたは赤の他人も含め、この社会の全ての人と関わりあっているのである。このようにして、法は市民社会と社会の交流を形成し、維持している。

国際法は、国際的な場において国内法と同様の役割を担っている。国家、国際組織、そして個人は、国際社会において法を通してのみお互いに接点を持つのだ。国際社会の維持は法の義務の維持にかかっている。

もちろん、法のいかなる仕組みにおいても、法的義務が普遍的に守られるわけではない。国際法も、国内法が破られるのと同様に破られることはある。過去半世紀において国際法が素晴らしい成長を遂げたにもかかわらず、国際的な、法による真の支配という状態をもたらすためには、更なる成長が求められている。特に、アメリカに代表される大国は、潜在的な法の違反者を抑圧し、国際的な問題や紛争の解決のための重要な基礎として寄与するため、国際法の改正において自分達の優位な地位を明らかにする必要があるだろう。そして、法の実質的内容の改善のみならず、以下の四つの重要な手続き的内容の強化が必要である。

(1) 実施（Implementation）

国際法が国際関係の基礎となるにあたり、全ての国が、関連する国際法規範を自らの政治的・法的仕組みにおいて即座に実施する必要がある。しかし、国際法規範が国内法を拘束することとなれば、国家はそれぞれの法体制に整合させる必要があるため、実施は困難である場合が多い。例えば、日本では、首相が関連法規を内閣に提出することにより実施が達成され、アメリカではもっと複雑で、多くの場合上院の3分の2の承認が必要である。

(2) 遵守（Compliance）

一旦国際法が施行されたら、形成された法規範は十分に遵守され実行される必要がある。国際問題を解決するために法が形成されると、その法の遵守というのが最も重要となってくるのである。

(3) 強制（Enforcement）

もし、国際的法規範が承認されたにもかかわらず、実行も遵守もされない場合に、他の関係する国家や個人が、その規範の遵守を強制するため何らかの措置を取れるかどうかが問題となる。「強制」は伝統的に国際法体系における弱点ではあるが、それでもその弱点を補う様々な強制方法が考えられる。そして、国際規範の新しい強制方法が編み出されるべきであり、事案によっては国際法廷が判断を下すべきであろう。罰金、報復、あらゆる形態での制裁など強制的な手段があるが、法を実行、遵守させる誘因となるようなものを、強制の手段として用いた方がより生産的であろう。また、深刻な事態における強制手段としては、国連安全保障理事会などの国際主体も関与させることができるだろうと考える。

(4) 紛争解決（Dispute Resolution）

紛争は、国際関係において日常的に起こるものであり、多くの場合、法的な次元で解決できる部分がある。国連憲章33条は、全ての国家に国際紛争を平和的手段によって解決することを要求し、その手段としては、より洗練、多様化されたものが近年考え出されてきた。交渉と外交手段を利用する方法は、いまだに国際紛争解決において頻繁に使われるものであるが、周旋、調停、仲介、仲裁裁判等といった効果的な方法も利用することができる。紛争解決の支援のために、欧州安全保障協力機構（OSCE）な

どの多くの国際機関が形成されている。その他にも、多くの国際法廷が存在する。例として、国際司法裁判所は一般的管轄権を有し、国際海洋法裁判所や世界貿易機関はより専門的な管轄権をもつ。

（5）効力（Effectiveness）

国際法規範があますところなく遵守されたとして、その効力が重要となってくる。国際法的・政治的レジームによって問題が確実に対処されるために、法的・政治的な解決方法についての新しい評価方法の確立が必要である。

2．多国間機関

多国間機関は今日の世界において必要不可欠な存在である。これらの機関は国家により形成されるものではあるが、一度形成されると個々の独立した法人格を有し、事案や問題に対して独自に、また国家と協調して対処することが可能となる。多国間機関は、それぞれの専門分野における現在進行中の問題や困難に対処することもできる。また、加盟国間での紛争解決のための議論の場を提供することもできる。時に、国際レジームと呼ばれるこれらの機関は、どの国も一国では達成することのできない利益をもたらすのである。

国連とその専門局および外局は、今日の世界において重要な多国間機関である。国連組織は国際平和と安全保障を扱うだけでなく、その専門機関が現在の問題に対処する上で必要不可欠な役割を果たしている。例えば、保健衛生（世界保健機構：WHO）、海洋問題（国際海事機関：IMO）、経済（国際通貨基金：IMF、世界銀行：WB、世界貿易機関：WTO）、労働（国際労働機関：ILO）、環境（国連環境計画：UNEP）、文化（国連教育科学文化機関：UNESCO）、そして経済発展（複数あるが、特に国連貿易開発会議：UNCTAD、国連開発計画：UNDP）等である。

もちろん、国連を含む多国間機関は完全とは程遠く、実際多くの改革が必要であるが、大きな権力と影響力を持つ国の先導により、加盟国が政治的最優先課題として取り組めば、大きな変化を遂げることができるであろう。しかし、残念なことに、いくつかの例外を除いて、政治的な意思がひどく不足しているため、国連においては変化と進化は口先だけで、実際な

されてはいないのである(11)。

　ユニラテラルな行動を採るよりも、多国間機関を通じて行動したほうがよいのだろうか。一見すると、マルティラテラリズムは問題解決には効果的でないように見えるかもしれない。マルティラテラリズムによる政策は、常に時間と努力を要する。そして、最適とは言えない妥協案に落ち着く可能性もある。しかし、マルティラテラリズムは、多くの検討を重ねることに重点を置いているので、取引や妥協案を模索する過程で成功に近づける機会が増えると言うことが出来るのである。

　この主張の妥当性を証明する事例研究は多くあるが、ここでは現在も続いているある重要な出来事について詳細を論じたい。イラク戦争についてである。2003年のアメリカとイギリスによる侵攻は確実に歴史上の大きな失態の一つであり、数百、数千の命を犠牲にした。何百万人という人々が悲惨な状態に置かれ、アメリカは取り返しのつかない状況でその優位性を失うこととなった。この論文を執筆している時点ではアメリカの失態とも言えるイラク戦争はいまだ続いており、そしてこれはブッシュ政権による軍事的手段を用いたユニラテラリズム的決断によってもたらされた戦争なのである。国際法に反して行われた、この必要のない戦争は、クウェートに違法に侵略、征服したイラクをクウェートから追放するために起こされた1991年の湾岸戦争と、容易に比較することができる。1991年、国連安全保障理事会はイラクに対する軍事行動を認め、湾岸戦争は国際規範の厳しい監視の下で行われた。湾岸戦争は即時に、そして成功裏に終結した。

　2003年のイラク侵攻へとつながった、国際的外交政策における失敗とユニラテラリズムとは、イラクのサダム・フセイン大統領が、関係地域へのアクセスを制限することで国連兵器査察計画を妨害した1990年代半ばに始まった。フセイン大統領が、1998年に突然国連の査察を中止させた際に、国連の査察計画はイラクの様々な大量破壊兵器の開発計画を止めさせることに成功していたことが後に明らかになったのであるが、アメリカのクリントン政権はそのことを黙殺し、4日間にわたる空爆作戦を見せしめのために遂行したのであった。

　クリントンの過ちによって、ひそかにイラクの政治形態を変化させる侵

略を目論んでいたブッシュ政権は、アメリカ軍を増強することができたのである。それは、表面上はフセインに新たな査察を受け入れさせるためという名目であるが、実際には欧米流の民主政権をイラクに受け入れさせる目的であった。国連安全保障理事会はアメリカの軍事行動に唱和し、2002年11月の決議1441において、イラクは以前の国連安全保障理事会の決議による義務に対し「重大な違反」を犯したと述べたうえで、イラクに「軍備解体義務を履行する最後の機会」を与えると述べた。しかし、新しい査察が始まった直後の2003年3月20日に、軍事政策が始まったとする簡潔な手紙を国連安保理に送っただけで、アメリカとイギリスはイラク侵攻を開始した。

　この不当な扱いにもかかわらず、国連はアメリカの後ろ盾がほとんどないまま、イラクに対して建設的な地位を担おうと努力した。2003年5月、国連安保理は決議1483を通過させ、新しい国連平和維持の努力（peacemaking effort）の実行を承認した。まことに不運なことに、国連特別代表のセルジオ・ヴィエイラ・デメロ氏（Sergio Viera de Mello）が多くの国連職員と共に、2003年8月にテロリストの攻撃により殺されたのであるが、これは新たな戦争の始まりを知らせる出来事であった。こうした状況の悪化にもかかわらず、2004年6月に、安保理は決議1546を採択し、新しくイラクの暫定政府を承認し、イラク再建への支援を要請した。国連の専門家集団は、イラク独立選挙委員会を訓練し、その委員会により2005年1月の選挙は成功し、広く賞賛されたのである。

　国連によるこれらの努力をよそに、アメリカはイラクでユニラテラリズムを取ることに固執し、現在も進行中の暴動の沈静化と安定した政府の設立を目指して無駄とも言える努力を行っている。アメリカの政策が失敗したことは、アメリカ政府以外の誰の目にも明らかである。現在、イラクだけでなくアメリカに最も必要とされているのは、敵対勢力間の政治的調整を行い、国家を再建するための外交努力が国連主導によって行われることである。このような課題が、ほとんどのイラク国民に欧米から来た占領者と認識され、イラクの風習や文化についてほとんど知らないアメリカにはこなせないことは明らかである。国連安保理は、この課題を達成させるために、決議1770を2007年8月に通過させ、国連イラク支援団の駐留期限

を延長した。

　ユニラテラリズムによる無益な虐殺から5年経とうとしているが、イラクにおいてマルティラテラリズムによって効果的な政策が実行に移される可能性はいまだ残されているといえよう。アメリカがイラクにおける一国主義的行動を控え、ユニラテラリズムに代わるマルティラテラリズムによるイラクの復興がなされたならば、状況ははるかに良くなることだろう。

V. 結論

　21世紀、われわれは、人類が長い間手にしていなかった目標に向かい、真剣に取り組まなければならない。それは、国際平和と安全保障である。この目標の達成のために、われわれは、法の支配に基づいた新しい国際社会を形成する必要がある。国際関係において法の支配を土台とすることが、他の選択肢と比べ優れていることは、過去の歴史における過ちから見ても明らかである。法の支配に基づいた国際社会は、ほとんどの大国がその利点に気づかなかったため、「未だ採られていない方法」なのである[12]。

　政治学者が「自由主義的国際主義」(liberal internationalism) と呼ぶ、この新しい政策の性質は何だろうか。この新しい政策を国際関係の土台とすることは、なぜ成功に繋がるといえるのだろうか。私が、国際的な法の支配を構築する時が来た、と主張するいくつかの理由を以下に述べる。

(1) 21世紀は、特定のグループによる他のグループの支配が、人類の歴史上、初めて許容されなくなった世界である。軍事的、経済的、文化的等のいかなる手段による優位性もいまや通用しなくなり、これから先はさらに通用しなくなるだろう。したがって、いかなる国家も集団も、たとえ「穏健」なものであっても、世界的な関心事を、権力を行使し自分達の思い通りにすることはできない。過去において頻繁に用いられてきた露骨な権力行使は、もはや不可能であるし、誰も望んでいないのである。

(2) 今日、唯一許容されるのは全ての人々、国家に対して公正で平等

に構築された国際社会である。そして、法の支配のみが、地球規模の問題に対して全ての人に公正な状態を構築できるのである。
(3) 過去には個々の国家の国益が国際関係を支配していたが、いまや人類全体の利益の方が個々の国家の利益よりも重要となってきている。国家間で相互に関わりを持つ21世紀の世界においては、いかなる国家も、そしていかに遠く離れた地の出来事であっても、世界のどこかで起きた紛争、戦争、人権侵害、環境汚染、テロリズム、貧困、そして疾病に対して無関心でいることはできない。世界中で起きた事件や状況に全ての国が左右されるという意味では、世界は小さくなってきており、過去には遠くの地で起きた些細な出来事と認識されていたようなことでも、もはや無視することが出来ない状態となっている。
(4) いかなる国家も、世界的な問題に対して、それが直接自身の安全保障や国益に影響することであっても、一国のみで対処する力を持っていない。いかなる国家も、世界中で起こっているテロリズム、気候変動、そして民族紛争に十分に対処することは出来ない。いかなる国家も、国際社会の支援なしには成り立たないのである。
(5) 多国間機関を通じて集団行動を起こすことが、地球規模の問題に取り組む上で最も効果的な方法である。
(6) 国際法と多国間機関は、国際社会の形成に向けて進化を続けてきた。なされなければならないことはまだ数多くあるが、国際的紛争解決と協調に重要な新しい方法は、1945年から徐々に構築されてきたのである。
(7) 今の状況と関係してくるのは、指導力、外交政策、思想といった「ソフト」パワーである。アメリカのような大国は、この新しい地球規模の秩序を、ソフトパワーにより形成する機会を持っている。このソフトパワーを駆使してのみ、アメリカは冷戦後の世界で失ってしまった指導的地位に戻ることが出来るだろう。

もちろん、今日における国際法と多国間機関は、様々な点で脆弱で非効率的である。しかし、世界が前進するには、それらを再構築し、改善する

必要があるのだ。われわれは、1945年に終結した世界的大惨事からすばらしい進化を遂げ、そして、もし今後も国際的枠組みを改善し続けたなら、国連が100周年を迎える2045年には、われわれは法と正義に基づく新しい国際秩序という、著しい変化を目にすることができるだろう。

〔注〕
(1) 現在の国際紛争に関しては、www.globalsecurity.org参照。
(2) 注1を参照。
(3) 詳細については、以下の拙著を参照。Schoenbaum 2006, pp. 70-92.
(4) Morgenthau 1978, p. 15.
(5) Keohane and Nye, 1989.
(6) 国連安保理の1992年1月31日の声明を参照。これは功刀達朗氏により以下の論文に引用されている。Kunugi 2005, pp. 13-14.
(7) Wendt 1992.
(8) Freivalds and Straw 2003.
(9) Grotius 1625. 当時のヨーロッパは、いわゆる30年戦争の真っ只中にあった。
(10) 1302 U.N.T.S. 217.
(11) 二つの重要な改革案が未だに無視されている。国連システムで必要とされている改革については、以下の文献を参照。Report of the UN High Level Panel on Threats, Challenges, and Change（2004）. Report of the UN Secretary General, *In Larger Freedom: Towards Development, Security and Human Rights for All*（2005）.
(12) 注3の拙著を参照。

〔参考文献〕

Freivalds and Straw 2003.　Laila Freivalds and Jack Straw, "A Global Order Based on Justice," *International Herald Tribune*, Sept. 15, 2003.

Grotius 1625.　Hugo Grotius, *De Jure Belli ac Pacis*（On the Law of War and Peace）.

Keohane and Nye 1989.　Robert Keohane and Joseph Nye, *Power and Interdependence: World Politics in Transition*（2nd ed. Boston: Little-Brown, Boston, 1989）.

第9章 21世紀における外交政策の原理を求めて

Kunugi 2005.　Tatsuro Kunugi, "Redressing Security Deficits in our Fragmented World: U.N. Perspectives and Beyond," in *Toward a Peaceable Future*, eds., Yoichiro Murakami, Noriko Kawamura, and Shin Chiba (Pullman, WA: Thomas S. Foley Institute for Public Policy, Washington State University, 2005).

Morgenthau 1978.　Hans Morganthau, *Politics Among Nations: The Struggle for Power and Peace* (5th ed. New York: Alfers A. Knopf, 1978).

Schoenbaum 2006.　Thomas Schoenbaum, *International Relations: The Path Not Taken* (Cambridge: Cambridge University Press, 2006).

Wendt 1992.　Alexander Wendt, "Anarchy is What States Make of It," *International Organization*, 46, 2, Spring, 1992.

第10章

外交政策のプラグマティズムと平和運動のモラリズム

ヨハン・ガルトゥング
(愛甲雄一 訳)

Ⅰ. 政府と非政府平和運動との比較

　平和学・平和研究が今後辿っていくかもしれない道筋を十分理解するために、まずは政府とある特別な非政府主体、すなわち平和運動とを比較してみよう。ヨーロッパ中心主義的な歴史観によれば、ウェストファリアの平和（1648年）を通じて誕生した国家システムの政府とは、つまるところ封建諸侯や王・皇帝の後継者であった。その政府は「帝王の最後の議論」(ultima ratio regis)、すなわち武力を盛んに用いることによって、暴力－戦争－平和という円環の中にはまり込んでいった。ハンマーを手にしている者からすれば、世界とは打たれるのを待っている釘だ、というわけである。しかし似たようなことは、政府の否定物である平和運動についても当てはまる。しゃべる口を持っている者からすれば、世界はその声を注意深く受け止めてくれる耳だ、というわけである。

　教義としての現実主義が土台にしているのはその「最終的なもの」(ultima)、要するに武力であって、基本原理に基づいての説得・変化を誘い出すような交渉・権威ある組織による意思決定といったものではない。このテーゼから生まれる一つの結論は、最終決定権は軍事的に優越している者、つまり大国という圧力 (big sticks) を備えた者の手中にある、ということである。今日世界でこうした地位にあるのは英米 (Anglo-America) に他ならず、したがって、彼らが受け入れることのできない和平案は「現実的」なものとはならない。

現実主義者にとって至高の目標となるのは安全保障である。ここでいう安全とは、他者の暴力によって傷ついたり害を被ったりする可能性が低い状態を意味する。こうした現実主義者の考え方の背後には、以下のような哲学がある。この世界には悪というものが存在する。それは常に暴力のために暴力的たらんと身構えており、これに対抗するには、その悪を抑止しかつ（あるいは）破壊するのに十分な力を持つ、という方法しかない。これによってこそ、安全の保障を生み出すことができる。

　教義としての理想主義が土台にしているのは基本原理に基づいての説得、特に普遍性を持ち、自明ですらあると見なされる原理に基づいての説得である。ここでいう原理は「である」というよりむしろ「べき」という種類の傾向にあり、たとえば（人間の）命は尊い、と見なす「（人間の）生命の尊厳」のような原理を指している。しかしながら、他者がこうした崇高なる見解を共有しない場合はどうなるだろうか。また「戦争には敗者しかいない」などと言われるが、勝利というものを最も負けの少ないものとして定義した場合はどうなるだろう。ここからは実は、人間性についての断固とした物言いを伴った、決して終わることのない議論しか生まれてこない。まさに「言葉、言葉、言葉だ」（Words, words, words）なのである訳注[1]。

　これら2つの立場を、いくつかの切り口にしたがって示してみよう（表1）。もちろんここでの比較が完全だと言うつもりはないし、その間に様々なバリエーションがあることを否定するつもりもない。言うまでもなくわれわれが求めているのは、この両者の間に横たわるギャップを克服する方法である。それどころか相手に対する憎悪によって増幅した矛盾すら解消する道筋、暴力の使用か非暴力かという二者択一を乗り越えていくような道筋である。

　現実はこの表よりずっと複雑であるが、少なくともここに示されたものは典型的なテーゼ対アンチテーゼの状態である。とは言え、この両者のオールタナティブ、つまり第三の選択肢（tertium）が必然的にジンテーゼとなるわけではない。というのも弁証法からは、3つもの可能性が生まれてくるからである。その可能性とは、テーゼとアンチテーゼ双方の基本特性を受け入れる積極的超越（すなわちジンテーゼ）、両者の有効性をともに否

第10章　外交政策のプラグマティズムと平和運動のモラリズム

表1・政府の行動（government movement）と平和運動（peace movement）

1 アクター	政府の行動 外務省、軍	平和運動 恒久的、局面的
2 基本モード	現実主義 「最後の議論」(ultima ratio) に基礎	理想主義 議論 (ratio) に基礎
3 認識論	経験主義 事実に基づくプラグマティズム	批判主義 価値に基づくモラリズム
4 理論	安全保障パラダイム 力に基礎 性悪説	説得パラダイム 道徳力に基礎 性善説
5 方策Ⅰ	エリート会議	人民会合
6 方策Ⅱ	国益の調和を目指しての交渉	決議、支持
7 方策Ⅲ	誘引力 (incentive power) の誇示 軍事的脅威力の誇示	モラル・パワーの誇示 ピープルズ・パワーの誇示
8 方策Ⅳ	暴力的行為 例・空爆	非暴力的行為 例・経済的ボイコット

（アメリカに対するガンジー流のボイコットは効果があるかもしれないが、大衆的デモ行為はおそらくそうではない。）

定する消極的超越、こちらからは一部、あちらからも一部という風に取り出す折衷策、の3つである[1]。

　われわれが話しているのは2種類の世界観であり、その両者はともに同一社会の内部に見出すことができる。確かに、一方は武力に対する封建的信仰の残滓、他方は人間同士の対話 (ratio) や理性への訴えに対する啓蒙的信仰の残滓であって、その間の矛盾という実に西洋的なものがここには見え隠れしている。しかし、こうした2つの世界観が同居するといった事態は決して西洋社会のみに限られるわけではない。

　現代世界におけるアングロ・アメリカ世界の支配者（すなわちアメリカ合州国）の同盟国は、先に説明したような現実主義のお陰で、ワシントンに対して「イエス」と言うことを余儀なくされている。また、理想主義のお陰でそうした同盟国内部の平和運動は、自国の外務省から発せられるものならばそれが何であれ、「ノー」と言うことを余儀なくされている。こ

れら2つの世界観は両立不可能であって、それゆえ双方はお互いのアンチテーゼにしかならない。

しかしながらわれわれは、イラク戦争における「アメリカ主導の同盟」というまさに目の前の具体例において、各国政府がその同盟から次々と離脱していく、という現実を目撃している。これらの政府は、それとあからさまに認めることはないが、実は各国の平和運動が求めてきたこと、つまり軍の撤退を行っているのである。とは言えこの撤退は、オールタナティブな平和政策に基づいての行為ではない。それはむしろ、アメリカに対する異議申し立ての行為である。

平和に関するこれら2種類の言説をさらに探究していくには、それらを詳しく述べていくよりも、次のような問いを立てたほうが得策であろう。すなわち、この両者の両立不可能性を乗り越えることができるとすれば、それはいったいどのようにしたら可能なのか、という問いである。先の表には8つの項目が示されていた。そこで次節ではこの問いへの答えとなるものを、その8つすべてに即して検討していこう。

しかしその前に、少し私自身の過去に触れることを許してほしい。1951年、政府のやり方には賛成できないという理由から私は徴兵を拒み、良心的兵役拒否者となった。1954年には、結局それが「ノー」を表明する一手段でしかなく平和に貢献するものではない、という理由から、徴兵の代わりであった「文官業務」をも拒否した。結局これがもとで1954年から55年にかけての冬の間、より過激な「ノー」の見返りとして、半年ほど刑務所で過ごす破目に陥ったのである。また一時期（1960年代初頭）私は、ノルウェー外務省に対するある種のコンサルタントであったと同時に、ウォー・レジスターズ・インターナショナル（War Resisters' International）中央委員会（在ロンドン）訳注〔2〕のメンバーでもあり、かつそのノルウェー支部長でもあった、という矛盾した生活を送ったことがある。そうした立場のすべてが私には不満であった。一方はその根本において弾丸と爆弾の上に築かれたものであり、他方は専ら言葉の上に築かれたものだったからである。

だから私は、こうした矛盾の産物として生まれた平和専門職（peace profession）へと皆さんをご案内しようと思う。というのも私の場合、この

平和専門職という考え方は政府と平和運動とのギャップ、現実主義と理想主義とのギャップを埋める努力として生じてきたものだからである。

明らかにわれわれが求めているのは、政府か平和運動かという二者択一を乗り越えるアクターとしての平和の専門家（peace professional）である。政府はコース1を辿り非政府はコース2を辿る、というような考え方では、この分裂が現状のまま固定化されるに過ぎない。またこうした状況下では、次のような問いが避けられなくなる。すなわち、非政府による埋め合わせで結局は差し引きゼロになるのだから、という希望的観測を基に、政府は一歩後退とでもいうような行動を頻繁に起こすのではないか、という問いである。政府外交がもたらし得る害悪を前提にするならば、こんな希望的観測は楽観的に過ぎる。われわれに必要なのは、もっと優れた解である。

II．現れつつある平和の専門家

この解には、幾つかのはっきりとした特徴がある。

第一に、平和の専門家は政府と非政府の双方をクライアントとし、そのどちらに対してもアドヴァイスを与える。医療専門家の場合と同様、敵であれ味方であれ、政府（文官・軍人）であれ民間であれ、そのスキルが利用できるのである。これはつまり、平和の専門家の関心が敵・味方といった区別にはない、ということを意味している。彼らの関心が向けられるのは、システム全体を平和へと近付けるアドヴァイスが是が非でも必要だ、と考えるアクターに対してなのである。ここには、平和とはアクター間関係の一形態でありシステムの一形態であって、単一のアクターにのみ関わるものではない、との考え方が基礎にある。平和の専門家は様々なアクターとの対話に従事するが、しかしその頭の中で見通されているのは、常にこのアクターたちを取り巻くシステム全体である。

第二に、平和の専門家は、平和運動がそうであるように、心の中の理想主義でもって暴力を拒否する。しかし彼らはその拒否を、頭の中の現実主義に結びつけるのである。具体的に言うならばこれは、平和的手段により

平和へと導いていくことであり、道徳的理由からというよりむしろプラグマティックな理由から暴力を拒否することである。暴力は結局は無益なものだ。戦場での流血は血を吸うヒルと同じことであって、それは益をもたらさないばかりか、時としてかえって事態を悪くする。したがって平和の専門家の用いるアプローチでは、最低限の暴力（暴力を使用するぞ、という脅し）が持つ抑止的・治癒的効果が全否定されることはないが、平和を作り出すためのレパートリーに暴力が数え上げられることもない。「最終的なもの」(ultima) よりも「議論」(ratio) の上にこそ、彼らのアプローチは組み立てられるのである。

　第三に、平和の専門家が用いるアプローチと現実主義や理想主義との基本的な相違が現れてくるのはここである。このアプローチでは理論とデータとを結びつける経験主義も、あるいはまたデータと価値とを結びつける批判主義も、基本的な知のモードとして排することはしない。しかしそれが着目するのは第3の可能性、すなわち価値と理論とを結びつける構築主義（constructivism）である。ここで言う価値とは紛争当事者たちが持っている正当な目標から生じてくるものであり、またここで言う理論とは変化する現実を基礎にして生まれてくるものである。ここには、自分たちの目標が十分納得のいく程度に満たされている、と当事者たちが感じられるような、そんな「新しい現実」を追求すべきだ、という発想が土台にある。

　次のような子どもを想像して欲しい。彼は今、一生懸命に整数の足し算・引き算に取り組んでいる。5＋7＝7＋5＝12であることを確認し、7－5＝2であるところまで進んだ。ところが5－7という問題を解こうとした時、彼は壁にぶつかってしまう。数学的な正しさと5－7の取り扱いとの間に生じたこの矛盾は、しかし、負の数という「新しい数学的現実」が導入された瞬間に氷解する。そしてこの子どもは、もはや行き詰ることはない。

　必要なことは、データを理論に結びつけるプラグマティズムとデータを価値に結びつけるモラリズムとの間で行き詰ることではない。平和の専門家に課せられた課題とは、何か新しいものを捜し求めることである。それはちょうど、「システム」に自然治癒能力が十分備わっていたならばすでに健康を取り戻していただろう、と内科医が理解した時にとる行動と実は

同じである。単純な経験主義と単純なモラリズムは、どちらも完全に無視すべきでないとは言え、さほど役に立つものではない。何か新しいものを生み出す介入的行為が、健康にも平和にも必要なのである。

　第四に、安全保障パラダイムと説得パラダイムの双方ともに望ましい結果を導くには至らない。まず安全保障パラダイムに関して言えば、暴力による抑止という努力がかえって軍拡競争を促し、また暴力によって敵を粉砕しようという努力がトラウマを生んで、結局は復讐の連鎖による暴力レースを鼓舞してしまう。このパラダイムはうまくいくことはない。同様に説得パラダイムも、それが豊かな発想・奨励策・軍事的脅威のどれにも基づいていないがゆえにうまくいくことがない。事実も価値も、それだけでは十分な行動指針とはならない。そこで当事者たちは行き詰ってしまうのである。

　安全保障の危機——暴力の危険——に直面した政府がその行動計画を引き出すのは、専ら安全保障パラダイムからである。他方、ノーム・チョムスキー流の全く素晴らしい分析も、教皇ヨハネ・パウロ２世流の苦悩に満ちた道徳的説諭も、「ノー」という現状維持以上の行動指針とはならない。実はここにこそ、平和の専門家が介入を行う余地がある。彼らは建設的な行動を求めて、現在も続く未解決の紛争、過去の暴力に起因する癒されないトラウマ、かつて起こった未決着の紛争に焦点を当てる。ここから生まれてくるのは、豊穣さに満ちた行動計画である。

　こうして現在進行中の紛争に対する仲介（mediation）、過去に起こった紛争に対する和解（conciliation）が必要になってくる。（reconciliation から re という接頭辞を落としたのは、それが必ずしも望ましくない過去への回帰というニュアンスを含んでしまうからである。）実はこの点にこそ、平和パラダイムの本質がある。深刻な対立が存在している場合、それが暴力へと行き着く可能性は常にある。しかし他方で、現在の紛争・過去の紛争を問わず、それが解決へと向かっていく道も必ずある。これを手際よく進めることができれば、われわれは安全ばかりか平和をも手にすることができる。

　しかし仲介と和解は、平和の専門家が持つ道具箱に収められている道具のほんの一部に過ぎない。以下は、彼らが用いるさらなる治療策のリストである[2]。

第Ⅲ部　現代の平和の外交政策と平和運動について

（1）平和研究と平和学
（2）基本ニーズの充足、平和の文化や平和的な社会構造の樹立
（3）目標の抑制的な設定、結果の分析
（4）紛争状況の転換を目的とした平和的手段による仲介
（5）怒りの感情の抑制（anger control）
（6）平和教育・平和ジャーナリズムを伴った平和の構築
（7）非暴力、ソフトな平和維持活動
（8）過去の紛争に起因するトラウマの除去を目的とした和解
（9）平和的な善循環（悪循環とは逆の）の創造

　今はこれら治療策を詳しく説明する時ではない。要するにここでの最大の課題は「平和的手段による平和作り」にこだわり続けることであり、暴力に満ちた政府のプラグマティズムや「Not in My Name」訳注〔3〕の横断幕を掲げた平和運動モラリズムの現状維持に対し屈しないことである。上述の（1）から（4）までは予防的療法、（5）から（8）までは治癒的療法に属している。（9）が目指すものは、紛争に潜むポテンシャルを暴力や破壊にではなく創造的・建設的なポテンシャルへと解き放ち、システムの中に積極的平和を作り上げていくことである。これらはすべて、社会的病理の診断と予後を基礎に行われる。為されるべきことはたくさんある。

　それではこの平和パラダイムにおいて、表にあった方策Ⅰ・Ⅱ・Ⅲ・Ⅳに対応するものはいったい何なのだろうか。実は直接的暴力とは、未解決の紛争や和解のされていない過去の暴力という火種から生じた煙のことである。とすれば、一般論として平和パラダイムの方策と呼べるものは、紛争当事者に対し買収や恐喝を行ったり、あるいは悪者呼ばわりをすることではない。そうではなくて、彼らをより深い洞察へと導く手助けを、言葉の力＝対話を通じて（dia logos）行うことである。この方策はもちろん、心理療法における基本仮説の1つの対話療法にたいへんよく似ている。あるいは、紛争や平和と同じく暴力もまたある種の社会関係なのだから、社会療法とでも呼ぶべきものかもしれない。変わらなければならないのは

第10章　外交政策のプラグマティズムと平和運動のモラリズム

様々なアクターから構成されるシステム全体であって、個々のアクターばかりではない。したがって平和の専門家は、全アクターと対話を行う必要がある。ただし問題は、どうその話し合いを進めていけばよいのか、ということである。他の場合と同様ここには様々なやり方があり、そのすべてに一定の意味がある。

表にあったように、トランセンド（TRANSCEND）[訳注〔4〕]のアプローチにも4つの段階がある。

- 方策Ⅰ　各当事者との一対一の会合
- 方策Ⅱ　創造性を引き出すような、活気ある対話
- 方策Ⅲ　積極・消極両局面からの既存目標の克服、全当事者の正当な目標を満たしうる新しいシステムや現実の創設
- 方策Ⅳ　紛争状況の転換を目標にした共同行動と、その効果の定期的なモニタリング。効果が乏しい際の、方策Ⅰ・Ⅱ・Ⅲ・Ⅳの再度繰り返し。

このアプローチには、政府と平和運動という伝統的な「本流」が採ってきた行動とは根本的な違いがある。暴力の（ほぼ完全な）拒否、という道徳的推進力の点では平和運動と共通している。しかし方策Ⅳに見られるプラグマティズムの点では、政府の行動と響き合うものがある。ここには必然的な定点というものは存在しないし、アプリオリな真実もない。すべてがその効果の点からテストされ、またすべてがそのテストをパスしなくてはならない。

焦点はもはや、「バスク祖国と自由」（ETA）やマドリッド政府といった一当事者が勝利を手にするかどうか、というところにはない。またあの有名な「ウィン・ウィン」（win-win）、つまり全当事者が勝利できるかどうか、というところにもない。焦点が向けられるべきなのは、社会関係に対してであり、システムに対してである。スペインがより良き新しい現実へと前進することに対してなのである。「黄金の絨毯」（carpets of gold）[訳注〔5〕]や「絨毯爆撃」（carpet bombing）に頼る者、「道徳の絨毯」（moral carpets）[訳注〔6〕]を飛ばす者には得てして新しい発想が欠けている。平和の専門家の場合にはし

かし、事態はその全く逆である。第三の選択肢は存在するのだ（tertium datur）。

Ⅲ．平和の専門家が行う仕事には、その供給に見合うだけの需要があるのか

　第二次大戦後に平和研究がささやかな始まり——そこには42年前の秋に、霧のロンドンで国際平和研究学会（IPRA）が設立されたことも含まれる——を果たして以来、半世紀が経過した。そして今日、われわれには提供に値する確かなものがある、と考える者もいる。しかしここには、常に付きまとっている悩ましい問題がある。すなわち、その供給に見合うだけの需要が果たしてあるのだろうか、という問題である。

　そうした需要は、実は確かに存在する。ここで皆さんには、私が最も熟知するケースについてお話しさせていただきたい。2006年の春、より正確にはその年の2月半ばから6月の半ばにかけて、私自身がこうした需要を満たす依頼を受けた。依頼されたのは全部で12のケース、より正しくは12のプロセスであって、それらの中にはまずまずの成功を収めたものもあれば、さほどうまくいっていないものもある。しかしそのすべてが何らかの可能性を秘めている。イニシアティブを取ったのは大抵の場合、一部の紛争当事者ないしはそれ以上の者たちと直接接触できる仲介者であった。当事者がわれわれの旅費を負担したケースは1つもなく、また謝礼金のようなものもなかった。ただその出張は仲裁や和解などに関するワークショップと抱き合わせであり、したがって予算上のバランスは保たれていたわけである。紛争の仲裁や和解を進めるには様々なやり方があるだろうが、これは1つのパターンと言えるだろう。

　個々のケースを見ていく前に、1つはっきりさせておきたいことがある。この種の需要が直接的にも、あるいは仲介者経由で間接的にも期待できないのは、どんなアクターの場合だろうか。

　「勝利とはすべてではなく、唯一のものである」訳注〔7〕と考えているアクターからは、明らかにその種の需要は期待できない。覇権的地位にある

第10章 外交政策のプラグマティズムと平和運動のモラリズム

アクターもそのような需要は持たないだろうが、ではその挑戦者の方はどうだろうか。自分たちには必要かつ十分なスキルが備わっており、ゆえに第三者のアドヴァイスなど必要ない、と考えているアクターの場合はどうだろう。一対一の会合、というやり方を利用して、紛争当事者たちの4つの目の前で（双方に同伴者がいる場合には、8つの目の前ということになるが）穏便に仲裁策や和解案を示した場合でも、彼らはこうした和平工作には飛びつかないだろうか。理由は何であれ、私自身は直接的にも間接的にもアメリカやノルウェーから接触を受けたことはない。しかしイギリスを含む他の多くの国から接触を受けている。

各ケースについての説明は、その課題や需要の性質をはっきりさせられる程度に留めておこう。（詳しくは、www.transcend.org を参照して欲しい。）以下がその、私自身が関与した12のケースである。

（1）デンマーク対イスラム、ジュネーブ

デンマークのユランズ・ポステン紙をめぐる風刺画問題に加えて起こったのは、次のような問題である。まずデンマークによる対話の拒否があった。キリスト教徒の感情を傷つけかねないという理由から、同紙はかつてキリスト昇天を描いた挿絵の印刷を拒否していた、という事実が発覚した。さらに経済的ボイコット運動と連動して、デンマーク国旗や大使館に対する焼き討ちが行われた。ここで必要とされたのは、仲介（mediation）であった。

（2）ドイツ対ヘレロ族、ヴィントフック

問題は1904年に現在のナミビアで起きた大虐殺に対する謝罪と補償であるが、ドイツに対する訴訟（「謝罪とは認めることだ」）の存在がこの問題をいっそう複雑なものにしている。他のEU諸国はこの謝罪と補償がもたらす帰結、またその補償内容に関して戦々恐々としている。ここで必要とされたのは、和解（conciliation）であった。

（3）スリランカ、ウィーン

問題は、自陣営の解決策をゴリ押しできるかもしれないと当事者たちが考えたお陰で、停戦合意が崩壊してしまったことである。この紛争の解決には、統一国家化・分権化・連邦化・国家連合化・独立という5つのシナ

リオがあるが、非対称的な上院と下院から成る議会の設立を伴った連邦化の推進が最も望ましいようである。ここで必要とされたのは、仲介 (mediation) であった。

(4) イスラエル・パレスチナ、ベルリン

ここでの課題は、イスラエルと近隣アラブ5カ国（国連決議に基づいての完全な主権を有したパレスチナを含む）から構成される中東共同体 (Middle East Community) を中心とした、平和秩序の構築である。それはちょうど、第二次大戦後における西欧のヨーロッパ共同体に相当するだろう。ここで必要とされたのは、新しいアプローチであった。

(5) トルコ・アルメニア、イスタンブール

1915年に「何かが起こった」。この事件はたいへんに複雑であって、この2当事者以外にも多くの者がこれに関与していた。この問題に関しては、実際には何が起こったのかを明確に説明する言説の探究もまた必要である。もしこれに成功するならば、この地域の前進に向けて、政治的議論からはこの主要な課題が取り除かれることになろう。ここで必要とされたのは、和解 (conciliation) であった。

(6) カシミール問題、ニュー・デリー

トランセンド (TRANSCEND) がイニシアティブをとり、前パキスタン外相・インド国家安全保障委員会のメンバー・そして私の3者が共同で、インド・パキスタン・カシミールの和解に向けた「新しい現実」の提案を行った。この提案は指導者レベルで好意的に受け取られ、議論されている。ここで必要とされたのは、仲介 (mediation) であった。

(7) ミャンマー、ヤンゴン

軍事独裁政権がミャンマーの自治権、そして分離独立派に対する社会統合を主張する一方で、反対派は国外勢力からの支援を受けながら、民主主義と人権の保護を求めている。これら4つの目標をすべて含み、しかも将来の協力に向けてかつてのトラウマすべてを清算する行動計画ならば、うまくいくかもしれない。ここで必要とされたのは、仲介 (mediation) と和解 (conciliation) であった。

(8) カンボジア、プノンペン

1975年から79年にかけて、クメール・ルージュとプノンペン政府との

第10章　外交政策のプラグマティズムと平和運動のモラリズム

間で確かに「何かが起こった」。しかしそれと重なる時期、つまり1961年から89年の間にも、そしてそれ以前にも、様々なことが起きていたのである。法廷闘争のために1つの残虐行為だけを取り上げることは、刑事罰上の正義という点では意味があるかもしれない。しかし、全面的な和解という問題は依然として残る。ここで必要とされたのは、包括的な和解（conciliation）を行うことであった。

(9) 南北朝鮮、ソウル

1950年から53年にかけて続いた朝鮮戦争は、冷戦の言説に多大なる貢献をした戦争である。この事件は1948年に起こったアメリカの占領に反対する済州島の乱に端を発しており、その意味で、アメリカの侵略に対する南への支援、という北朝鮮の大義は根拠のないものではなかった。ここで必要とされたのは、事件の実態を究明する歴史調査委員会の活用を通じて、和解（conciliation）を行うことであった。

(10) 日本－中国・南北朝鮮、東京

死亡した日本兵を神と見なす靖国神社に日本の首相が参拝することによって、過去の戦争に起因するトラウマが深刻化している。そこで自民党の一大派閥に対し、国籍を問わず軍人・文民の双方を祀ることのできる追悼施設創設の請願・提案が行われた。ここで必要とされたのは、和解（conciliation）を行うことであった。

(11) アメリカ、ワシントン

アメリカ帝国は没落しつつあり、その外交政策は変化を余儀なくされている。しかし、いったいそれをどう変えていけばよいのだろうか。この問題を検討するワークショップが計画されているが、民主党「反対派」に劣らず平和運動グループもまた、これに対する準備が全く整っていない。ここで必要とされているのは、平和研究と平和パラダイムである。

(12) メキシコ、プエブラ

ラテンアメリカの統合は近い将来進んでいくであろう。しかし一つ問題なのは、外交政策一般に関わる問題、特にアメリカとの関係である。この点を検討するワークショップが計画されているが、大多数の人々はこれに対する準備が整っていないようだ。ここで必要とされているのは、平和研究と平和パラダイムである。

皆さんはすでに気付かれたことと思うが、仲介および（ないしは）和解こそが、やはり平和の専門家に対する需要の中心である。しかしその他にも、平和秩序の構築といったより基本的なサービスへの需要、何が求められているのかを探索する平和研究への需要が存在している。実はそうした各需要の背後には、先に挙げた9つの治療策を初めとして、平和の専門家の道具箱に収められている他の全提供物が潜んでいる。もちろん彼らは、遅かれ早かれそれらを取り出してくるはずである。

紛争へのこうした介入は効果があるのだろうか。(1)については効果が認められた。対話は行われ、焼き討ちは止んだ。しかし謝罪の表明に加え、他者が聖櫃物と見なすものへの尊重と表現の自由との間の線引き、さらにボイコットの解除はこれからの課題である。

(2)・(5)・(8)はいずれも複雑な問題であって、その解決にはさらに多くのことをなす必要がある。(3)については、現時点（2006年の春から夏にかけて）での情勢は一見芳しくないが、しかしまたもや行き着く所まで行き着いてしまったことで、今度は停戦どころか和平交渉すら達成できるかもしれない。(4)はおそらく中東和平へ向かう唯一の道筋であり、今まで以上のことをなす必要があるにしても、ともかく長期に渡るプロジェクトである。(6)に関して言えば、両国の2人の指導者が失脚でもしない限り、成功するチャンスは十分にある。ただし、このチャンスは永遠に続くわけではない。(7)が持っているダイナミズムは緩慢であるが、事態を「国際社会」ではなくミャンマー自身が統御し改善していく、ということも考えられる。(9)は南北対話プロセスの主要な要素となっていくだろうし、(10)も何らかの形で行動計画の上にのぼってくるだろう。(11)・(12)に関して言えば、近い将来に向けたより意識的な努力が必要である。

われわれが扱っているのはシステム全体であって、個々のアクターではない。平和の専門家は、全アクターに平和を創出・維持・構築できる余地がどれだけあるかを判断できる知識を最大限備えた、まさに社会関係についてのスペシャリストとならねばならない。彼らが介入するプロセスの多くは、明らかにその解決に時を要する。これはちょうど、人間が見舞われる難病治療の場合と同じである。そしてどんな治療策であっても、それが

常に効果をもたらす、という保証はない。それが逆効果を生む場合もあるのであって、ゆえに慎重さは欠かせない。にもかかわらずこうした介入に対しては、おびただしい量の需要がある。そしてわれわれには、提供すべきものが随分とあるのである。

＊編者注記
　本論文は2006年6月2日に国際基督教大学で開催されたCOE講演会シリーズ・第6回講演会でのヨハン・ガルトゥング教授の英語での基調講演 "Between Peace Movement Moralism and Foreign Policy Pragmatism: Can the Gap Be Transcended?" を邦訳したものである。

〔注〕
（1）この点について、そしてこの論文中に示された多くの点についてさらに知りたい場合には、筆者による *Transcend & Transform*（London, Boulder: Pluto, Paradigm Press, 2004）を参照のこと。本書は多数の言語で出版されている。
（2）以下を参照。Johann Galtung, 'Conflict Transformation by Peaceful Means' in Charles Webel and Johan Galtung（eds.）, *Handbook of Peace and Conflict Studies*（London: Routledge, 2007）.

〔訳注〕
〔1〕ウィリアム・シェイクスピアによる『ハムレット』の第二幕第二場において、ハムレットが「言葉、言葉、言葉だ」（Words, words, words.）と語っている。
〔2〕「ウォー・レジスターズ・インターナショナル」（War Resisters' International）は1921年に設立された、世界各地に広がる独立反戦平和団体のネットワーク。本部はロンドン。戦争の撲滅を目指した非暴力的抵抗の促進や、世界各地で戦争への参加を拒否する人々への支援を行っている。
〔3〕これを逐語訳すると、「私の名においてではなく」。何らかの行為に対し「私は加担・賛成していない」ということを宣言する際の決まり文句で、反戦キャンペーンのスローガンとしてよく使用される。
〔4〕トランセンド（TRANSCEND）は1993年の8月、ガルトゥング他3名によって紛争仲介ネットワーク団体として設立された。代表は現在（2007年8月）もガルトゥングが務める。行動・教育およびトレーニング・宣伝普及活動・

研究の4項目を柱に、世界各地の紛争の平和的解決に向けた活動を行っている。

〔5〕「黄金の絨毯」(carpets of gold) という言葉は、9・11前のアメリカ・ブッシュ政権がアフガニスタンのタリバン政権との交渉の際に使用した、と言われている。中央アジアの油田とインド洋とを結ぶパイプライン・ルートについての交渉を行っていたアメリカ代表は、タリバン政権に対し、「あなた方が黄金の絨毯であるわれわれの申し出を受け入れるか、あるいは私たちが絨毯爆撃のもとにあなた方を葬り去るかだ」と述べたと言う。このエピソードについては、ジャン‐シャルル・ブリザール、ギヨーム・ダスキエ著の『ぬりつぶされた真実（原題・Ben Laden: la verite interdite)』（幻冬舎、2001年）を参照のこと。

〔6〕「道徳の絨毯」(moral carpets) という表現もまた、「絨毯爆撃」(carpet-bombing) に引っ掛けて用いられる表現らしい。たとえばダニエル・ヘニンガーという『ウォール・ストリート・ジャーナル』紙の副編集長は、マイケル・ムーア監督の反ブッシュ的な映画『華氏911』(2004) を批判的に評し、この映画が真実と詳細な事実とを区分しない「一万フィートからの道徳絨毯爆撃（moral carpet-bombing)」であった、と結論付けている。Daniel Henninger, 'Carpet-Bomb Filmmaking: "Fahrenheit 9/11" Feeds the Smugness of Bicoastal Elites', *Opinion Journal*, 23 July 2004〈http://www.opinionjournal. /columnists/dhenninger/?id110005392〉(accessed on 21 August 2007).

〔7〕「勝利とはすべてではなく、唯一のものである」(Winning is not everything, but the only thing) とは、勝利至上主義的な表現として、競争の激しいアメリカのスポーツ界でしばしば用いられるスローガンである。1960年代にアメリカン・フットボールのコーチとして活躍したヴィンス・ロンバルディ (Vince Lombardi) の言葉としてよく引用されるが、誰がこのスローガンを最初に唱えたかについては、実は諸説がある。

第11章

グローバリゼーションと21世紀におけるアメリカの平和運動

T. V. リード
(前田幸男 訳)

I. はじめに

　21世紀におけるアメリカでの平和運動は、複雑で多面的な現象となっている。というのも、そこには歴史的前例の多くの積み重なりがみられ、また現状の形態においてより広大でグローバルな運動構造に埋め込まれているからである。社会運動分析への私のアプローチは、社会科学と人文科学の双方に依拠し、政治的、経済的、社会的、文化的領域からの諸要素を統合する学際的なものである[1]。この文脈において、私の中心命題は以下のようになる。すなわち、現代のアメリカの平和運動について語ることは、イラクへのアメリカの介入に焦点をあてた反戦運動ならびに「新自由主義的グローバリゼーション」の政策と実践にこぞって反対するような世界各地に広がる一連の諸勢力の一部としての平和運動という二つの連関する現象を語ることを意味するのである。

　いかなる社会運動に関しても、それを促す要因は流動的だが、現在の平和運動の要因を指摘することは、ことのほか困難であるだろう。一方でイラク戦争への反対運動と他方での新自由主義的グローバリゼーションに対抗する運動との間の関係を描くために、私は「反戦」運動と「平和」運動の分析上の（経験上のではないが）区別をしたい。(20世紀のような時代はこれまでほとんどなかったにもかかわらず) 戦間期の停滞状態においてさえ持続し、時には興隆する平和運動は、特定の紛争の終結を求めるだけでなく、将来の紛争をいち早く防止する諸条件を確立しようと努める、より広範な

アジェンダをもつ。他方で、反戦運動とは、主として（イラクでの事例のような）特定の紛争に照準をあわせている。より理論的な用語で語るとすれば、反戦運動は単にヨハン・ガルトゥングのよく知られている公式である（物質的闘争を欠いた）「消極的平和」を表明しているに過ぎないのに対して、平和運動は経済・社会・文化の構造的変化に起源をもつような「積極的平和」を求めるものである。

　反戦運動と同様に、平和運動は射程やイデオロギー上の焦点においても大きく変化してきたが、一般的には、平和の問題は社会正義や地政学的権力の問題から分離させることができないものであると理解されてきた。（「反グローバリゼーション」として誤解されてきた）企業のグローバリゼーションに対抗する運動は、この広い意味における一つの平和運動としてみなすことができる。その平和運動は、現在のイラク戦争への反対運動に焦点をおいている。

　アメリカ発のイラクの占領に対する反戦運動は、平和運動よりも広範でもあり狭小でもある。この特定の取り組みに対する政治的立場の射程は、反動的な孤立主義者から慎重な保守主義者ならびに単独主義や党派的な左派へ対抗する穏健・中道派やリベラル派までの全領域にわたるという理由でより広範なのである。しかし、こうした支持者たちが、重要な社会変動に依拠した持続的で長期的な可能性としての「平和」に本来的な関心をもっているというわけではない。したがって、グローバルな不平等や戦争と不安のルーツへの十分な分析を展開している平和運動と比較対照するときに、この「巨大なテント」のような広がりに沿った反戦運動は偏狭であるといえよう。だが、多様な反戦支持者の内のいくつかのグループはより持続的な平和運動に貢献するかもしれないし、それぞれのグループはあらかじめ相手を封じ込めるアメリカの権力を制約するという、より直近の課題にとって間違いなく重要である。

　射程を最大に広げるならば、平和運動というものは、21世紀の平和運動と連携した宗教的平和主義者の中に見出せる数百年の遺産によって特徴づけられる。そしてそのルーツは、やがて17、18世紀の（クェーカー派やメノナイト派などの）平和教会としてアメリカに定着していく以前の最初のヨーロッパの平和擁護者たちに遡ることができる。さらに平和運動は、

第11章　グローバリゼーションと21世紀におけるアメリカの平和運動

　少なくとも1890年代の反帝国主義運動に遡る国際主義のリベラルで急進的な流れに由来する。また平和運動は、20世紀初頭に設立された平和と自由のための女性国際連盟のようなグループにも遡る。より近年の歴史に引きつけるとすれば、現在の平和運動は、第2次世界大戦以来のアメリカでの平和運動の営為のそれぞれ三つの主要な波の表れである。すなわち、50年代の核実験禁止の時代の運動、60年代および70年代のベトナム反戦の時代の運動、80年代の核凍結運動および他国介入反対運動である。歴史的にはアメリカ的伝統には、平和運動活動家たちの三つの主要な流れがあった。すなわち、道徳的・宗教的平和主義者、リベラルな国際主義者、そして急進的な反帝国主義者の三つである。こうした各々の流れは、いくぶん修正された形ではあるが、現代の反戦と平和の運動においても十分に表現されている。とはいえ、この歴史的な奥深さというものを理由に、過去においてしばしばそうであったように、現代の平和運動の顕著な事実があいまいにされてはならない。すなわち、それは、大部分が反グローバリゼーション運動から成長してきた若い活動家たちの強力なグループが、今日の運動の原動力であるという事実である。

　国際主義は戦争を挑発するナショナリストへの批判として、多くの世代にとっての平和運動の一部であり続けてきた。しかし、現在の世界中に広がった平和運動の活動は、スケールからいっても焦点からいっても、ほとんど以前の形態とは異なっているのである。第一に、初期のアメリカの国際主義を担ったのは、中産階級の人道主義的平和擁護の小規模でエリートのコスモポリタンな集団か、あるいは強固に組織されたマルクス主義的国際主義者たちであった一方で、現代の運動は、いずれも小規模のこうしたやや古い型の国際主義の代表を含んではいるものの、起源も特徴も非常に多様で、かなり広範な団体や人々によって推進されている。とりわけ重要なことは、企業のグローバリゼーションに反対する運動の主な国際主義者の推進力は、大部分アメリカの外部とイデオロギー的に多様な草の根のグループによって提供されてきたという点である。

第Ⅲ部　現代の平和の外交政策と平和運動について

Ⅱ．シアトル闘争からグローバルな正義のための運動へ

　アメリカの活動家たちは、1999年のシアトル闘争を媒介として、新自由主義的な企業のグローバリゼーションに反対する運動に鮮烈な参画を果たした一方で、それはすでに10年以上も活動していた運動への遅ればせながらの参画であった。アメリカの運動への参加者たちは、より広範でグローバルな運動に与えたこの特定の運動の重要な影響を誇張する傾向にある。しかし、このシアトル闘争という特定の運動が現在のアメリカの平和運動に対して保持した意義は強調してもしすぎることはない。上記で私が提示した定義によるならば、イラクへのアメリカの介入への反対が平和運動として明らかになる以前でさえ、新自由主義的グローバリゼーションに対する運動は常にアメリカ内外において、一つの平和運動でありつづけてきた。それゆえに、その運動の歴史をたどることで、安全の欠如と戦争の背後にある、鍵となる政治経済的要因のいくつかについて、概観してみたい。さらにまた、鍵となるオルタナティブな構想力を提供する勢力であると私が信じているものの輪郭を描きたいと思う。

　世界中の約700もの組織を代表する何万もの人々が、1999年の11月下旬の「シアトル闘争」での抗議に参加した。「エメラルドの都」^{訳注〔1〕}で世界貿易機関（WTO）が政府間の会合を持とうとしていた。それゆえに彼らの直近の標的はWTOであった。しかし、真の標的は多数あり、不平の申し立ても多岐にわたっていた。それは、WTOに体現されている企業のグローバリゼーションに対抗して民主的なグローバリゼーションというオルタナティブな構想力を提示しようとする運動であった。これら数百もの組織間の連結を生み出したものは、彼らが極度に不均等な世界経済であると見なしたものであった。つまり、200の最も収益を上げている企業が世界の人口の80％の蓄えられた資産の二倍を保有し、また100の最も富んだ経済組織のうち50が国家ではなく企業であるという世界経済の実態があった。

　シアトルでの出来事は多くのアメリカの社会運動の収斂の瞬間であったし、またアメリカの運動がグローバルな規模での闘争という文脈では脱中

心化された瞬間でもあった。シアトルでの動員は決して新たな運動の開始ではなかったのだが、アメリカでの特権的な地位にある多くの人々にとって、富、権力、権利、資源の配分におけるグローバルな不均等にこぞって反対した諸勢力がどれほど強力で多様なものであったかをかいま見た点では初めての経験であった。ワシントンポスト紙が記したように、「WTOの会合とはこれらの人々がアメリカの公的なレーダーに突然現れた単なる場所にすぎなかった。世界中の社会運動は、すでにインターネット時代にあって、驚異的な速度で連絡を取り合うことを可能にした草の根のネットワークで連結していた」[2]のである。20世紀を締めくくるにあたって、シアトルでの出来事は、20世紀後半におけるアメリカ社会運動史の極致でもあったし、21世紀の何か新しいものへの転換でもあった。それが極致であったのは、多くの集団の連携によるシアトル事件が、前世紀の実質上すべての主要な漸進的なアメリカの社会運動（少数民族の権利、フェミニスト、環境保護主義、平和、労働、同性愛者・レズビアンなど）のたどってきたこれまでの足跡を歴史に記す出来事だったからである。そしてそれが転換であったのは、国内的にも国際的にも深く連結してきたこうした以前のアメリカの社会運動についてほとんど認識されてはいなかったという事実を明らかにしたからであった。幾人かの識者は、多様で曖昧に連結されたに過ぎない反グローバリゼーションの諸運動が、単一の運動になった場所として、シアトルを捉えた、と見なしている。また、その衝撃がそれほど劇的にまとまったものではなかったと論ずる人々もいた。しかし、「エメラルドの都」での行動は、企業のグローバリゼーションにこぞって反対した諸勢力にとって、自己認識と確信の新たな段階に入った重要な転換点を表していたということには、すべての識者が合意している。とくに、闘争の舞台が「［グローバル化した］獣の腹」の内部へ移った、という意味において、それらの勢力は勇気づけられていた。

　シアトルでの集会は、政府間の会議を延期させ、かなりの程度台無しにしたという意味で、功を奏した直接行動があった。それに加えて、この集会は、この惑星を徹底的に破壊し、富者と貧者との間の亀裂を深めるものと見なしている「新自由主義」的経済政策の影響力に批判的な数百のグループが結集した事実上のサミットとしても機能した。シアトルの街頭に集

第Ⅲ部　現代の平和の外交政策と平和運動について

まった世界の市民は、労働組合の人、環境保護主義者、製材業の労働者、森林保護の活動家、学生と教師、農業従事者、チーズ業者、ドイツ人、ウクライナ人、アフリカの人、アジアの人、北米の人、南米の人、ヨハネスブルグに住む人、シアトルに住む人、同性愛者やそうでない人、人権活動家や動物保護活動家、AIDS活動家や反核活動家、債務免除擁護者と消費者保護団体、フェミニストと女性主義者、コンピューター・ハッカーと肉缶詰業者、子供と老人、土着民と白人で都市に住む知的職業人、イスラム教徒とユダヤ教徒、キリスト教徒と仏教徒、無神論者と汎神論者、アナーキストと世界政府擁護者といった面々であった。ある人はビジネススーツ、またある人はオーバーオールを着て、ある人は亀のコスチューム、ある人は革製品とピアスを身に着けて、またある人はほとんど何も身に着けずに。1999年の11月30日の夕方に催涙ガスやからしスプレーによって[3]、それらの勢力が一掃されはじめた。その頃までには、集まった数千の人々は、彼らの主要目的の一つであった、世界で最も強力な組織内の一つの会議をしばらくの間妨害するという目標を達成したという知らせを徐々に聞いたのだった。より重要なことは、これらの直接行動とそれに伴って開かれた大衆による対抗的会議が、途上国政府からの代表を勇気づけたことである。その結果、「過剰発展世界」での企業益と国益だけに資すると考えられた多くの提案の支持を得るために催された会議は、最終的には頓挫を余儀なくされたのである。

　この運動の「正義による平和」という立場を理解するには、どのようなグローバリゼーションにこれらの人々は抗議したのか、ということを問うことが必要となる。経済と文化の両面において、ある程度のグローバリゼーションは少なくとも（ヨーロッパの人々が植民地「探検」を開始してから）この500年間にわたって存在してきた。この長い歴史のゆえに、最近のグローバリゼーションの顕在化がどの程度新しいことであるのかについて論者たちはなかなか合意に達していない。しかし、大部分の論者によれば、最近の25年間かそこらのトランスナショナルな政治、経済、文化システムにおいて、確かに新しい特徴が出現してきていると認識されている。とくにその組み合わせに目を配ってみると、こうした新しい特徴はグローバルな権力関係の重要な変化を表している。グローバリゼーションの鍵とな

る要素には以下のものが含まれている。すなわち、世界銀行（世銀）や国際通貨基金（IMF）、世界貿易機関（WTO）のようなトランスナショナルな組織の果たす役割の強化、国家の政府の役割の弱化と同時並行で起こっている多国籍企業権力やトランスナショナルな企業権力の増大、多様な生産プロセスを一国に集中させるのではなく地球全体にそれを分散することで労働力の分節化を大いに強めるような新しい経済実践、そして新しいグローバルなコミュニケーション・ネットワークである。そして、こうした多様なプロセスは、一般的には「新自由主義」として知られている自由市場の政治経済イデオロギーの新たな装いによって正当化されている。そしてこうした多様なプロセスが展開されるのは、環境法の規制緩和や人権や勤労の権利の保護の削減、そしてかつては国家によって提供されていた社会サービスの削減や廃止といった「緊縮経済」措置などと引き換えに、将来の利益を約束する低開発世界での「構造調整プログラム」を通してである。

　主流のマスコミは、その運動を「反グローバリゼーション」として評している。だが、自分たちの運動をグローバル化への全面的な反対として表現する活動家たちは割合的にいってもほとんどいない。活動家たちはどちらかといえば「企業のグローバリゼーション」に反対しているとよくいっており、その代わりに「批判的グローバリゼーション」、「民主的グローバリゼーション」あるいは「下からのグローバリゼーション」を擁護する。こうした各々の修正は、以下のような批判の根幹となる諸要素を示唆している。すなわち、現在のグローバル化の形態は「無批判的」に企業賛同的であり、透明性のある代表としての制度が欠如しているという意味で「非民主主義的」であり、また下からの地元の参加を通した積み上げというよりも、「上」から階層的に押しつけられたものだという点である。活動家のほとんどは、グローバルな経済に反対するのではなく、この特定の種類のグローバル化に反対している。すなわち、彼らは、国民国家を媒介とした（またはいくつかの事例では国家の周辺での）トランスナショナルな企業資本主義とWTOにより設定され現在の規則に織り込まれた種類のグローバル化、およびそれによってもたらされる人間と環境への損害に反対しているのである。

抗議する人々は、グローバル化をすすめるための別の方法があると信じている。彼らはまた、人々の生活に劇的な影響を与えるような決定から現在排除されている数百万の人々が、経済や政治や文化のグローバルなネットワークがどうあるべきかについて意見を述べることのできる、原理に則ったグローバル化の多くの方法があると信じている。彼らは経済的民主主義がなければ、たとえ政治的民主主義がある所でさえそれは大幅に損なわれると論ずるが、（例えば国家型社会主義のような）一様な解決策を提案するわけではない。彼らは、平和にとって必要な基礎としての多元的な経済社会様式について論じている。また「自由貿易」が、しばしば途上国世界の民主主義を掘り崩してきたということも議論している。というのも、それは約束どおりに民主主義をもたらすどころか、反対に政府が構造調整によって引き起こされた社会的混乱を管理するのにますます抑圧的な手段を使うようになるからだと説明される。

III. 起源の物語

運動の複雑性は、それがまた多くの起源（と同じ数だけの起源の物語）をもっていることを意味する。「運動は500年前に始まったのか、それとも1999年11月30日に始まったのか。その答えは誰にあなたが尋ねるかによるよ」とジャーナリストで活動家のナオミ・クレインは皮肉をこめて言う[4]。ほとんどの人々は、その起源が運動に携わる諸集団と非政府機関（NGO）が連携していくゆっくりとしたプロセスにあったという。このおびただしいほどの社会勢力の多くは、10年以上にもわたってさまざまな方法で結びつくか、「ネットワーク化」しており、それはシアトルの後なお一層の大規模な連携さえ形成している。先駆けとなった重要で大規模な国際的草の根運動の活動には、以下のものが含まれている。環境問題に焦点をあてつつも複数の問題と取り組んだ1992年のリオでの地球サミット、北米自由貿易協定（NAFTA）に反対した90年代初頭の広範な連合闘争、ラテンアメリカでの構造調整プログラムに反対した無数のストライキと他の労働者の行動、そして90年代を通して他の場所でも起こった同様の運

動。1994年の世界銀行の記念会議に対する「50年でもうたくさんだ」とする抗議、1995年北京での国際女性会議、メキシコはチアパスでのザパティスタ闘争に対する国際的支援、1996年と97年に土着の活動家が開いた「出会い」のための会議、国際金融上の統制を緩めることを狙いとした条約の草案である多国間投資協定（MAI）を反故にすることを促した1998年の環境保護主義者と消費者擁護団体の運動。そして1990年代後半第三世界諸国に対する負債請求の大幅な引き下げに貢献したジュビリー2000（アフリカ系アメリカ人教会からの強力な代表を持つ多くの宗教団体を含む連合体）訳注〔2〕、およびそれによってコーディネートされた地球規模での債務帳消し運動。

　ネットワークの構成分子の構築に重要であったその他の鍵となる90年代の国際的な組織化の努力には、アメリカの大学のキャンパスを基盤として地球規模に拡がった反スウェットショップ運動や地雷の使用禁止を成功させた運動が含まれている。核兵器に対する国際的な運動や南アフリカのアパルトヘイトとラテンアメリカでのアメリカ合衆国の政策に反対するトランスナショナルな連帯運動によって、初期の土台は敷かれてきていた。

　シアトル事件およびそれに付随した出来事は、環境、遺伝子組み換え食品、人権、消費者保護、女性の権利、労働問題、貧困、債務帳消しといった問題に焦点を合わせたおびただしいほどのグループを結集させた。それだけではなく、これらは共通の敵として、企業と国家の不釣合いな権力を裏書きしている新自由主義的政策に標的を定めることによって、より凝集力の強い反対勢力へと転換した。

IV. 世界中に広がる運動の網の目

　異質なグループと異質な利益がより広範でグローバルな運動に連結するような組織的な様式とは、本質的に複数のネットワークからなる一つのネットワークなのである。ナオミ・クラインは、その構造と新しいコンピューター・メディアとの間に相補的関係を見ている。「シアトルの街頭に出現したものは、有機的で脱中心化しつつ相互に連結したインターネットの

通路を映し出すような一種の活動家の雛型であった。インターネットが生命を持つもののようになった」⁽⁵⁾。ネットワークは幾分形式的で永続的でもありえるが、一般的には非公式で一時的なものに向かう。ネット（あるいはウェブ）のメタファーが示唆しているように、ネットワークは垂直的とか階層的にではなく、水平的に編制され、また連結のポイントや運動の軌跡は一つの道から別の道へ急速に移りうる。最も機転の利いた参加者かつ観察者であり、この運動のネットワークの記録者でもあるクラインは、以下のことを付け加える。すなわち「この共通の基礎にもかかわらず、こうした［反－企業グローバル化の］キャンペーンは単一の運動には合体しはしない。むしろ、『ホットリンク』^{訳注〔３〕}がインターネットのウェブサイトに連結しているのと同様に、それらは複雑にかつ固く相互に連結しているのである。グローバルな諸運動とインターネットとの類似性は、偶然を通り越して、実際に政治的組織化の変容しつつある性質を理解する上で鍵となる。近年の大衆による抗議運動はインターネットなしには不可能だということに多くの人々が気づいてきたとはいえ、見逃されてきたことは、こうしたキャンペーンを促進してきたコミュニケーション技術がどのようにしてそれ自身のイメージの中に運動を形作ってきたかという点である。通信網のおかげで、動員は、わずかな官僚制と最小限の階層制の下で展開することができる。つまり、強制された同意と長々と述べられたマニフェストは徐々に後景に退いていき、代わりにそれらは不断に緩やかに構造化され、ときに強制的な情報交換によって取り替えられるのである」⁽⁶⁾。

　クラインのアナロジーは有用ではあるが、おそらく少し整然とし過ぎているのだろう。例えば、そのアナロジーは、少なくとも1970年代後半以来、多くの直接行動に出る運動グループにとっては組織化のネットワークの様式が、すでに試練に耐え抜いた本物の構造になったという事実を無視している⁽⁷⁾。それはまた、この運動すべての構成要素の間で受け入れられた普遍的な構造というわけではない。ある人々は、社会理論家のマニュエル・カステルが「ネットワーク化された資本主義」と呼んでいる現在のシステムによって生み出された混沌を構造が反映しているとし、そしてその構造がそのシステムの利益を守る形で作用するということを懸念している⁽⁸⁾。しかし、クラインのアナロジーは、決定的に重要である運動の文

第11章　グローバリゼーションと21世紀におけるアメリカの平和運動

化的次元を強調している。運動と新しいインターネットのサイバー文化との間の連結は否定しがたい。インターネットでの情報のフローのように、運動のネットワークは必要に応じて多くの異なる構造を形成、再形成するのである。

　運動はそれほどまでには単一の運動ではないというクラインの付随した論点もまた、洞察力に満ちている。私ならグローバルな正義のための運動を魅力的なものにし、また潜在的にかなり強力なものにさせるものは、単一でありかつ単一でない運動の両方であるということを論じるだろう。非階層的でネットワーク化された特徴をもつ（非）運動というのは、これまでの古典的な種類の運動ではない。というのも、それは、運動に関する研究者たちがいとも容易に研究できたような従来の運動、つまり中央集権化された権威と明確に確定されたメンバーをもったものとは異なるからである。この従来の型の運動は少なくとも30年間、より多くのネットワーク型の構造によって補足されてきた。またわれわれが今日経験しているのは、運動の現在のトレンドの単純な、いやむしろ複雑でグローバルな拡大化なのである。

　ある活動家たちは、ネットワークの構造それ自体が「下からのグローバル化」の形姿を予示する雛型であると示唆している。グローバルな経済の際立った複雑さを否定する者はいない。だが、企業の経営者層や国家の官僚とその省庁の代表者による管理が唯一の方法であるということを、全員が否定している。こうした活動家たちにとって、さまざまな短期および長期の合意に至ることを可能とする集団の組織力は、地方の自律性を維持する一方で、地球的問題群をも管理できる一般市民の能力を暗示している。他方で、インターネットの「グローバルな文化」は、地方の文化に取って代わりはしないが、地方の文化をかなりの程度補足し、その限りで運動の成功にとって決定的に重要なものとなろう。

　運動とインターネットとの間のアナロジーをどの程度承認するかに関しては議論が続くだろうが、新しい運動にとっての新しいメディアの重要性を否定する者はいない。現在のグローバルな形での運動は、低コストで瞬時のコミュニケーション、情報網の豊富な研究可能性といったものがなければ、とても生起しないだろう。シアトル事件はまた、この組織化と教育

の道具としてのインターネットおよびその他の「新しいメディア」の使用という意味で転換点であった。この巨大な事件の大部分がインターネット（WWW）を媒介として組織化されたのみならず、シアトル闘争の間に登場した独立メディアセンター（indy.media.com）もまた、世界中にわたって独立した新しいセンターの広大な網の目に成長してきており、それは活動家が「企業メディア」と呼ぶものとは全く別の見方を提供している。

　インターネットは、諸グループに対して、新自由主義的政策への対抗のための理解力と戦略策定に決定的となる企業と政府の数百の文書へのアクセスを提供する。そしてそれは、現状への偏見を保持することのない、現在利用可能な唯一のマスメディアである。しかも、多くのコンピューター化された複数のサブカルチャー間には反企業的倫理がみられることを考えれば、それはヘゲモニーに対抗する何らかの傾向性を帯びることすらあるかもしれない。（テロリストと白人優位主義者は、平和活動家と同様に、新しいメディアを使うということに熟達していることが証明されてきたことから、これは本来的に進歩的な傾向性であるとはもちろんいえないが。）加えて、イアイン・A. ボールが指摘しているように、「行政的、軍事的、商業的知識と強化された労働の監視のグローバルな移転のための本質的な支援としての支配的な使用の陰で目立たないとはいえ、『下からの組織化』のための道具としての」新しいメディアの「解放的機能が興隆する」ことを、ほとんどの活動家が忘れてはいない[9]。たいがいのグローバルな正義のための活動家は、インターネットを世界の救世主として見なすような素朴でユートピア的な技術決定論者ではない。むしろ、移動力と柔軟性と想像力と大胆さをもって、彼らは、インターネットを、しばしば格式ばった官僚制に縛られた敵に対して実際いくつかの戦略上の優位を持つかもしれない闘争の場所として見なしている。「ネット活動家」（Hactivists）、「ビデオカメラ・ゲリラ」（camcorder commandoes）、「データ・ダンサー」（data dancers）、「暗号戦士」（code warriors）、「デジタル逸脱者」（digital deviants）など、新しい抵抗のメディア文化は、運動のきわめて重要な部分になってきている[10]。

第11章　グローバリゼーションと21世紀におけるアメリカの平和運動

V．改革主義と急進主義
――抗議とそれを越えて――

　シアトル事件後も大規模でトランスナショナルな運動が、21世紀に入って立て続けに、ワシントンD.C.（2000年4月20日）、プラハ（2000年9月26日）、ケベック市（2001年4月20日）、ジェノバ（2001年7月18-22日）と継続し、いずれも数千の抗議者が参加した。シアトルでの行動と同様、しばしば警察の暴力に遭遇したが、こうしたことは運動を一層大胆にさせただけだった。

　この一連の行動の有効性についての証言は、前世界銀行の経済学者でノーベル経済学賞受賞者のジョセフ・スティグリッツによる率直な評価など、いくつかの予期しなかった筋からもなされた。すなわち、「参加したのは、先進国のアジェンダの改革の要求を掲げて、プラハ、シアトル、ワシントン、ジェノバの街頭を行進した労働組合員、学生、環境保護主義者――一般の市民――である」と。スティグリッツが明らかにしているのは、彼らが公に言及するかもしれないことが何であれ、主要な世界的な金融・貿易機関は抗議者たちによってひどく動揺させられているという事実である[11]。

　こうした「対抗サミット」での劇的な対峙が、ほとんどの紙面を覆い続けて（またそれが重要な役割を果たして）いる一方で、ほとんどの活動家たちは多くの時間、世界の片隅の地元で彼らに直ちに関わるような特定の問題と取り組んでいる。例えば、遺伝子工学による穀物と取り組む農家、労働権問題と取り組む労働者、毒物汚染問題と取り組む環境保護主義者、大学のTシャツを作る搾取工場で働く学生、地域の平和と取り組むパレスチナ人とイスラエル人とイラク人などである。ほとんどの人々は、強力で大規模なデモは運動を活性化するのに重要であり、また世界中の活動家たちに彼らがより大きなものの一部であるという感覚を与えるのにも重要であるということに同意している。しかしそうした行動は、運動の氷山の一角でしかないのである。

　例えば、活動家が名づけたように、シアトルでの「抵抗の祭典」は、政

府代表に対する妨害としてよく知れ渡った面があるが、その含意はそれよりもずっと広範なものであった。シアトルでの出来事は、公式には（「企業」メディアによってはそれほど報道されていない）祈祷、瞑想、教育プログラムをもって、封鎖の数日前に幕をあけたのだった。グローバル化と社会正義に関する多数の学習集会が一週間にわたって開催されたが、それを主催したのは、「グローバル化に関する国際フォーラム」、「グローバル・エクスチェンジ」、「地域に根ざした環境ネットワーク」、「パブリック・シティズン」などの団体であった。シアトルの地域の活動家たちは、政府会合の数週間や数ヶ月も先立って、連続講義や討論、研究会や公開討論会などを通して都市（シアトル）でのグローバル化の問題への関心を作り出してきた。したがって、数千の抗議者の関心の上に地域の関心が上乗せされ、比喩的にいえば、すべてのイベントが実質的に完売され、立見の場所だけが残った状態であった。ニューヨーク・タイムズ紙の評論家トーマス・フリードマンは、抗議者の特徴を、無知で「地球が平らであると信じている人々」として描写したのとは対照的に、事実は多くの情報をもち、さらなる知識を渇望する人々の集会だったのである。ヴァンダナ・シヴァやウォールデン・ベロのような鍵となる運動の知識人たちは、グローバルな政治経済の限りなく複雑化した問題を、普通の市民が把握し議論できるような用語に言い換えるのに一定の役割を果たした。

　多方面にわたる運動の支援者たちは、一方のNGOと他方、直接行動を指向する運動グループという二つの主要な構成要素によって組織されていた。もともとは国連の官僚機構から成長してきた組織であるNGOは、概して直接行動グループよりも変革を緩和する行為主体として見なされている。しかしその名称には、イデオロギーの上でも焦点の上でも、環境保護、人権、女性の権利、衛生のための支援運動などきわめて広範な多様な団体が含まれている。あるNGOはよりサービス指向であったり、また他のNGOは政策に影響を与えるべくロビー活動をしていたり、さらには実質的に直接行動に訴える抵抗活動に従事している社会運動グループと区別できないようなNGOもある。直接行動をとる人々は、NGOを官僚的とまでは見ないとしても、より控えめで形式的なものとみなしがちであり、そしてNGOは直接行動をとる人々を組織化もされず、過度に対決的なものと

みなす傾向がある。とはいえ、二つの組織編制の様式上の境界は、しばしば多孔的である。
　企業資本主義のグローバリゼーションに対抗する一般的な運動の流れにあって、多くのNGOは、政府と直接行動に訴える人々の破壊力との間の仲介をする場所を作り出す。全体の戦略の中でみれば、直接行動に訴える人々がより根源的な転換を押し進める一方で、NGOは是非とも必要とされる当面の改革を提案することで、両者はお互いに利益を与え合っているのである。こうした相互利益の実態は、それぞれの政治活動様式をもつ党派的な人々によっては感じとられたり認められたりはしないであろう。しかし、こうした諸勢力の広範な連合体があって初めて協働が成立し、反戦運動への活動も含めた小規模および大規模な共同の活動にともに継続的に取り組むことが可能となるのである。

Ⅵ. 後追いから実体へ
―― フォーラムのプロセス ――

　世界社会フォーラムの創設はグローバルな正義のための運動にとって重要な展開であった。部分的には企業のリーダーと通商大臣による世界経済フォーラムへの象徴的な挑戦としての意味合いをもって、2001年ブラジルのポルト・アレグレで世界社会フォーラムの最初の会合は開かれた。2002年の第二回目の会合は、5000程の市民社会の組織と運動を代表する1万2274もの代表者たちに加えて、5万人もの参加オブザーバーを引きつけた。フォーラムの失敗をはかろうとした官僚的、国家主義的、軍事主義的な二大勢力である国家の諸政党および軍隊は、フォーラムへの参加からは排除された。
　それに続いた例年の（2004年1月のインドのムンバイで最近行われたような）世界フォーラムも、多くの地域的なフォーラムで補足されたが、同様に参加者の数を拡大してきている。世界経済フォーラムの単なる後追いであったものは、運動のもつ全く別の計画へと積極的に焦点を合わせることで置き換えられてきている。同様に現在好まれている名称である「グロー

バルな正義のための運動」は、防御的なものから攻撃的なものへと、グローバリゼーションへの反対から、代替案を描き構築していくものへと変化してきた。

　グローバルな正義のための首脳会議は、階層的な組織ではなく、複数あるネットワークからなる一つのネットワークとして、運動そのもののごとく形成されている。世界社会フォーラムはそれ自体（その憲章を超えた）立場に立つというのではなく、むしろ教育したり評価したり戦略を立てたりネットワークや計画を構築したりするための場所、市民社会グループのための例年の集会のための場として役立つものなのである。世界社会フォーラム憲章の一部を読んでみよう。「世界社会フォーラムで提議された代替案は、巨大多国籍企業によって、また国家の政府との共犯で、こうした企業の利益に資するような諸政府と国際制度によって支配されたグローバル化のプロセスに反対する立場をとっている。それらは、連帯のグローバル化が世界史の新しい段階として浸透することを確保するよう設計されている。このことが普遍的な人権ならびにすべての国々と環境における全市民——男性も女性も——の普遍的人権を尊重するだろうし、また社会正義と平等と人民主権に資するような民主的で国際的なシステムと制度に拠ることになるだろう」[12]。

　こうした広がりのある諸原理の下、無政府主義からサパティスタ主義（Zapatismo）までのイデオロギー的立場の広がりがある。経験主義を重んじる強力な精神とローカルな状況の尊重という双方の理由から、イデオロギー的確信は大部分の運動にひどく嫌われている。支配しようとする偏狭な行動は一部で疑いなく継続するだろうが、民族性、立場、思想の極度の複雑さによって、いかなる派閥も支配的にはならないのである。ブラジルの中央権力に対する地域主義者と地方主義者の挑戦の場所であるポルト・アレグレでの最初の選択が、特殊性に焦点をあてた多様な解決法への継続的な関与を表しているのである。多様でオルタナティヴな経済的政治的システムが提起されてきた。それらは、生態系地域に根づいた社会的民主主義、徹底的な多元的民主主義、参加型民主主義、経済的民主主義、脱中心的社会主義、地域平等主義的資本主義、そして社会的無政府主義といった用語によって示唆されてきた。ある者は、グローバルな資本主義システム

から国家的地域的経済を切り離すことについて語ったり、また他の者はグローバルな資本主義の再創出はそれほど偏執狂的な利益中心的様式を意味するわけではないと語ったりしている、さらに別の者は、共同農園から国際的な公正貿易のネットワークに至るまでの多様な経済様式の組み合わせについて語っている。参加する多くのグループは、実践的理由ならびにオルタナティヴなシステムのためのモデルの提示という両方の意味において、オルタナティヴな経済ネットワークの創出に直接関わっているのである。

Ⅶ．非暴力、テロリズム、国家主義

　少なくともこの30年間、非暴力的社会運動は財産の破壊が暴力を構成するのか否かといった疑問について論議してきたし、またその論議はグローバルな正義のための運動とともに続いている。時折り、シアトルでのように、戦略的に目標化された「破壊行為」や「革命による破壊」が、財産と人間を同一視する企業的営為を破壊するのに役立つと議論する「凶悪なグループ」のメンバーと、他方、こうした戦術は道徳的見地から非暴力的な市民的不服従を尊重する伝統の外側にあると考える人々、あるいは問題となっているその原則とは関係なく、こうした行動は運動のイメージを汚すことになり、より幅広く大衆が持っている信頼を掘り崩すと考える人々との間で、大きな緊張が生じたのである。別のときには、2000年のプラハでのこうした行動の場合のように、異なる戦術をもった三つの別個の代表団、すなわち伝統的な非暴力にかかわってきたイエローグループ、（コスチューム、街頭劇場、踊りなどの）「戦術的な面白半分の活動」を通して進めるピンク／シルバーのグループ、そして警察との「格闘」に参加することで力を求めるブルーのグループのそれぞれが、異なった方向からその会合に行進したことで友好的関係は達成されたのである。
　しかしながら、こうした議論の文脈は、とくに2001年9月11日の攻撃以後のアメリカでは劇的に変化した。世界貿易センタービルとペンタゴンへの攻撃後の数日間に焦点を合わせて著述した運動ジャーナリストのL.

A. カウフマンは、多くの活動家がすでに感じていることを以下のような言葉に表した。企業的な世界貿易と米国の軍事力という二つの重要な象徴が、急速に無実の犠牲者の象徴へと転換されたのに伴い、「すべてが変わってきた」と。そしてカウフマンは次のように論じている。

> 9月11日の攻撃はグローバルな正義のための運動が展開している論理を決定的に妨害した。ワシントンD.CでのIMF／世銀への抗議は、最近のアメリカ史上でのいかなるデモよりも、同時的により広範に、多様に、そして集中的になされる予定だった。アメリカ労働総同盟産業別労働組合（AFL-CIO）訳注〔4〕は、大規模なメンバーを動員することで、空前のリソースをその催しに注いでいたし、信仰を基礎とした組織と非政府組織は、以前ではグローバルな抗議に決して現れなかった数千の人々を活動的にしていた……。グローバルな正義のためのわれわれの運動の構想力は、今まで以上に必要とされている。われわれは人々がわかりやすい方法でその構想力を表現することに最大の注意を払う必要があるだろう(13)。

アルカイダのテロリストと反グローバリゼーションの活動家ほど異なる二つのグループを想起することは難しい。しかし、保守的なアメリカ行政部は、国会を通して、直ちにあまりに全面的な「愛国者法」（"patriot act"）を強引に通過させた結果、あらゆる異議表示をテロリストというレッテル貼りのための口実に変えてしまったのである。

とりわけ2001年夏のイタリア・ジェノバでの、少なくとも三人の死者と数百の怪我人を含む、デモへの容赦のない弾圧をきっかけに、9月11日が世界に衝撃を与えた時にはすでにヨーロッパの運動の流れは、見直しの段階に来ていた。2002年2月、ポルト・アレグレで開かれた第二回世界社会フォーラムに出席した世界中の6万人の活動家たちは、非暴力運動へのコミットメントを再確認した。その後すぐに、2002年3月には200万近い人々が労働問題についての抗議をローマで行ったし、またバルセロナでは50万人が国際貿易会議に抗議したが、両方とも何事もなく遂行された。25以上もの分散した活動を含む、バルセロナでの二日間の祭典では、

第11章　グローバリゼーションと21世紀におけるアメリカの平和運動

戯れの要素を採りいれることによって警察との全面的な衝突を避けた。新しい構想力は結晶化しているようにも見える。すなわち、彼らはメディアの注意を引くには十分に断固として強く、想像力に富んでいる精神ではあるが、しかし権威の敵意を和らげるために、岩というよりも真剣なユーモアという武器に依拠したのである。9月11日の事件によって運動に強いられた部分的な戦術上の再考が、穏健で政策指向のグループと直接行動にでる活動家たちのより密接な接触を可能にさせており、そのことはとりわけ反戦を構成するグループが平和と正義の諸勢力との連携を維持する上で重要な要因となっている。

　9月11日の出来事から現れてきている新しい情況というのは、ナショナリズムの再燃であり、とりわけそれはアメリカで顕著だった。アナリストが国民国家の衰退あるいは存亡について軽薄に語っている一方で、実際は民族的なものを基礎とするか、あるいはアメリカの事例のように共通の敵という感覚によって駆り立てられることで、多くの国民国家は近年ナショナリズムの高まりを目の当たりにしている。大抵は対立関係の中にあったとしても、グローバルなるものを語るいかなる運動も、明らかに他国の国境を尊重しないグローバルな規模での対テロ戦争によって高揚された新たなナショナリスト的感情に、真剣に対処しなければならない。

Ⅷ．戦争と平和

　国内的にも世界的にもポスト9月11日の情況によって示されている複雑性にもかかわらず、グローバルな正義のための運動は21世紀に入っても成長し続けており、それとともに半世紀にもわたる経済的、社会的、環境保護上の正義のための社会運動の強力な活動という遺産を引き受けている。9月11日の後、アメリカでの運動の流れは徐々に活気を取り戻していた。2002年の4月に7万5000人から20万人の間（いつものことながら概算は広範に変動する）の人々が、IMFと世銀に対してワシントンD.C.で平和的に抗議を行った。エンロンやワールドコムやその他多数の会社にまつわるアメリカでの企業スキャンダルは、抗議者たちが新自由主義的自由貿易

265

の偽善について物申してきたことを確証しているようだった。「企業テロリズム」が「対テロ戦争」のターゲットの一覧に付け加えられそうにはないが、他方で後者が前者から注意を完全にそらすことはできないということも明らかだろう。

しかしながら、運動の成長と並行して、対テロ戦争の装いの下でアフガニスタンとイラクにおいて、新たなアメリカ軍事主義が到来した。グローバルな正義のための運動はこうした「戦争」に直ちに反応し、それがアメリカにおけるこうした戦争に対する抵抗の中核にもなったのである。

かつての「砂漠の嵐作戦」(Desert Storm)^{訳注〔5〕}への反対から生まれたより限定された反戦の言説と複数のネットワークと並んで、グローバルな正義のための運動による広範なネットワークが存在している。これらのネットワークの存在は、実際の攻撃に「先んじて」非常に大規模な反戦運動がアメリカと世界中で盛り上がったという先例のない事態を生み出したことを説明する主な理由となっている。

2004年1月インドのムンバイでの世界社会フォーラムでは、サブグループが「グローバルな反戦運動総会」を開催した。単一のグローバルな平和と正義のための運動への要求を最大限に正統化する組織上の場所として、独立した反戦集会が形成されたということは、反戦の取り組みが不可欠であったとはいえ、それが不完全であったということを示唆している。活動家たちがより大きな構造——アメリカで発展中の運動はその中で一定の役割を果たしているにすぎない——の中に埋め込まれるにつれて、こうした反戦に従事する人々は国家を超える闘争の複雑性に光を当ててくれそうである。ホワイトハウスの十字軍戦士とイスラム原理主義者の間で生ずる「原理主義同士の衝突」の原因の大部分は彼ら自身が助長してきたのだが、グローバルな正義のための運動は、その衝突に対して豊かなオルタナティヴになる可能性を持っている。

イラクでのアメリカの戦争はおそらく世界史上最も大きな反戦運動を生み出している。一例を引用すると、2003年2月15日、60ヶ国以上の600の都市で数百万の人々が差し迫った戦争に反対して世界中でデモ行進を行ったのである。これまでに集められた最大の（G. W. ブッシュがそっけなく呼んだ）「フォーカス・グループ」の大部分は、グローバルな正義のため

第11章　グローバリゼーションと21世紀におけるアメリカの平和運動

の運動によって創り出されたサイバー上および対面でのネットワークの双方に依拠している。ニューヨーク・タイムズ紙は、その広がりのある運動のことを、アメリカの覇権に競合するだけの潜在能力を持つ人々の権力を備えているという意味で、世界の第二のスーパーパワーであるとまで宣言した[14]。

当初、反戦運動がより大きな運動の目標から逸れるのではないかという懸念があったが[15]、ヨーロッパ・フォーラムそして直後の世界社会フォーラムから、その後に持ち上がってきた戦争への抵抗のための呼びかけが直ちになされたのである。裁判所によって任命されたアメリカの大統領の態度は、自らの小さな陣営以外の人々の見解を蔑視し、情報を容易に偽造してしまうものであり、その限りで戦争を阻止することは不可能であることが判明した。他方、時に緊張をはらんだ反戦とグローバルな平和運動の連合は、すでに大部分をアメリカの選挙と文化の展望を大きく変更するような強力な原動力を創り出している[16]。

アメリカ国内の戦争に反対する主要な組織のすべてが、オルタナティヴなグローバリゼーション運動の様式において複数の集団によるネットワークを形成している。アメリカにおける活発な二つの重要な連合体のひとつである、「平和と正義のための連合」訳注[6]は、まさにその名称の中に（そしてその構成グループの中にも同様）グローバリゼーション運動の名を冠している。第二の主要な連合体である（戦争と人種差別をなくすために行動する）「ANSWER」もまた、同様にグローバルな正義のための運動のネットワークと密接に連結している[17]。戦争に対する想像力に富んだフェミニストによる反対は、（アメリカの国土安全保障省によって、肌の色によってコード化された恐怖を引き合いに出すことを批判して）自らをCODEPINKと呼ぶグループによって実践されている[18]。

「平和と正義のための連合」の綱領は、以下のように、平和と正義とのつながりに共鳴するとき、典型的なものとなる。すなわち、「われわれは、形勢を一変させ、戦争を平和によって、抑圧を正義によって圧倒するために団結する。われわれは、主権国家が『先制攻撃』や『体制転換』、軍事占領、経済資源の外部からの統制の脅威に曝されることなく、自らの未来について決断する権利をもつという立場を支持している。われわれは国家

間紛争の平和的解決に基づいた以下のような、新しい外交と内政を要求する。すなわち、国家主権・国際法・世界人権宣言の尊重、すべての人々の基本的・民主主義的自由の擁護と拡大、社会的・経済的正義、人間と環境の必要性に合致した公共支出の使用である。」

　第三の連合組織である「われわれの名の下にではない」(Not in Our Name) は、類似の立場を表明している。「『われわれの名の下にではない計画』は、世界の人々と共に立ち上がることに傾注してきた諸個人と組織の国家的なネットワークである。そこでの誓約は以下のように表明している。すなわち、『われわれはアメリカに住む人間として、われわれの名の下に、政府によって遂行された不正義に抵抗することは、われわれの責任であると信じている』と。われわれの使命は、『テロとの戦い』の名の下、アメリカ政府の戦争と抑圧の全体的な筋道をさえぎるために抵抗を構築し、強化し、拡大することにある」[19]。そのグループの三つの主要な標的として、米国愛国者法の下での戦争、移民の抑圧、市民的自由の縮小を挙げている。

　インターネット上の強力な組織であるMoveOn.orgによって強く支えられたグループである「戦争なき勝利」(Win Without War) 訳注[7]のように、より穏健で焦点をしぼった「反戦」連合も、同じく登場した。しかし、彼らも、ただ単にこの特定の戦争に反対するというよりも広範なアジェンダを提示した。実際、主要な運動グループの調査が明白にしたのは、以下のことであった。すなわち、イラク戦争と占領に反対するアメリカの活動家たちの大多数は、「積極的平和」の創出のためには、国内的・国際的な経済と社会の実質的な変化を顕在化していく必要があるということを理解していた。

　予期された組織的な反対運動の当初の広がりは、極左からリベラル派までの範囲内でのものであった。イラクの占領開始から2年以内に、キリスト教会全国協議会のような主流派の複数の組織が、反対を表明した。自覚的にその運動は、個人のリーダーシップを回避して、依然として徹底的な平等主義とネットワーク化された連携に基づいていた。息子がイラクにおいて殺害されたことを契機に、「平均的な主婦」であったシンディー・シーハンによる2005年の反戦の舞台への参入によって、運動にははっき

りとした象徴としての人間の顔が与えられた。確かにシーハンは従来的な意味での知識人的な指導者ではなかったが、立ち上がってブッシュ大統領は間違っている、嘘をついている、今すぐ「意味のない戦争」を終わらせるべきである、と直接発言した。彼女の決然たる態度は、他の多くの一般のアメリカ人を励ましたが、それまで慎重だった政治家たちも、彼女に続くことを促されたのである。

　アメリカにおける多数派の意見は、（世論調査によって異なるが）2004年の春か冬までには反戦に転換していた。そして、戦争に反対する人々の数もそれ以来着実に増えていった。（世界中でも極めて典型的な数字となった、2003年当初に反戦を表明した日本の市民の80％とは対照的に）当初戦争を支持していたアメリカ人が70％であった。しかし、2007年7月までには、それとは正反対となるアメリカ人の70％が戦争に反対していた[20]。2007年の夏までには、アメリカ市民の大多数もまた、米軍は撤退すべき時が来ているという、より強固かつ具体的な立場に合意した。こうした態度の変化は、確かに反戦運動だけによってもたらされたものではない。しかし、平和運動は、戦争行為とその合理性の徹底的な精査を促す状況と文脈を創り出し、主流派の政治家たちが大胆に異議を唱えることを可能にしたのである。この過程が最も明白な結果として生み出したのは、2006年の中間選挙における民主党の勝利、および2008年のアメリカ大統領選挙でのすべての民主党候補者と共和党の多くの候補者によってはっきりと表明された反戦の立場であった。アメリカのベトナム戦争への反対のような以前の反戦運動の場合と同様、戦争反対の立場が「主流派になっていく」際には、短期的な政策の問題に焦点をしぼられてしまう傾向がある。この論点の狭小化に対抗して、主要な平和と正義の連合体は、アメリカの経済的・政治的・文化的な権力の広範でグローバルな影響力について、アメリカの公衆を教育する役割を継続している。

　グローバルな正義と平和の運動は、アメリカにおいて強力な足場をもっている。しかしながら、アメリカ人の歴史的な自己文化中心主義的な近視眼の射程を拡げるためには、課題が山積している。アメリカのイラク戦争での失敗は、国内と海外の両方において平和と民主主義と社会正義を妨害したり、促進するという点に関する、アメリカの役割についての広範な議

論を押し進めていく契機を提供している。ジョージ・W. ブッシュの外交政策の惨劇が生み出した抑制的な影響は、いくつかの起こりうる反応をもたらすことになるかもしれない。つまり、新しい「孤立主義」か、目的は変更しないが戦略を変更するというもの、あるいは世界の諸問題におけるアメリカの役割の根本的な再考といった反応である。第三の選択肢をもたらすことができる唯一の勢力は、広範な拡がりをもつ草の根レベルでの平和と正義に関する運動だけである。この運動は、アメリカの状況に警鐘を鳴らしつつ、世界中の諸勢力と深く連携してネットワークを形成している。

＊編者注記

本章は、もともと2004年12月11日に国際基督教大学で行われた国際シンポジウム（ICU社会科学研究所・上智大学社会正義研究所共催）での著者の報告を元にしている。その報告の抄訳は、『平和・安全・共生』（有信堂、2005年）第9章として刊行されている。本章は、その報告を、その後の平和運動の展開を踏まえて、改訂・追記した英語論文の翻訳である。改訂版を寄稿し、その訳稿を本書に収録することを許可して下さったT. V. リード氏に謝意を表したい。

〔注〕

(1) See T.V. Reed, *The Art of Protest: Culture And Activism From The Civil Rights Movement To The Streets Of Seattle* (Minneapolis: University of Minnesota Press, 2005). この本とこれに付随した同じタイトルのウェブサイトはグローバルな正義のための運動に関する文献目録を含んでいる。
(2) 以下からの引用。Jeremy Brecher, et al., *Globalization From Below: The Power of Solidarity*, (Boston: South End Press, 2000), x.
(3) シアトルで勃発した警察官の騒動に際しては、都市行政部は抗議者たちへ、代価として数十万ドルを払わなければならなかった。
(4) Mike Prokosch, and Laura Raymond, eds. *The Global Activist's Manual: Local Ways to Change the World*, (New York: Thunder's Mouth Press, 2002), 1.
(5) Naomi Klein, "The Vision Thing," *Nation* July 10, 2000. http://past.thenation.com/issue/000710/0710klein.shtml
(6) ibid.

第11章　グローバリゼーションと21世紀におけるアメリカの平和運動

(7) 例えば以下を参照。Noel Sturgeon, "Theorizing Movements: Direct Action and Direct Theory," in Darnovsky, et al., *Cultural Politics and Social Movements* (Philadelphia: Temple University Press, 1995).
(8) 以下を参照。Manuel Castells, *The Information Age*, three volumes (London: Blackwell, 1999).
(9) Yuen, et al., eds. *The Battle of Seattle: The New Challenge to Capitalist Globalization* (New York: Soft Skull Press, 2001), 379-80.
(10) トランスナショナルな草の根の組織化という点で、発展中のインターネットの使用法についての多様な展望は以下の文献の中に見出される。G. Lins Ribiero, "Cybercultural Politics: Political Activism in a Transnational World," in Sonia Alvarez et al. eds., *Culture of Politics, Politics of Culture* (Boulder, CO: Westview Press, 1998): 325-52; Harry Cleaver, "The Zapatista Effect: The Internet and the Rise of Alternative Political Fabric," *Journal of International Affairs*, 51 (2): 621-40; and in "Social Justice Movements and the Internet," special issue of *Peace Review*, 13 (3), Sept. 2001.
(11) Joseph E. Stiglitz, *Globalization and Its Discontents*, (New York, W.W. Norton & Co, 2002), 9.
(12) World Social Forum charter: http://www.forumsocialmundial.org.br/eng/qcartas.asp
(13) Kauffman, "All Has Changed," *Free Radical #19*, September 17, 2001. http://www.free-radical.org/.
(14) Patrick Tyler, *New York Times*, February 17, 2003.
(15) Nacha Cattan, "Anti-Globalization Movement Split on War," *Forward*, Oct. 12, 2001, 6.
(16) 以下の選挙データの入念な分析が、戦争支持とブッシュ政権によって捏造された戦争のための論拠についての「誤った信念」の間の密接な関係性を明らかにしている。Steven Kull, Clay Ramsay, Evan Lewis, "Misperceptions, the Media, and the Iraq War," *Political Science Quarterly*, 118 (4), Winter 2003-2004, 569-598. Available online at: http://www.psqonline.org/cgibin/99_article.cgi?byear= 2003&bmonth=winter&a=02free&format=view Retrieved 7.25.07.
(17) これらのいくつかの鍵となるネットワークの立場を理解するためには、以

第Ⅲ部　現代の平和の外交政策と平和運動について

下のそれぞれのウェブサイトを参照。
United for Peace and Justice: http://www.unitedforpeace.org/
ANSWER: http://answer.pephost.org/site Retrieved 7.25.07
(18) See CODEPINK at: http://www.codepink4peace.org/ Retrieved 7.25.07
(19) Not in Our Name: http://www.notinourname.net Retrieved 7.25.07
(20) もちろん、選挙は、質問の一言一句や数多くの他の要素に依拠するので、かなりの可変性に左右される。戦争へのアメリカの世論の長期的な意向をみるために、以下を参照。http://www.pollingreport.com/iraq.htm Retrieved 7.25.07

戦争への日本の世論を調査するために以下を参照。http://www.glocom.org/special_topics/social_trends/20030224_trends_s28/Retrieved 7.25.07.

〔訳注〕
〔1〕「エメラルドの都」(Emerald City) とは、シアトルの別称のこと。海、湖、二つの山脈に囲まれる水と緑あふれる美しい街であり、豊かな自然と洗練されたシティ・ライフが見事に調和していることから「エメラルドの都」の愛称がつけられた。
〔2〕「ジュビリー2000」とは、イギリスのロンドンを本拠地とする重債務貧困国の債務削減に取り組んでいる非政府機関。
〔3〕「ホットリンク」とは、他のサーバー上の画像などを自己のウェブページ上に直接読み込むことを指す。
〔4〕「アメリカ労働総同盟産業別労働組合」(AFL-CIO) とは、1955年にAFL (American Federation of Labor) とCIO (Congress of Industrial Organizations) が合併してできたアメリカ最大の労働組合中央組織。
〔5〕「砂漠の嵐作戦」(Desert Storm) とは、1991年第1次イラク戦争の際に行った多国籍軍の作戦のことを指す。
〔6〕「平和と正義のための連合」(UFPJ) とは、国際的に1300以上もの拠点をもつ組織連合であり、それらは恒久的な戦争と帝国建設を構想する政府の政策に反対している。http://www.unitedforpeace.org/article.php?list=type&type=16
〔7〕http://www.winwithoutwarus.org/

第12章

もう一つのスーパーパワー
――グローバルなイラク反戦平和運動――

デイヴィッド・コートライト
（高田明宜 訳）

I．はじめに

　2003年2月15日に、世界中の何百もの都市で推定1000万人の人々がイラク戦争に反対するデモに参加した。それは、反戦運動にとって人類史上最も重要な一日であった。100万人以上の人々がロンドンの中心部に集結し、膨大な数の群集がローマ、バルセロナ、ベルリン、マドリード、パリ、シドニー、そして他の何百もの都市で行進を行った。ニューヨークでは推定40万の人たちが厳しい寒さの中、サンフランシスコでは何万もの人々がデモを行った[1]。地球上の人々がイラクへの侵攻計画に対して、これまでにないような一つにまとまった声をはっきりと叫んだ。「世界は戦争にノーと言っている」というのがスローガンであり、それが現実でもあった。

　2月15日のデモは、一般の立場にある人々を戦争に反対する空前絶後の大きなデモへ導いた、一連の出来事のピークであった。社会運動研究家であるバーバラ・エピステンによれば、イラク反戦キャンペーンは「今まで行われた中で最大の国境を越えた反戦運動であった」という[2]。このほんの数ヶ月のうちに、アメリカでのデモへの参加者は、大規模化するまで年月を費やしたベトナム戦争時のレベルにまで達したのである。イラクの反戦運動は、それまでの反戦運動よりもより一層国際的な性格を持っており、さらに抗議活動が世界中で協同して行われ、活動家たちは自らが真のグローバルな闘いの一部を形成していることを理解していた[3]。この運

動は、軍事＝企業支配へ対抗するために社会全体に広まったキャンペーンにおいて、反戦とグローバルな正義を求めようとした行動の集まりを表現していた⁽⁴⁾。学者であるステファン・ギルによる「グローバルな政治的行為主体の新しい形態」という表現が、まさにそれである⁽⁵⁾。その運動は、伝統的な平和と正義のネットワークから生じ、反戦活動でのこれまでの経験をもつ個人や組織の知識と資源に大々的に依拠したのである。イラクの反戦運動の起源は、湾岸戦争に反対する闘い、さらには核軍縮運動や核兵器凍結運動、中央アメリカによる連帯運動や人種差別に対する闘い、ベトナム反戦運動にまでもさかのぼるのである。

　私はイラク反戦運動の活動に参加した者であり、これまでの平和と正義へのキャンペーンにも数多く参加した。私は、活動に従事してきた者として、つまり、ここで描かれる活動の多くに深く関与した者として論述する。私のスタンスは、客観的で象牙の塔のような立場からのものではない。学問での厳格な基準を維持し、現れてくる事実を立証することに努めているが、私は一つの展望をもたらしたいと考えている。私は下から作り上げられる歴史というものを信じており、そしてそのように歴史を作り出そうとする運動に参加してきた。ベトナム戦争に召集されたときには、私はGI平和運動に参加し、兵役活動の間に請願と抗議運動を組織し、ついには軍を相手に連邦裁判所へ訴訟を起こすに至った。後に私は『反乱する兵士たち』という著作の中で、その経験について書いた。1970年代後半から1980年代にかけて、私はSANE（「正気な核政策委員会」Committee for a Sane Nuclear Policy）^{訳注〔1〕}のエグゼクティブ・ディレクターとなり、核兵器凍結キャンペーン、中央アメリカ連帯運動、そしてＭＸミサイル計画を中止させようとする取組みや核実験停止に向けた努力に深く関わった。また、私は「ピースワーク」での体験について書いた。ブッシュ政権がイラクに対して戦争を起こすと警告したとき、私は新旧の仲間たちと連携して「平和と正義への連合運動」（United for Peace and Justice）の設立会議に参加し、「戦争なき勝利への団結運動」の構築のために助力した。私はまた、戦争の事例に反駁し、サダム・フセインに対抗するための別の選択肢を提示する一連の政策報告書を作成するために、仲間と共に「フォース・フリーダム・フォーラム」（Fourth Freedom Forum）およびノートルダム大学の

第12章　もう一つのスーパーパワー——グローバルなイラク反戦平和運動

ジョアン・B.クロック国際平和研究所で活動した[6]。数ヶ月にわたって、戦争への気運が強くなるにつれて、私は絶え間なく連携を調整し、複数の活動を計画し、資金を調達し、記事を書き、報告書を発行し、抗議活動に参加し、メディアで発言を行ってきた。何百万もの人々が当時、同様に継続的に反戦運動に没頭していた。これは、歴史への証言と反戦運動の影響力やその正当性の評価という両面を視野に入れた、われわれの物語である。

　イラク反戦運動には、宗教共同体や労働組合、学生、女性団体、環境保護運動家、学会、会社経営の幹部クラス、ハリウッドの芸術家、ミュージシャン、その他多くの分野からの参加があった。この運動の大部分はインターネットを通して構築された。インターネットは戦略や活動を展開し広めるための重要なツールとして役に立ち、きわめて多くの人々を、限られた資金と手短な文面によって動員することを可能にした。その運動は、メッセージを伝えるのにマスメディアを効果的に利用した。戦争および戦争に反対する国際的な声は、数ヶ月で世界中のニュース記事を占拠するようになり、反戦運動家はメディアの注目の的になるという不慣れな状態に自分たちが置かれていることに気づいたのである。評論家のレベッカ・ソルニットが観察しているように、歴史上初めて、この平和運動はメディアで「多様で正当な代表者」と表現され、そのことはこの運動の表象と長期的な展望にとって「分岐点となる勝利」であった[7]。

　イラク反戦運動は、左翼系の団体間にある分派的な厳しさからも比較的自由であった。いくつかの連合が複数の異なった政治的展望や組織上の戦略を反映するように登場してきた時に、確かに違いは存在していたが、ベトナム反戦運動を分裂させたような激しい政治的断裂は現れなかった。運動は、6ヶ月程というイデオロギー論争や討論をする時間的余裕がほとんどない短期間で発展し、頂点に達したのである。そのことをソルニットは「指導者なきグローバル運動」と述べた[8]。確かに、多くのすばらしい代表者や組織の創設者が現れたが、それ以外に何百万もの人々が、数え切れないほどの独創的な方法で戦争に反対するそれぞれの一歩を自ら踏み出したのである。運動家たちは、軍事侵略をどうにかして阻止しなければならないという切迫した共通認識を共有していた。ほとんどの人々が、アメリ

カ軍事主義の危険な表れとしてイラク戦争を認識する分析も共有していた。ブッシュ政権によるイラク政策の擁護者たちは、帝国について公然と語るようになり、そのことは反戦批評家たちがこの戦争を帝国主義者によるものと見なすのを助けることになった。すなわち、反戦批評家たちは、この戦争を、重要なイラクの石油供給に対する地政学的なコントロールを獲得するためのアメリカの取り組みとして認識し、またアメリカとイスラエルの政治的＝軍事的利益に基づくこの地域の安全保障のためのネオ・コンおよびリクード党のアジェンダの一部としてみなしたのである。この好戦的政策によってもたらされた苛酷な政治的現実が、戦争への抵抗の協働の動きの中で、広範な進歩的な支持者たちを結びつけることになったのである。ブッシュ政権の急進的な政策は多くの主流派のアメリカ人に警鐘を鳴らすことにもつながり、彼らの多くは初めて自らの意思で平和運動の提起する問題に耳を傾け、そして賛同していたのである。

　2月15日のデモから数日後、ニューヨーク・タイムス紙の記者であるパトリック・タイラーは、反戦運動に対して「スーパーパワー」という称号を贈った。タイラーが述べるには、巨大な反戦デモは、地球上にアメリカ合衆国ならびに世界のパブリック・オピニオンという「二つのスーパーパワー」が存在することを示すものであった。ホワイトハウスは、政権の戦争政策への大規模な反対をひき起こした「頑強な新しい敵対者」に直面することになり、国際共同体において世界最大の軍事力をもつ国は孤立させられたのである[9]。反戦評論家たちは即座にこの表現を採用し、彼らの運動を「もう一つのスーパーパワー」と表した。作家であるジョナサン・シェルは『ザ・ネイション』誌に、世界中の人々の多数派の心と意志を勝ちとったこの運動の「巨大なパワー」について論じた[10]。国連事務総長（当時）のコフィ・アナンですら、戦争に反対する意見に言及する際にその表現を用いた[11]。すなわち、グローバルな社会運動の新形態が現れたのであり、これはインターネットによって結ばれた前例のない集合的意識と行動とを表現するものである、と[12]。

　この「スーパーパワー」はどのようにして影響力を行使したのだろうか。影響があったとするならば、反戦運動はブッシュ政権の政治にどのような衝撃を与えたのだろうか。この論稿は、イラク反戦運動の発生を分析し、

第12章　もう一つのスーパーパワー――グローバルなイラク反戦平和運動

2003年3月に始まった戦争の数ヶ月前から開戦直後までの凝縮された数ヶ月間に、驚くべき規模で展開していった運動をたどることを目的としている。私がもっとも活発に参加した運動である「戦争なき勝利」連合（Win Without War）の連携に焦点を合わせることによって、運動の様々な要素について概観しておきたい。そして「平和と正義への連合運動の提携」の活動を検証し、非暴力的な市民的不服従の役割について考察し、また宗教共同体、女性や有色人種の団体、労働運動、軍隊における戦争への反応を議論してみたい。私は、運動にとって二つの鍵となる次元――すなわち、インターネットを基礎にした組織化の役割と、メッセージを形成し伝えるための運動の諸戦略――に特別な関心を払っている。そして私は、運動の全般的な影響力についてのいくつかの省察をもってまとめとしたい。

II．決められていた戦争

1．ネオ・コンの謀略

イラクの反戦運動は、戦争に反対する活発で強力な世論の多数派形成にとてつもない影響を与えた。しかし、その運動はイラク攻撃を防ぐという運動そのものの最も重要な目標を達成できたわけではなかった。ジョナサン・シェルが痛烈に述べたように、その回避できなかった事実とは、「窓の中にあるろうそくは巡航ミサイルを止められなかった」[13]ということである。反戦キャンペーンは、ブッシュ政権が理解を得られにくい外交上の同意を取りつけるためにフラストレーションを引き起こすような数ヶ月間を費やさざるを得なかったことを考えると、戦争の開始を遅らせるのに役立ったのかもしれない。だが、この小さな成功に対してさえ、論争の余地は残っているのである。ただし、この運動が外交での時間を費やさせたといっても、せいぜい数ヶ月にすぎない。この不毛な結果は、運動の弱さの反映ではなく、大多数の国民が国連の承認や国際協調が存在しない状態で戦われる戦争に反対していたにもかかわらず、戦争に踏み切ったアメリカとイギリスにおける民主主義の機能停止の反映なのである。それはどのような世論であるにもかかわらず、サダム・フセイン政権を打倒しようと

第Ⅲ部　現代の平和の外交政策と平和運動について

するブッシュ政権の決意の反映でもあった。どれだけ運動が大きくて力強いものであったとしても、振り返ってみれば、大統領やその側近の執念ともいえる武力によるイラクの体制転換を思いとどまらせるのに成功できた保証は何ひとつとしてなかったように思われる。

　アメリカ政府のネオ・コン勢力は、1990年代に一貫してイラクに対する戦争を主張していた。一期目のブッシュ政権の最後の数日間に、当時アメリカ国防総省副長官であったポール・ウォルフォウィッツは、アメリカは「集団的活動が組織できない時は独自の行動に出る姿勢」をとるべきだと主張した防衛ガイドライン文書の極秘扱いになっていた草案を配布した [14]。文書の中でウォルフォウィッツは、「不可欠な原資源、なによりもペルシア湾の石油へのアクセス」を確実にするために必要な行動としてイラクへの軍事侵攻計画の要点を説明していたのである [15]。この草案の抜粋が1992年3月にニューヨーク・タイムス紙に掲載され、政権があまりにタカ派的な姿勢であることへの批判が生じ、政権内部に動揺が広がり、計画は棚上げになったのである [16]。ところが、軍事的手段に打って出るべきであると主張する者たちが、サダム・フセインの打倒と、イラクと中東の秩序の再構築のためにアメリカのさらに独断的な軍事的戦略をその後も繰り返し呼びかけていたことを考えると、イラク戦争を支持する動きは死に絶えてはいなかったのである。「新しいアメリカの世紀プロジェクト」(the Project for a New American Century: PNAC) として知られる有力グループが、こうした感情を表明するために1997年に登場した。それは『ウィークリー・スタンダード』誌の発行人であったウィリアム・クリストルが先導し、支援者にはディック・チェイニー、ドナルド・ラムズフェルド、他にも後のブッシュ政権の指導者たちも含まれていた。1998年1月に、PNACはクリントン大統領に「サダム・フセインと彼の体制を権力の座から排除する」ことを要請する書簡を送った。署名をした中にはラムズフェルド、ウォルフォウィッツ、そして後に国務次官となるジョン・ボルトンがいた [17]。2000年9月には、PNACは『アメリカ防衛の再構築』を刊行したが、それはアメリカのジョージ・W. ブッシュ政権が2002年9月に発表した先制攻撃論の青写真をほのめかすような、新たなグローバルな軍事的支配戦略の詳細な計画であった。ウォルフォウィッツ、チェイニー、そ

第12章　もう一つのスーパーパワー——グローバルなイラク反戦平和運動

してその他の対イラク強硬派が、2001年にブッシュ＝チェイニー政権の一員として権力の座に戻ってきたのである。ブッシュ政権の最初の財務長官であったポール・オニールによれば、ブッシュ政権は武力によるサダムの排除を、政権発足してからほんの数日内で立案し始めたという[18]。テロ攻撃がその年の後半に起こり、それに続く国民の判断力の麻痺によって、ネオ・コン勢力は、彼らの考えである先制攻撃的な単独行動主義（ユニラテラリズム）とイラク政府の軍事的転覆を追求できる風潮を作り上げたのである。

　イラクに対する戦争の具体的な議論は、9.11のテロリストの攻撃があった数時間内に始まった。ワシントン・ポスト紙記者のボブ・ウッドワードは、『ブッシュの戦争』の中で、大統領が9.11の悲劇によってどのようにして戦争の指導者に変貌し、そしてほとんど即座にイラクを潜在的な攻撃の目標と考え始めたかを述べている。テロリストたちの攻撃から二、三日後に「私はイラクが関係していると確信している」とブッシュは発言している。そして大統領は攻撃しないことに決めたが、国防総省には攻撃の準備に入るように伝えたのである[19]。しかし、ラムズフェルド国防長官にこの伝達は無用であった。テロ攻撃が発生して数時間の内に、ラムズフェルドはイラク侵攻を正当化させるための理由を作成するよう側近に命じたのである。CBSニュースは、ラムズフェルドが部下に命じた9月11日午後の国防総省での会議に参加した側近のメモを引用した。その内容は「最善の情報とは迅速な情報のことである。同時にSH（サダム・フセイン）を攻撃できる状態かどうか判断しろ。UBL（ウサマ・ビン・ラディン）だけではない。大規模にいけ。すべてを一掃しろ。関係あるなしにかかわらず」[20]というものであった。ラムズフェルドは、9月12日のホワイトハウスでの国家安全保障委員会の会議の席上でイラク攻撃の事柄を議題に挙げた[21]。PNACは、9月20日にホワイトハウスへ以下のような強い主張をなした手紙を送りつけた。「もしイラクと（9.11の）攻撃に直接結びつく証拠がなかったとしても、テロとその支援者たちを根絶することを目指すいかなる戦略も、サダム・フセインを権力の座から引きずり下ろすための断固とした努力を含まなければならない」[22]。

　イラク攻撃への準備は、アフガニスタンのタリバン政権が崩壊した直後

に本格的に始まった。ブッシュの演説原稿を作成していたデイヴィッド・フラムは回顧録の中で、2002年のブッシュの一般教書演説用に、イラク戦争の正当化事由を用意するように言われたことを詳細に述べた[23]。イラク戦争の可能性について書かれた記事の最初の波は2001年の末に現れ、ブッシュ政権が侵攻計画を完結させたために、公の場での議論は2002年を通して強まっていった。サーベル（軍刀）を鳴らした最初の大きな出来事は、チェイニー副大統領が2002年8月に行った軍事行動を求めるほどの切迫した脅威としてイラク体制のイメージを喚起した、アメリカの退役軍人会で行った演説であった。ブッシュ大統領は、テロリストの攻撃の一周年記念となった2002年9月の国連演説で、正式に戦争への公的なキャンペーンを始めた。大統領はテロリストの脅威とサダム・フセインとの関係性を（イラク政府とアルカイーダとのテロ作戦でのつながりを立証する証拠が欠けていたにもかかわらず）ほのめかし、イラクに対して国連による武装解除の要求を受け入れることを要求したのである。意外なことに、サダム・フセインは再び始まった査察の要求を受け入れ、12月に再入国した国連監視団にも概ね協力していたが、ブッシュ政権は絶え間なく戦争に向けた政策を押し進めた。戦争がますます避けられない状態になっていくにつれ、2002年の最後の月には、侵攻部隊の増強が加速していったのである。

2．前兆

ブッシュ政権による戦争への計画と同じように、9.11の直後から反戦運動の展開も始まった。大統領の「テロに対する戦争」という宣言によって警鐘が鳴らされ、戦争というたとえ話でしかなかったものが現実になってしまうという恐怖から、平和活動家や人権活動家らは、テロリストの攻撃に対しては別種の対応を行うように声をあげ始めた。活動家たちは、テロに対する終わりのない「戦争」は断続的な武装衝突を招く解決策でしかないと警告したのである。彼らは戦争の代わりに「正当で効果的な対応」を大々的に求めた。そしてそれは、諸集団の連合のためにフォース・フリーダム・フォーラムによって設立された新しいウェブサイトの名前になった[24]。9.11の攻撃を受けてから数日のあいだに、宗教指導者たちは、「節

第12章　もう一つのスーパーパワー——グローバルなイラク反戦平和運動

度のある自制」を求め、また、罪のない人々の生がさらに失われてしまうことになりうるような無差別報復への警鐘をならす声明を表明し始めた。そして「テロリストが想像する世界像に屈することを拒むことで、テロリストたちに勝利を与えないようにしよう」という声明が読まれた。この声明は『ソージャーナーズ』誌（Sojourners）の創始者であるジム・ウォリス牧師と、かつてのアメリカ下院議員で「全米キリスト教会協議会」（National Council of Churches）会長のボブ・エドガー牧師によって始められ、ついには4000以上の宗教団体の長によって署名され、2001年11月9日のニューヨーク・タイムス紙に掲載されたのである。

　宗教家と平和運動家たちは、単独行動主義的な軍事行動よりも、むしろ協調的な法の執行に基づいた対テロ戦略を主張した。彼らが強調したのは、テロリストの攻撃は犯罪であって、戦争行為ではないという点である。適切な対応というのは、軍事行動ではなく、犯人を逮捕し将来の攻撃を防ぐための大々的な多国間協調による警察行動であった。運動家たちはまた、政治的な過激運動の根本的な原因に対しても、今まで以上に関心を払うように求めた——テロを許すのではなく、そのような暴力の動機を与える諸要因を理解し注意を向けるために。彼らはまた、力なき者たちの声に注意を払い、迫害・抑圧を受ける人々が持つ不満の元凶を解決するためのさらなる取り組みを求めたのである。彼らは、反米感情を静めてグローバルな安全保障を強化できる政策、すなわち、アラブ・イスラム世界に駐留するアメリカ軍の削減、中東の真の平和のための支援、公平な発展と貧困の減少への取り組みのための資金提供といった政策を打ち出したのである。平和運動は根本的に変化した9.11以降の政治環境の中で、そのメッセージを形にしていこうと悪戦苦闘していたがゆえに、こうした取り組みやその他の様々な取組みを擁護したのである。

　多くの社会正義運動家は、政府が9.11の悲劇を戦争への口実としてだけでなく、移民や有色人種への取締を厳重にするための口実として利用するのではないかと恐れていた。サンフランシスコ湾岸地域では、人種的正義のための運動に精通した何人かの退役軍人たちは、『ウォー・タイムス』誌（War Times）という新しい雑誌を創刊することを決めた。彼らは、この雑誌が平和と正義の運動のさらなる拡大と意識の喚起のための媒体とし

て貢献することを望んだのである。このグループは、2002年1月のパイロット版の発行によって自分たちの考えに対する世論の反応を試そうと決定したのである。新しい雑誌の編集長であったボブ・ウィングは、何が起ったかを次のように述べた。

> 私たちがインターネットに綱領を載せると、一週間もしないうちに7万部もの注文があった。われわれは、多くの人たちが自分たちを支援してくれると判断し、踏み出すことを決断したのである。このことに対する反応は圧倒的に大きかった。われわれに風が吹いたのである。われわれはパイロット版を無料配布したが、発行が続けられるだけの寄付が継続的に寄せられたのである(25)。

月毎の配布数はすぐに13万部に達した。創刊時から『ウォー・タイムス』誌は英語とスペイン語で出版された。その雑誌は、戦争への高まりにだけでなく、移民や人種的マイノリティが直面する嫌がらせや抑圧が増大していることにも焦点を当てた。この雑誌は、反戦運動を拡大するための重要な組織上の手段となった。ウィングは「平和と正義のための連合運動」の指揮をとる上で鍵を握る人物になったのである。

9.11後のある日、エリ・パリサーというボストンの近くに住む大学を卒業したばかりの人物が、Eメールで友人たちのグループに、テロリストの攻撃への対応としては、戦争よりむしろ多面的な警察活動を求めることを訴えるメッセージを送った(26)。その友人たちは彼のメッセージを他の人々に転送し、そしてそれは急激に広まり始めたのである。インターネット独特の言葉でいうと、それはいわばウイルスになっていた。同時に、シカゴ大学を卒業したばかりのデイヴィッド・ピッカリングは、大学のウェブサイトに似たようなメッセージを掲載していた。パリサーがそれを見てピッカリングと連絡を取り、9-11peace.orgという新しいウェブサイト上に、二人の力が結集したのである。一週間以内に、190ヶ国から12万人もの人々が、戦争に反対する彼らの請願書に電子署名をし、10月の第1週までに50万人以上もの人々が署名したのである。パリサーと彼の仲間たちは、ニューヨーク・タイムス紙の記者が後に「目もくらむほどの力をま

第12章　もう一つのスーパーパワー――グローバルなイラク反戦平和運動

とめ上げる手法」と呼んだところのものを発見したのである(27)。それは、インターネットを土台に展開される大規模な平和運動の始まりであった。二、三ヶ月後にパリサーは、カリフォルニアのソフトウェア起業家で、ビル・クリントンの弾劾裁判を止める為に1998年にMoveOnを設立したウェス・ボイドやジョアン・ブレイズと協力するようになった。パリサーが先陣を切って国際キャンペーンを行っていたことで、MoveOnは、まだ成熟していなかった反戦運動の中でも、大きな組織と資金を持つ勢力として急速に台頭していったのである。

　9.11の攻撃はグローバルな正義の運動にも多大な影響を与えた。企業のグローバリゼーションに抗する闘いは、1999年11月のシアトルでの大抗議と都市部の閉鎖により政治の舞台で劇的な仕方で登場した。それに続いて同様の運動がワシントン、プラハ、ケベック、ジェノバで起った。もう一つ別の活動が2001年9月にワシントンで計画されていたのだが、テロリストの攻撃で中止になったのである。テロ攻撃直後に生じた社会のトラウマは、継続されてきた抗議運動の助けにはならなかったのである。このため、しばらくの間、グローバルな正義の運動は方向性を失って苦しみ、それまでの勢いを取り戻すことができないでいた。ブッシュ政権によって推し進められた戦争は、皮肉なことに運動に切迫感と決意の新たな感覚をもたらしたのであった。「軍事主義化というのは、単に企業アジェンダのもう一つの部門にすぎない」と、ある運動指導者が述べているように、アメリカと世界の何千もの運動家はそのことを理解し始めていた(28)。様々な出来事が後に証明しているように、多くの人々は、当時、アメリカによるバグダッドの権力奪取のあとに、イラク経済の民営化が行われ、政治的なつながりを持つアメリカ企業の収益に門戸を開くことになるのではないかと疑念を抱いていた。グローバルな正義を求める運動家たちは、出現しつつある反戦運動に自分たちのエネルギーと創造性を注ぎ始めたのである。

　ブッシュ政権の軍事化された政策への対応には、路上で行われるような従来の抗議活動も含まれていた。デモ活動と集会は、公共の利益を危険にさらしたり、害したりする政府の政策に対する社会の自然な反応であった。それらは、運動が不平の原因や要求に人々の注意を向けさせるための不可

欠な手段であった。こうした行動は、運動家たちの間での連帯と責任を構築するのに役立った。しかし、そうした運動はまた、より広範な運動の内部で分断を引き起こしかねない過激派集団を引きつけることもありえる。これは、ベトナム反戦運動時においては大きなジレンマであり[29]、その時ほど深刻ではないにせよ、似たような問題がイラク反戦運動の時に発生したのである。最初に戦争の高まりに反対する全米規模の抗議運動を推進したグループは、社会主義労働者党（世界労働者党）の分派によって結成されたANSWER（Act Now to Stop War and End Racism）であった。ANSWERは、2001年9月29日にワシントンでブッシュ政権の戦争計画に反対するデモ行進を呼びかけた。最初の集会では、参加者は比較的少なく1万人であった。その後、ANSWERはさらに大規模な集会をワシントンで2002年4月20日、同じく10月26日、そして2003年1月28日に開催したのである。それ以外のグループもこの後に行われる集会を共催していたが、たいていはANSWERがプログラムを取り仕切っていた。集会において演説者は、アフガニスタン戦争やイラク侵攻計画を非難したが、彼らはまた、「ムミア・アブ＝ジャマールのための自由」[訳注2]からパレスチナ人の人権の支援までにも及ぶ、他の様々な申し立てをも支援していたのである。私自身も含めて多くの運動家たちは、ブッシュ政権の政策への反対の中に数えられたいという欲求ゆえに、ANSWERの集会に参加したが、ANSWERの派閥主義のせいで興味を失っていったのである。様々な運動を経験している運動家のトッド・ギットリンは2002年10月の『マザー・ジョーンズ』誌にコメントを寄せ、それまでの反戦運動における「古い左翼」のやり方を公然と非難し、ブッシュ政権の政策に反対する「大規模で、すべての人に開かれた大衆的な運動」を呼びかけたのである[30]。2002年10月の集会が行われている時に、「われわれは世界労働者党が嫌いである」「彼らは街の中でお決まりのゲームをしているだけである」と、ピッツバーグに本拠地を置くトマス・マートン・センター（Thomas Merton Center）[訳注3]のある運動家が発言したのである[31]。われわれの多くは新しいゲームを見たがっており、そして今まで以上に多様で幅広い基盤をもつ反戦運動を切に願っていたのである。

　4月20日のANSWER主催のワシントンでの集会が行われる前日、宗教

第12章　もう一つのスーパーパワー——グローバルなイラク反戦平和運動

団体と平和団体の20以上の代表者が、戦争の脅威について話し合うための会合を開いた。私はこの会合を組織するために奔走し、「新しい道を求める女性運動」(Women's Action for New Directions: WAND) の代表指導者であるスーザン・シェアーがこの会合の議長を務めた。われわれは実現可能な多くの行動戦略について議論したが、結論には至らず、新しい連合を結成しようと試みることはなかったのである。後に運動家の中には、なぜわれわれはもっと断固とした態度を取れなかったのかと疑問を呈する者もいた。もしもその時、われわれが新しい連合の結成を呼びかけていたら、おそらく反戦運動はすぐにでも具現化し、実際に戦争を防ぐ大きな機会をもてたかもしれない。しかし、その時点では、いつ戦争が始まるのか、また戦争は本当に始まるのかどうかを予測するのが難しかったのである。ブッシュ政権は単にサダム・フセインに圧力をかけるために脅威を用い、かつ威圧的な外交を行おうとしただけであり、またアメリカ政府は本当にイラクに侵攻するつもりではなかったと、依然として多くの人々は信じていたし、あるいはおそらくみずからをこうした考えで納得させようとしていた。私は逆に、ブッシュ政権は商業的利益を重要視し、戦争に確実に向かっていると確信していたが、たいていの場合この話を他の人が聞き入れてくれることはなかった。のちに到来する切迫感は、未だ現れていなかったのである。

3．議会の凋落

　当初の反戦の戦略会議の時期に、連邦議会での投票を請願することで戦争への進展を妨げるか遅らせることができるかもしれないと、何人かの人々は提案していた。この、今思い返してみれば世間知らずな憶測は、このような明らかに不正な攻撃に対して連邦議員が反対してくれるであろうと期待するものであった。他の活動家たちが警告したように、自分たちの願望には慎重であるべきであった。大統領の戦争権限に挑戦したり、軍事行動を進める方針に立ち向かうために、連邦議会に頼ってはいけない。連邦議会というところは、ただ単に大統領がやりたいことをオウム返しに宣言し、大統領の欲しいものなら何でも与えるところなのかもしれないのだ。こうした連邦議会への悲観的評価は、アメリカ合衆国史の的確な解釈が根

拠となっている。かなり前に連邦議会は、宣戦布告に関する憲法上の権限を放棄していたのである。ここ数十年間、行政府が軍隊を海外で運用し、戦争遂行のために従来にないほどの強権を集中させた時に、立法府を構成する連邦議員が行うことといえば、その道をふさぐことなく自ら脇によけるか、積極的に喝采を送るかであった。1964年に議会は、大統領にインドシナでの戦争遂行に対して事実上無制限の権限を与えるために、アメリカ海軍に対する捏造された攻撃に基づいて、悪名高き「トンキン湾事件に対する決議」を可決した。イラクに対しては、連邦議会は特に好戦的であった。1998年に連邦議会は、サダム・フセインを政権から引きずり下ろすための取り組みを支援するアメリカ合衆国の政策が存在することを強く主張するために、いわゆる「イラク解放法」を承認した。同年、連邦議会は、国連への義務をも伴わせて「イラクを服従させるための……適切な行動」をとることを、大統領に強く促したのであった[32]。

　ホワイトハウスが2002年の8月と9月に戦争へむけて、公にキャンペーンを始めた時、行政府はまず、イラク侵攻に対する議会の承認は必要ないと主張した。ホワイトハウスの法律家たちは、大統領が連邦議会や国連からこれ以上のいかなる承認を得なくとも戦争を遂行できるとした法律の草案を作成した[33]。議会の指導者たちはこれには反対した。民主党議員たちと同様に共和党議員たちもまた、ブッシュが今後予期される結末について十分に考慮せずに、また同盟国との十分な協議も行わないままに、国を戦争に導くことに対する懸念を表明した。9月の早い段階でホワイトハウスはこれらの懸念を容れ、議会の承認を求めることを宣言したのである。このことによって、民主党議員と一部の共和党議員の穏健派らが、大統領の戦争遂行権限に制限を設けようと試みた激しい政治的操作の時代の幕開けとなった。上院外交委員会の指導的立場にあったジョセフ・バイデン上院議員（民主党・デラウェア州）とリチャード・ルーガー上院議員（共和党・インディアナ州）は、イラクの大量破壊兵器を除去するという目的に限って軍事力の行使が可能であるとする法案を提出した。

　彼らの法案は、武力行使前に国連安全保障理事会の承認を得ることを大統領に要請するものであり、あるいは安全保障への脅威があまりに深刻な場合には、国連決議なしに行動する必要があるという議決をなすことを要

第12章　もう一つのスーパーパワー——グローバルなイラク反戦平和運動

請するものであった。上院軍事委員会委員長のカール・レビン上院議員（民主党・ミシガン州）は、国連安保理による明白な承認がない状態での軍事行動を明確に禁止する法案を提出した。しかし、こうした大統領権限を制限しようとする取組みは、下院少数党院内総務のリチャード・ゲッパート（民主党・モンタナ州）が10月の早い段階でホワイトハウスとの交渉を打ち切ったことで切り崩されたのである。ブッシュ＝ゲッパート間の妥協案は、連邦議会とのさらなる話し合いを要請する隠蔽行為の提案や、外交がもはや機能しなくなったとの大統領の決断を要求するといった提案を示す一方で、その妥協は、軍事力行使に関する実質上無制限の権限を大統領に持たせてしまったのである[34]。ゲッパートの行動は、開戦への大統領の権限に制限を設けようとした民主的努力を切り崩してしまい、ホワイトハウスに政治的に大きな勝利を手渡してしまったのである。10月10日に連邦議会は、いわゆる「ブッシュ大統領のイラクに対する武力行使を容認する決議」を採択した。投票結果は、上院で賛成77－反対23、下院では賛成296－反対133であった[35]。

　反戦グループは、戦争決議に反対するための結集を試みた。MoveOnは8月に各地元選出の連邦議員と共に何百もの反戦集会を組織した。フレンズ国法委員会[訳注4]は、連邦議員たちに対してロビー活動をしたり、草の根の有権者たちによる圧力活動を組織したりするイラク作業部会を結成するために、イラク平和教育という組織や他のワシントンにあるグループらと連携した。連邦議員たちは相当数の有権者が戦争の見通しに不安を感じていると報告し、また武力行使に反対する有権者のメッセージは賛成の4倍にまで達したと報告した[36]。ワシントンでの大きなデモ活動は、連邦議会に圧力をかける効果があったかもしれないが、ANSWER主催の10月26日の集会は、連邦議会での評決があった2週間後であった。ホワイトハウスによる議会の承認の獲得の試みを阻止することに反戦運動が無能力であるということは、将来に向けて侵攻をやめさせたり、軍事行動の射程を制限したりする可能性に対して大打撃だった。当時の運動はいまだ連邦決議を阻止するだけの政治勢力の水準を形成するほど十分に大きくはなかったし、また組織化も不十分であった。

　予想通り、ほとんどの共和党議員は大統領の戦争権限に賛成票を投じた

が、多くの民主党議員も同じように賛成票を投じ、反戦運動家たちの落胆は計り知れないものがあった。例えば、マサチューセッツ州のジョン・ケリーやニューヨーク州のヒラリー・ロッドハム・クリントンといったかつての自由主義者でさえも、戦争に賛成票を投じたのである。彼らの選挙区の支持者が平和を求めて団結していた時に、これらの上院議員たちは自らの政治的口実で取り繕うために走り回っていた。ケリーは、戦争への明確な権限付与ではなく、単なる「不屈の外交」への支持であったと弁明することで、自らの投票行動を正当化しようとした。ケリーは1970年代前半の反戦ベトナム帰還兵会の議長であったのであり、こうした問題についてよりよく認識していたはずであった。この時のケリーの戦争賛成は、彼が2004年の大統領選挙に出馬した際に、彼を悩ませることとなった。彼を支持したはずの数多くのリベラルな民主党員が、戦争に一貫して反対したハワード・ディーンの支持に回ったのである。

　10月の戦争決議案に賛成票を投じた民主党議員たちは、カール・ローブ次席補佐官兼大統領上級顧問（大統領政策・戦略担当）によって仕掛けられた罠の餌食になったのである。2002年11月に行われた中間選挙のホワイトハウス陣営の戦略とは、戦時期の大統領を支持する有権者を結集する手段として、また国家安全保障問題における共和党へのより高い支持率を利用する手段として、イラク問題とテロの脅威に焦点を当てるというものであった。ホワイトハウスにとって戦争の論議は、共和党が政治的に脆弱な分野であった国内経済問題や企業の不正行為[訳注(5)]から有権者の目をそらすのにとても有効であった。民主党は選挙運動の早い段階で、戦争を選挙の争点から外すことで票を獲得することを期待した。その結果、国民の注目はブッシュが評判の悪い分野である国内政策に揺り戻っていったのである。ホワイトハウス陣営はこの民主党の勝ち目のない戦略をあっさり打ち負かし、共和党が中間選挙で上院の主導権を勝ち取ったのである。戦争という極めて重要な争点を脇に追いやってしまったことによって、民主党はその威信と政治的地位を失ったのである。

　連邦議会での戦争決議の投票は、アメリカの政治的営みの中に深刻な亀裂が存在することをあからさまに示したのである。民主・共和両党の白人男性議員は圧倒的に戦争支持の票を投じた。これに対して、アフリカ系ア

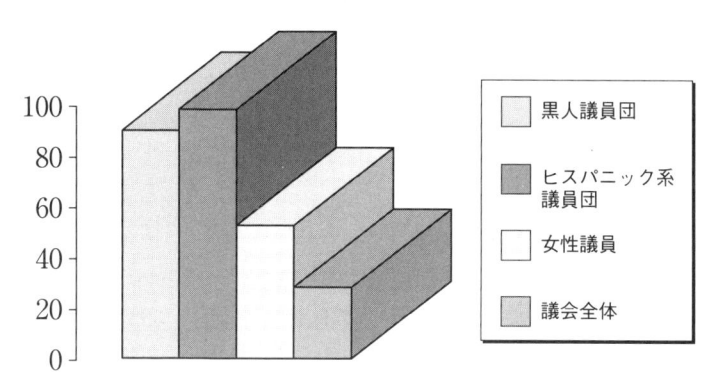

第12章　もう一つのスーパーパワー——グローバルなイラク反戦平和運動

2002年10月の対イラク武力行使容認決議の連邦議会における投票行動
（反対票の割合）[37]

メリカ人、ラテン系アメリカ人、そして女性議員は軍事力行使に反対票を投じたのである。また、連邦議会の黒人議員団で投票した33人中30人が反対票を投じた。ヒスパニック系議員団は投票した16人全員が反対した。上下両院の女性議員は投票した70人中38人が反対した。こうした連邦議会での投票結果は、一般住民の中でも黒人、ラテン系、女性の間に戦争に対する重大な懐疑が存在することを反映していたのである。

Ⅲ．平和と正義への団結

1．反戦運動の開始

　2002年の8月と9月に、ブッシュ政権が好戦的な意志を明らかにさせていくにつれて、さらに実効的な反戦への指導力を必要としていた。増加しつつあった多くの運動家は、イラク戦争へ反対するためのより幅広い国民的な行動を訴え始めた。この年の8月、『ザ・プログレッシブ』誌において、「愛国主義の波を乗っ取り」、戦争へのより広範な民衆による反対を構築することを可能にする本流になるような運動について論ずるために、私は「始まる前に戦争を止めろ」という論説を書いた。この年の夏に、何人かの平和と正義の活動経験者は、新しい連合を結成するという明確な目

標を持ちながら、一連の議論を始めた。この取組みにおける最重要人物の一人が、トランスアフリカ・フォーラム（TransAfrica Forum）訳注〔6〕会長（当時）のビル・フレッチャーであった。フレッチャーは労働運動歴25年のベテランであり、かつてのAFL-CIO（アメリカ労働総同盟産別組合会議）の教育局長であり議長補佐でもあった。統合された反戦連合を作り出す可能性について話し合うために、より広範な平和と正義の運動家たちと連携することを目的に、フレッチャーは、かつての平和運動組織の指導者であったヴァン・ゴッセと協力したのである(38)。当初、計画を立案したグループは、市民集会を呼びかけるために団結していった。2002年10月25日にANSWER主催の集会がワシントンで行われる前日、50以上の平和、宗教、社会正義の団体代表が、戦争の脅威について話し合うためにワシントンに集結した。その集会では、平和運動を通して広く尊敬されてきたベテランの運動指導者であるフレッチャーとレスリー・ケーガンが共同で議長を務めた(39)。その集会への参加者の幅の広さが、効果的な反戦連合が早急に求められているという広範な認識を反映していた。ケーガンはその契機と過程について次のように述べている。

> ブッシュ政権による戦争の推進ならびにそれへの反対の増大……は、多くの人々に、より広い範囲にまで及ぶような何かを結集させるよう試みるべきであると感じさせた。また、不満を持つことが最も明らかな人々だけを動員するのではなく、はるかに広範な勢力をも参加させてみようと思わせるようになった。そのため、かつての反戦、介入反対、核軍縮、全体的な外交政策に対する行動主義を通じて相互に知っている人々が、対話を始めたのである。まず10人から12人ほどのグループが10月前半にワシントンに集まり、10月25日に大きな集会を開くことで合意したのである(40)。

大きな集会の参加者には、以下のようなグループが含まれていた。すなわち、かつての反戦運動を導いた伝統的な平和運動グループがことごとく含まれていた（すなわち、ピース・アクション〔Peace Action〕、全米フレンズ奉仕委員会〔American Friends Service Committee〕、新しい道を求める女性運動

第12章 もう一つのスーパーパワー——グローバルなイラク反戦平和運動

〔Women's Action for New Directions：WAND〕、ソージャーナーズ、戦争に抵抗する者たちの連盟〔War Resisters League〕、友和会〔Fellowship of Reconciliation〕など)。さらにインターネットをベースとした新しいグループの代表も参加した(すなわち、MoveOn、アイスクリーム事業家のベン・コーヘンが創設した運動家ネットワークである真の多数派〔True Majority〕など)。グローバル・エクスチェンジ（Global Exchange）といったようなグローバルな正義を求めるグループ、そして大規模な支援団体（全米女性機構〔National Organization for Women：NOW〕、レインボー・プッシュ連合〔Rainbow/PUSH Coalition〕、共同体変革センター〔the Center for Community Change：CCC〕なども参加した。約90名の参加者ほぼ全員が、スピーチと広範囲にわたる問題と運動戦略について討論をする機会が与えられたため、集会は一日中続いた。セッションの終わりには、グローバル・エクスチェンジが作成した同名のウェブサイトから「平和への団結」(United for Peace）という名称を採用することで、新しい反戦連合を作ることに合意した。ケーガン、フレッチャー、そしてグローバル・エクスチェンジのアンドレア・ブッファは、新連合の議長になるよう要請を受け、また未解決のままになっていた過程と運動計画の詳細を解決するための暫定委員会の委員が選出された。

　運動を形成するために奮闘するにつれて、新連合は多角的な難問に直面することになった。すなわち、いよいよ差し迫ってきた戦争の脅威、財政的・組織的資源の欠如、組織の仕組みや戦略を決定する作業を複雑にしている非効率的な参加過程などである。連合の初期の決定の一つは、平和運動を人種的・経済的公正のための闘いにつなげたいという願いを反映したもので、「平和と正義への団結運動」という名称に変更することであった。最初の2ヶ月間は、連合はスタッフや事務所なしで活動をしていた。参加グループであったグローバル・エクスチェンジ、政策研究所、ピース・アクション、デモクラシー・ライジングなどが人員と資金を提供してくれる一方で、ケーガンは不可欠なコーディネーターとして無報酬で尽力してくれたのである[41]。最終的には、ニューヨーク健康介護団体である1199サービス従業員国際組合からの寄付で、事務所スペースは1月に確保できたのである。

第Ⅲ部　現代の平和の外交政策と平和運動について

「平和と正義への団結運動」は典型的な草の根運動家の連合であり、主たる活動戦略は抗議デモを組織することであった。連合の最初の運動は、12月10日の世界人権デーに合わせて行われた全米規模での地域的行動の呼びかけであった。実質的に勢いを増す反戦運動は各地方や各地域の新聞に取り上げられたこともあり、その日は全米で130以上のイベントが行われた。ミシガン大学では、デモの参加者たちが、大学を貫くメインの歩道に象徴的な墓地を作ったのである。ロードアイランド州のプロヴィデンスでは、100人の人々が連邦ビルのある都心でダイ・イン（死んだように横たわる抗議行為）をやってのけた。同様のデモはオークランドやサクラメントの連邦ビルでも行われた。ニューヨークにあるアメリカ国連代表部では、100名以上の抗議参加者が逮捕され、その中にはダニエル・エルスバーグ、ベン・コーヘン、そしてブルックリンの神の家協会のハーバート・ドートリー牧師が含まれていた。抗議活動そのものとしては大規模なものは一つもなかったが、このまとまって起きた地方での運動の最初のうねりが、新しい反戦連合にとっての重要な幕開けとなった。ケーガンによれば、12月10日の運動は大きな成功であり、そのことが「ブッシュ政権の行動に対する反対の声が本当に広がっていることを物語っていた」のであった[42]。

「平和と正義への団結運動」は全米規模の抗議デモについての選択肢を議論していた際に、国民の祝日であるマーティン・ルーサー・キングJr.牧師誕生日の週末だった2003年1月18日を候補として考えた。しかし、その日はANSWERがワシントンでの集会の許可をすでに得て結集を呼びかけていたことが明らかになった。そこで、ワシントンでのANSWERの集会と張り合おうとするよりもむしろ、「平和と正義への団結運動」は、2月15日にニューヨーク、2月16日にサンフランシスコでデモ活動を行うように呼びかけたのである。2月15日という日は、イタリアのフローレンスで2002年11月に行われたヨーロッパ社会フォーラム（Europe Social Forum）の運動家たちによって提案されたグローバルな反戦運動に合わせて選ばれたのであった[43]。真冬のニューヨークで大規模なデモを呼びかけるのは、実は危険であった。デモが成功するかどうかは誰もわからなかったからである。集会の組織化計画ですら、1月の第2週になってもまだ

第12章　もう一つのスーパーパワー——グローバルなイラク反戦平和運動

始まっていなかったほどである。結集への動員は、運動家が勧誘する伝統的な手法とインターネットの革新的な潜在能力を結合させたのであった。「平和と正義への団結運動」のウェブサイトの訪問数が、すぐさま一日で200万に達した時には、10万部以上のチラシがニューヨークや近隣の州で配布され、また複数の告知がインターネット経由で送られていた。「平和と正義への団結運動」のウェブサイトは、反戦運動や活動計画の提案、連絡先、最新ニュース、そして運動組織化のヒント集といった事柄を告知する中心的な掲示板となったのである。

　２月15日の活動は、ケーガンのようなベテランたちの数十年間の経験から恩恵を受け、またグローバリゼーションの挑戦と9.11への反応として登場した新しくて若い活動家たちの運動からエネルギーを引き出したのである(44)。世界中で計画された同様の集会の結集によって勢いを得て、その興奮とエネルギーがアメリカでの組織化への取組みを後押しした。ブッシュ政権が進める戦争政策に対して民衆の抱く恐怖が、アメリカ国内や世界中でピークに達したのが2003年２月15日であり、その日には歴史的な大規模デモが世界各地でもたれたのである。結果的にはタイミング的にも適切であったことが判明した。

　「平和と正義への団結運動」は、開戦の前後で抗議活動を組織し続けていた。そのうちの最も大きな抗議活動の一つが、３月22日にニューヨークで行われた。デモ活動は、数週間前には告知されていたが、実際に抗議活動が行われたのは戦争がちょうど開始された時であった。その日の群衆は２月15日の参加者数に匹敵していた。推定30万もの人々がブロードウェイ北34番街に流れ込み、ワシントン・スクエア・パークまで行進していった。ある時点では、行進全体の長さに渡って、群集が完全にブロードウェイを埋め尽くしたほどであった。それは、抗議活動の運営者ですら仰天するほどのたいへんな参加者数であった。ケーガンは「この人たちはみんなどこから来たのだろうか。私たちはそんなに素晴しい人間ではないのに」と考えたことを思い出した。彼女自身を含めた多くのニューヨークの住人にとって、デモは9.11ならびにブッシュ政権によるニューヨークの苦悩の巧みな操作への反発であった。「9.11を生き抜いた私たちにとって、それが小さなテロリスト集団によるものであるか、軍事介入という国家テ

ロによるものであるかにかかわらず、どんな類のものであろうと、恐怖が他人に降りかかるのを絶対に見たくないという感覚があった。」[45]

2．戦争なき勝利

「平和と正義への団結運動」の発足となった2002年10月25日のワシントンでの集会はまた、「戦争なき勝利への連合運動」（the Win Without War coalition）の結成に拍車をかけた。大きな集会に参加したわれわれのうちの何人かは、一日中行われるセッションでの退屈な過程と、焦点が欠落していることをもどかしく思っていたのである。そこでわれわれはその夜、近くの中華料理屋に集まって食事をとることにした。私は、無駄をなくして合理化された意思決定過程をもち、全米規模の複数の組織からなる一層組織的で集中的に機能する委員会を結成するという考えの輪郭を描いた文書を用意した。他のテーブルに着いた面々はフォース・フリーダム・フォーラムのアリステア・ミラー、WANDのスーザン・シェアー、MoveOnのエリ・パリサー、「真の多数派」のデュアン・ピーターソン、ワーキング・アセッツのメリッサ・ダーがいたが、みな同じようなことを考えており、われわれはそのような委員会の設立に向けて協力することで合意した。われわれの目標は、単なる伝統的な平和団体というのではなく、多くの有権者を運動組織に引きつけることが可能な連合を作り上げることであった。われわれは、迅速で効果的な意思決定過程を求めた。活動家による運動の政治的メッセージは、戦争をせずにサダム・フセインを封じ込め武装解除させることを強調すべきだということであった。われわれはまた、広く一般の聴衆に届くような公衆との効果的な関係とコミュニケーションを作り上げるためのキャンペーンの必要性を感じていた。それ以外では、全米キリスト教会協議会やソージャーナーズ、合同メソジスト教会、社会的責任を果たす医師団、シエラクラブ[訳注7]、全米女性機構、そして全米黒人地位向上協会などのグループがこれらの合意を基に集まることに同意した。結局、12月11日にワシントンでの記者会見で正式に発足した全米規模の新連合に、40もの組織が加わったのである。

新連合と反戦運動の発展は、2002年11月15日から17日の週末、ニューヨーク州北部に位置するアディロンダック山脈にあるブルーマウンテン保

第12章　もう一つのスーパーパワー——グローバルなイラク反戦平和運動

養センターでの、計画と戦略のための山ごもりから多大な恩恵を受けた。このセッションは、現れつつある運動への財政支援の組織化という不可欠な役割を果たした。これは保養センターの所長ハリエット・バーロウの主催で開かれた。このブルーマウンテンでの創造性豊かな自由な意見交換セッションの間に、「戦争なき勝利」という名称が選ばれたのである。参加者は、本格的で積極的な政治声明を打ち出した。それは、アメリカ合衆国と国際連合はイラクを武装解除し、積極的な兵器査察と継続的な封じ込めを通して、安全保障のレベルを高めることができるというものであった。多くの人々が、愛国的な反戦メッセージを伝えるために、洗練された大規模な広報活動の必要性を認めていた。参加者はまた、「戦争なき勝利」と「平和と正義への団結運動」の密接な協力関係の必要性についても認識していた。「平和と正義への団結運動」は草の根のデモ活動、「戦争なき勝利」はメディアによるコミュニケーションというように、二つの連合には力点の違いはあったものの、双方とも情報を共有したり、行動を調整・協調しようと腐心していたのである。

　実際には「平和と正義への団結運動」と「戦争なき勝利」との連携は限られたものであった。「平和と正義への団結運動」の内部では「戦争なき勝利」の発展に対して懸念が存在していた。ビル・フレッチャーは、運動家の中には同時進行している新連合の創設に「困惑する」者もいたと言及していた[46]。12月の「戦争なき勝利」の最初の集会では、グローバル・エクスチェンジの代表で「平和と正義への団結運動」の創設者でもあるメデア・ベンジャミンによって、新しいグループの必要性が疑問視された。全米キリスト教会協議会のボブ・エドガーは、今後連合は、より迅速で効果的な意思決定過程をもち、広報活動をより一層強調し、さらに戦争阻止に焦点を絞った入念な政治的アジェンダを持つとだろうと説明した。また、ピース・アクションの代表であるケビン・マーティンのような何人かの活動指導者たちは、運動が左派から中道まで広がることを可能にするため、二つの連合があることに価値を見出していた[47]。二つの連合は友好的な関係を維持していた。そして全米フレンズ奉仕委員会、ピース・アクション、グローバル・エクスチェンジやその他のグループは両方の連合に参加しており、何らかの重複が存在したのである。「平和と正義への団結運動」

は、草の根運動家たちの動員に焦点を合わせていた一方で、「戦争なき勝利」はインターネットによる組織運営とメディアによるコミュニケーションに力点を置いており、事実上の分業が展開していたのである。

　新しい「戦争なき勝利への団結運動」の最初の決定の一つは、効果的な指導力を発揮できる組織を創設することにあった。われわれは、スーザン・シェアーとボブ・イーガーの二人を全米共同議長として選出した。そしてリン・アースキンをキャンペーン・コーディネーターとして雇い、全米的な指導者と報道官になりうる人物を探し始めた。この時までには、戦争に対する社会全体の恐怖は急激に広がっており、われわれの運動を支援するための資金が続々と寄せられていた。われわれは、専門家を雇うための資金を持っているというとても稀で幸運な立場にあった。最初にわれわれが話を持ちかけたうちの一人が、かつて連邦議会議員であったトム・アンドリューズあった。アンドリューズは6年間にわたって下院議員であったのであり、メイン州一区から選出され、影響力のある下院軍事委員会の委員を務めた。彼は、平和と軍備管理の問題において輝かしい票を投じた経歴を持っていることで、連邦議会の中では最も影響力があり進歩的な指導者の一人として、名が知られており、敬意を払われていた。連邦議会に選出される以前、アンドリューズは、様々な理由からメイン州における地域のまとめ役であったし、また進歩的な指導者でもあった。議会での活動に続いて、アンドリューズはニュー・エコノミー・コミュニケーションズという彼独自のメディア支援会社を設立し、人権運動にも幅広く取組んでいた。戦争の脅威が不気味にも現れてくるにつれて、アンドリューズは、彼とオフィスの場所を共有していたフェントン・コミュニケーションズによって制作された反戦メディア・プロジェクトの顧問を務めた。アンドリューズは反戦の問題や主張に完璧なほど精通しており、そしてイラクの侵攻に関わる精神的打撃とアメリカ合衆国の将来の見通しに対する失望をわれわれと共有していたのである。彼は全米的な指導者になること、および連合の主任戦略家と報道官を務めることに同意してくれた。彼の幅広い政治経験と独創的な組織形成能力と演説能力は、運動にとって非常に大きな強みになった。彼は数多くの全米規模のトーク番組に出演し、論理明晰な反戦論者として全米メディアによって敬意を払われていた。いかなる人物

第12章　もう一つのスーパーパワー――グローバルなイラク反戦平和運動

よりも、アンドリューズは、全米メディアでの反戦運動の声となっていったのである。

　インターネットをベースにしたグループならびにロビー活動やキャンペーンを運営するための複数の有権者組織からなる膨大な構成員の諸ネットワークを動員していたために、実質上の組織運営は「戦争なき勝利への団結運動」の専門分野になっていった。中でも最も野心的な取り組みは、2003年2月26日のワシントンでの「バーチャル・マーチ」であった。その日、全米にわたって市民は、アメリカが戦争へと突き進むことに反対するために、地元選出の連邦議員に電話をしたり、FAXやEメールを送りつけたりした。アンドリューズは、連邦議会に焦点を合わせた政治的圧力を作動させるために、MoveOnや「真の多数派」、その他の草の根組織の力を利用する手段として、その計画を着想したのである。その目的は、連邦議会の特定の法案を支援することにあったのではなく、立法府がホワイトハウスに軍事的制限のための圧力をかけてもらいたいとの希望を抱きながら、反戦運動の勢力が組織されていることを実際に示すことであった。「戦争なき勝利への団結運動」は、教会のネットワーク、女性団体、大学キャンパスの自治会、環境保護活動家、広範な有権者たちを動員することによって、きわめて幅広い取組みを積み重ねてきた。2月26日には、キャピトル・ヒルの至る所で、電話やFAXは動かなくなってしまった。連邦議会議員は、その日の午後の早い段階までに何百、何千ものメッセージを受けたと報告した。正確なメッセージの数を集計することは不可能であったが、アンドリューズは100万以上の電話、FAX、Eメールによるメッセージが送られたと推計した。それはアメリカの政治史において、一日で最も大きなロビー活動のうちの一つであった。2月15日の大規模な路上でのデモ活動からわずか11日後に、このバーチャル・マーチは、巨大な規模での反戦運動をさらに示す証しとなった。

　イラク侵攻直前の最後の数週間で、「戦争なき勝利への団結運動」は、確実に迫りつつある軍事攻撃を阻止するための必死な試みの中で、驚異的なペースでの活動を維持した。MoveOnと「真の多数派」のネットワークの参加者の急速な増加を何よりも頼りにすることで、「戦争なき勝利」は国連安全保障理事会にアメリカとイギリスによる戦争容認の決議案の拒否

を強く訴える国際的な嘆願書の作成に着手した。その反応はたいへんなもので、MoveOnには最大数の嘆願が寄せられ、史上最も成功した大規模な嘆願の一つとなったことは疑う余地はなかった。数日で、100万以上の人々が安保理への嘆願書に署名をしたのである。3月10日、その嘆願書は「戦争なき勝利」とMoveOnの記者会見の席上、ニューヨークの国連代表団に手渡された。同時に「戦争なき勝利」連合は、続く週末の3月15日から16日まで、反戦の祈りを促す国際的な呼びかけを公表した。世界中の何千ものグループが、それぞれの地域でろうそくに灯をともし、反戦の祈りを捧げることを公表した。再びその反応は非常に大きいものであった。その週末には、100ヶ国以上で6000以上の反戦の祈りの催しが行われた。これは軍事行動開始前の最後の数時間の出来事であったが、再度世界は戦争に対してNOを訴えたのである。それは、それまでに組織された最も多種多様で広範な地域の平和運動の国際的なうねりであり、グローバルな反戦運動が空前の規模であることを強烈に示したもう一つの事例であった。

3．E－行動主義

「戦争なき勝利」と反戦運動一般における多くの成功の原因は、インターネットによる組織化の強い影響力と、MoveOnと「真の多数派」の果たした特定の役割に帰することができるだろう。インターネットは、1998年のビル・クリントン大統領弾劾の反対運動と、1999年に出現した広範なグローバルな正義運動における大規模な政治的動員の手段として登場した。ところが、インターネットを社会変革の組織化のために利用するすべての可能性が明らかになるのは、イラク戦争への反対運動という出来事を迎えてからであった。グローバルな正義運動は、世界中に分散した組織者のネットワーク間の伝達手段や連携手段、そして教育・啓蒙手段として、効果的にインターネットを使用した。これらの諸機能に、反戦運動家はインターネットによる動員という新しい要素をつけ加えたのである。その新しい要素とは、組織された「参加者」のネットワークの展開、連携した地方の活動を促進する「会合の手段」の創設、オンラインでの資金調達といった機能である。その結果は、意識の高揚と政治活動の動員という前例の

第12章　もう一つのスーパーパワー――グローバルなイラク反戦平和運動

ない効力として結実したのである。
　MoveOnはこのインターネット革命における先駆者であり、主導的な勢力でもあった。MoveOnはまた、「戦争なき勝利への団結運動」の中で最大のグループであり、最も広範な組織化とコミュニケーション活動の中軸として貢献した。2002年8月には、反戦運動が盛り上がりを見せるにつれて、MoveOnは、地元選出の連邦議員らに戦争に反対するよう強く訴えかける有権者の地方集会を何百も組織した。10月の連邦議会での投票に先立ち、MoveOnは何十万人もの署名がされた連邦議会提出用の反戦の請願書を行き渡らせた。採決のあと、その決議案に反対した23人の上院議員への賛辞の中で、MoveOnは「英雄たちへの報奨」運動を始めた。MoveOnは、反戦を訴える連邦議員の中で再選キャンペーンの展開が困難になった上院議員たち――その中の最重要人物はミネソタ州選出のポール・ウェルストーン上院議員であった――に、オンラインでの寄付を訴えた。この反響はたいへん大きく、オンラインでの資金調達の記録を打ち立てたのである。わずか数日で、MoveOnはウェルストーンの選挙運動への70万ドルを含む200万ドル以上を調達した。しかし、悲劇的なことに、ウェルストーン上院議員は二、三日後に飛行機墜落事故で亡くなってしまったのである。ウェルストーン議員の訃報は10月25日のワシントンでおこなわれた「平和と正義への団結」の結成集会の最中に届き、みなは衝撃で茫然と立ち尽くした。何人かは人目をはばからず涙を流し、集会はしばらく中断された。ウェルストーン議員を失ったことは、彼の信念に基づいた戦争反対票に勇気づけられ、そして彼の再選によって平和のために立ち上がることは優れた政治であるというメッセージを他の民主党議員に送ることができると希望していた多くの反戦運動家にとって、痛烈な打撃となった。
　2月15日の集会、ワシントンでの「バーチャル・マーチ」、安保理への嘆願書提出、2003年3月世界中で行われた反戦の祈り、これらを含む主要な反戦活動の支援を構築する際に、MoveOnは中心的役割を果たしたのである。これらの活動のすべては、彼らの自宅で仕事をするわずか7人の組織――強力なコンピュータと洗練されたソフトウェア・システムをもつが、事務所はなく従来のグループの会員による支援もないところ――から

生まれたものである⁽⁴⁸⁾。2003年3月の開戦へと至る6ヶ月の間に、MoveOnのオンライン・ネットワークの参加者は、アメリカ国内と国際の双方で、約70万人から200万人近くにまで跳ね上がったのである。「戦争なき勝利」は、組織との連絡窓口を設定し、またMoveOnを新規の氏名の蓄積場所として使用することによって、会員数の増大に貢献した。

　それ以外の電子ネットワークをベースにしたものも、反戦運動の間に驚くべき発展と行動を経験した。「真の多数派」は、2002年8月にベン・コーヘンによって、進歩的で、インターネットをベースにした運動家のネットワークとして設立された。反戦運動が登場するにつれて、「真の多数派」は急速に成長し、2002年末までには参加者は10万人に達し、1年後には35万人にまで達した⁽⁴⁹⁾。「賢明な優先事項のための経営指導者」(Business Leaders for Sensible Priorities) との連携を密接にするよう努めながら、「真の多数派」は、新しい支援者たちを引き寄せるのに役立つような大胆で視覚的に訴える新聞広告やインターネットのメッセージの作成を専門に行った。「真の多数派」はまた、全米キリスト教会協議会との連携も発展させ、同時に全米中の宗教指導者たちおよび信仰を基礎とした運動家たちを動員するのに貢献した。ワーキング・アセッツは、違った種類の電子運動家ネットワークを代表していた。ワーキング・アセッツは長距離、ワイアレス、そしてクレジットカード・サービスを提供する進歩的な遠距離通信会社として、1985年に設立され、数十万世帯の顧客・加入者ベースで発展を遂げたのである。ワーキング・アセッツは、平和、人権、平等、教育、環境問題に取り組む組織を支援するため収益金の一部を寄付し、長年に渡ってこれらの運動に3500万ドルを寄付したのである。ワーキング・アセッツはまた、加入者への月々の請求書に同封された書面を通して、顧客を進歩的活動に従事するように動員していった。反戦運動が展開するにしたがって、ワーキング・アセッツはごく自然にウェブをベースにした組織作りのツールに携わり、それを開発していった。イラク問題の論争の最中、ワーキング・アセッツはブッシュ政権の政策に反対する43万以上のオンラインでの行動、手紙、通話を引き出した。また、アメリカの反戦活動への取り組みやイラクでの人道的救援や民主主義構築の活動に46万5000ドル以上の資金を集めたのである⁽⁵⁰⁾。

第12章　もう一つのスーパーパワー──グローバルなイラク反戦平和運動

　インターネットによる組織作りが始まった時、何人かの疑い深い人たちは、コンピュータの画面に活動家たちを張りつかせてしまうツールの価値に疑問を呈していた。クリックすれば時には何百もの受信者にメッセージを送れるというその手軽さゆえに、取り組みの価値を安っぽくしてしまうように思われた。ロビイストたちの報告によれば、政治コミュニケーションの形態としての電子メールの影響力は、手紙、電話、個人訪問のような他のメッセージの影響力と比較して弱いとされていた。MoveOnとその他のインターネットベースの運動グループは、これらの限界を早い段階で認識しており、Eメール行動主義の衝撃を著しく拡大する動員方法を考案していた。一つの大きな革新は、地方で行われる諸集会の組織化と調整にインターネットを使用することであった。運動家は自らのコンピュータの画面を立ち上げ、それぞれの地域で他の運動家たちと接触できるような集会にするように奨励された。MoveOnは、エリ・パリサーが「箱の中の運動」（action in a box）と呼ぶ集会ツールを開発した。複数の運動がわかりやすく紹介され、応答者たちが、活動の開催地や行事の情報を提供する一連のプロンプトを通して、簡単に案内され得るようにプログラム化された。MoveOnからのEメールのメッセージは、運動への呼びかけを含んでおり、そして適当なアイコンをクリックすることで、呼びかけに応えた人は他の運動家と結ばれることができ、また様々な作業課題と自発的に取り組むことも可能になった。ここでの様々な作業課題とは、集会に参加したり連邦議会にEメールを送ることに始まり、集会を組織したり、公の場で演説を行ったり、メディアと接触するといった、より一層野心的な任務にいたるまで多岐にわたっている。ワーキング・アセッツは、加入者に地方の複数の活動に参加するためのオプションを提供する類似の集会編成ツールを開発した。場所と関心によってリストを分類することによって、インターネットによる運動組織者たちは、高度に特殊化された形態の運動を支援するために、それらの会員の情報を使用した。2002年8月にMoveOnによって組織された地方議会の事務所での集会の成功は、政治的ロビー活動の手段としてのインターネットの有効性を裏づけることになった。

　インターネットでのコミュニケーションを政治的な力に転換する上で同じく重要なことは、オンライン上での資金調達の開発とその利用であった。

ちょうどオンライン市場が商業経済においてますます重要になっていくにつれて、インターネット上での資金調達は、急速に社会運動、非営利集団、そして政治運動にとって必要不可欠な収入源となった。MoveOnが最初に反戦基金に着手した2002年10月の「英雄たちへの報奨」運動は、有料広告や広報活動への取り組みに資金提供を行うための一連の寄付への訴えに対して道を開くことになった。戦争直前の数ヶ月間でMoveOnは、新聞やテレビ広告、関連広報活動に100万ドル以上の資金を調達した。したがって、こうした活動は、広大なインターネットのネットワークを、反戦運動支援にとって決定的に重要な財源に変化させたのである。侵攻後、MoveOnは資金集めの原動力となり、大統領候補であったハワード・ディーンの最初の大統領選挙活動用の資金集めを焚きつけた。さらに戦争へと国を誤導しようとするブッシュ政権の策略を暴くための広告掲載と広報活動を支援するために、何百万ドルもの資金を生み出したのであった。

Ⅳ．おわりに

社会運動理論は、政治的影響を及ぼすための手段として資源動員の重要性を強調する。運動は、公式な有料会員のネットワークに依拠している複数の組織を社会変動へとつなげるものである。こうした構造が、持続する予測可能な収入源と行動主義を提供しているのである。伝統的な会員ネットワークはまた、組織の優先事項を決定したり、指導者を選出したりする際には、一定の役割を果たす個々の会員や支部を擁しているので、参加的な意思決定の機会を提供しているのである。MoveOnや「真の多数派」のインターネットをベースにしたネットワークは、堅苦しくなく、より緩やかな構造になっている。年会費や参加資格もなく、支部や支局もなく、固定化された組織的構造は本当に全く存在しないのである。MoveOnの「会員」は、特定のEメール活動の知らせに反応しようと動機づけられたと感じた場合にのみ、参加する。記者のアンドリュー・ボイドは、まさにこの方法は「許可を基盤とするインターネット文化と消費文化そのものを擁護している」[51]と書いている。パリサーはこれを「ポストモダン的組織編

成モデル」と表現したのである⁽⁵²⁾。

　この新しい組織化の形態は、従来型の社会変革モデルについて重要な疑問を提起している。マハトマ・ガンジーやキング牧師、そして他の偉大な非暴力指導者たちによって支持された古典的な理論によれば、政治的なインパクトは組織力の強さ次第であった。自身の幅広い組織運営の経験に基づいて、ソール・アリンスキーは、組織構築と政治的成果の達成との間にある不可欠の関連性を発見していた。アリンスキーは『急進派のためのルール』の中で「権力と組織は一つであり同じものである」[53]と書いている。また、『戦略的非暴力闘争』の中で、学者のピーター・アッカーマンとクリストファー・クルーグラーは、成功する社会運動の不可欠な要素として「効率的で闘う組織」の重要性を強調している[54]。MoveOnと他のインターネットをベースにしたグループは、このモデルを部分的にのみ踏襲しているといえよう。彼らは資金調達と運動の調整のためにネットワークを用意するが、長期間に及ぶ制度的な構造は作らない。これらのグループの会員らは、組織化された支部間のネットワークというよりも、むしろ原子化した諸個人で構成されている。草の根の意思決定の正式な手順もなければ、集団の方針への構造化されたフィードバックも存在しない。2003年6月にMoveOnは、どのような問題や価値を最も重要だととらえているかを調査するため、お互い同士電話でのインタビューを行うよう要請した。2万人近い会員がこれに参加し、1万ページの情報を作成した。こういった類の非公式投票の結果は、すべての優先事項を決定するのに役立ったが、実際のプログラムにおける決定は、少人数のMoveOnスタッフによって決定され、その後、ネットワークに伝えられた。やがてこの手法は「会員」から力を奪う効果を生み、参加を縮小させてしまうのかもしれない。参加と関心を維持させるためのシステムが開発されなければ、反戦運動で発生した巨大なネットワークは短命だと証明されてしまうかもしれない。このことは、必ずしも前述した新しい形態のグループが、形式張った制度を作ろうと試みなければならないということを意味するのではない。支部のネットワークと公式な会員制度を構築し維持するコストは膨大なものになりうるし、資源が他の優先事項のために枯渇してしまうかもしれない。制度の硬直化は、時に大組織を凋落させる可能性もある。したがって、より

よいモデルとは、既存の会員組織を強化するために膨大な会員の活用と資金調達の方法を発見しながら、インターネットベースの組織の自発性と柔軟性を失わないことにあるのかもしれない。

　反戦運動が行われている間、従来型の会員を基盤とした組織もまた、Eメールのネットワークを発展させ、自らの資金調達能力を強化した。宗教をベースにする組織であるソージャナーズは、新しく創設した『ソージョー』誌の購読者リストを2002年の夏の2万部から2003年の春に7万部へと拡大させた。ピース・アクション、「住むに値する世界のための協議会」、そしてその他の組織もメーリングリスト・サーバーを開発し、インターネットによる参加者の驚異的な増加を経験している。これらのグループすべてが、インターネットを政治的コミュニケーションと資金調達の手段として使用していた。電子技術による組織化の運用ならびに反戦運動の全般的な成長とは、たいていの既存の平和組織における相当数の会員増加につながった。WAND、ピース・アクション、「社会的責任を果たす医師団」の全てが、反戦運動の期間中に参加者数が20パーセント増えたと伝えている[55]。したがって、イラク反戦運動は、従来型の平和運動の複数のグループが、組織的にも財政的にも成長するための好機となったといえる。

＊編者注記

　本稿は、著者のディヴィッド・コートライト氏および出版元の「フォース・フリーダム・フォーラム」から許可を得て、以下の著者の英文著作を翻訳し出版したものである。コートライト氏と出版元団体に謝意を申し上げたい。David Cortright, *A Peaceful Superpower* (Goshen, Indiana: Fourth Freedom Forum, 2004), Introduction and Chs. 1-2.

〔注〕
(1) デモの参加者と反戦の催しの数の推計は、United for Peace and Justiceのウェブサイトの2003年2月15日 "The World Says No to War" ＜http://www.unitedforpeace.org/article.php?id=1153＞から引用したものである。サンフランシスコでは、警察と運動の主催者が20万人の群衆だったと推定したが、サ

ンフランシスコ・クロニクル紙の斬新な空中観測方式を利用した慎重な分析によると、群衆は約6万5000人であったという。San Francisco Chronicle, 21 February 2003, "Counting Crowds Using Aerial Photography to Estimate the Size of Sunday's Peace March in S.F." ＜http://sfgate.com/cgi-bin/article.cgi?f=/c/a/2003/02/21/MN20213.DTL＞を参照。抗議運動の新聞記事については以下を参照。Angelique Chrisafis et. al., "Threat of War: Millions Worldwide Rally for Peace," *Guardian* (London), 17 February 2003, 6; Glenn Frankel, "Millions Worldwide Protest Iraq War," *Washington Post*, 16 February, 2003, A1; Alan Lowell, "1.5 Million Demonstrators in Cities Across Europe Oppose a War in Iraq," *New York Times*, 16 February 2003, A20

(2) Barbara Epstein, "Notes on the Antiwar Movement," *Monthly Review* 55, no.3 (July-August 2003): 109.

(3) Epstein, "Notes on the Antiwar Movement."

(4) Mark Levine, "The Peace Movement Plans for the Future," *Middle East Report* (July 2003), ＜http://www.merip.org/mero/interventions/levine_interv.html＞.

(5) Stephen Gill, *Power and Resistance in the New Order* (London: Palgrave, 2003), 218.

(6) 以下のフォース・フリーダム・フォーラムとノートルダム大学ジョアン・B. クロック国際平和研究所の共同レポートを参照。*Sanctions, Inspections, and Containment: Viable Policy Options in Iraq*, Policy Brief F3 (Goshen, Ind.: Forth Freedom Forum, June 2002); *Winning Without War: Sensible Security Options for Dealing With Iraq*, Policy Brief F5 (Goshen, Ind.: Forth Freedom Forum, October 2002); *The Progress of UN Disarmament in Iraq: An Assessment Report*, Policy Brief F7 (Goshen, Ind.: Forth Freedom Forum, January 2003); Contested Case: Do the Facts Justify the Case for War in Iraq? Policy Brief F8 (Goshen, Ind.: Forth Freedom Forum, February 2003); *Grading Iraqi Compliance*, Policy Brief F10 (Goshen, Ind.: Forth Freedom Forum, March 2003); and *Unproven: The Controversy over Justifying War in Iraq*, Brief F12A (Goshen, Ind.: Forth Freedom Forum, June 2003), ＜http://www.forthfreedom.org＞.

(7) Rebecca Solnit, "Acts of Hope: Challenging Empire on the World Stage," *Orion* (20 May 2003), ＜http://www.oriononline.org/pages/oo/sidebars/Patriotism/

index_SolnitPR.html＞.
(8) Solnit, "Acts of Hope."
(9) Patrick E. Tyler, "Threats and Responses: News Analysis; A New Power in the Streets," *New York Times*, 17 February 2003 A1.
(10) Jonathan Schell, "The Other Superpower," *The Nation* (27 March 2003), ＜http://www.thenation.com/doc.mhtml?i=20030414&s=schell＞.
(11) Jeoffroy Nunberg, "As Google Goes, So Goes the Nation," *New York Times*, 18 May 2003, Section 4, 4.
(12) James F. Moore, "The Second Superpower Rears its Beautiful Head," Berkman Center for Internet and Society at Harvard Law School, 31 March 2003, ＜http://cyber.law.harverd.edu/people/jmoore/secondsuperpower.html＞.
(13) Jonathan Schell, "The Other Superpower," *The Nation* (27 March 2003), ＜http://www.thenation.com/doc/20030414/schell＞
(14) この文書の重要箇所はニューヨーク・タイムス紙やワシントン・ポスト紙に掲載された。以下を参照。Patrick E. Tyler, "U.S. Strategy Plan Calls for Insuring No Rivals Develop A One-Superpower World: Pentagon's Document Outlines Ways to Thwart Challenges to Primacy of America," *New York Times*, 8 March 1992, and Barton Gellman, "Keeping the U.S. First; Pentagon Would Preclude a Rival Superpower," *Washington Post*, 11 March 1992, A1.
(15) Joseph Cirincione, "Origins of Regime Change in Iraq," Carnegie Endowment for International Peace Proliferation Brief 6, no. 5 (2003), ＜http://www.carnegieendowment.org/publications/index.cfm?fa=view&id=1214&prog=zgp&proj=znpp＞.
(16) Steven R. Weisman, "A New Doctrine; Pre-emption: Idea With a Lineage Whose Time Has Come," *New York Times*, 23 March 2003, B1. ドナルド・ラムズフェルドによって配布され、ディック・チェイニー国防総省長官の署名が入った最初の草案の詳細に関しては、以下を参照。Patrick Tylar, "Pentagon Drops Goal Of Blocking New Superpowers," *New York Times*, 23 May 1993, A1.
(17) Project for a New American Century, "Letter to President Clinton on Iraq," 26 January 1998, ＜http://www.newamericancentury.org/iraqclintonletter.htm＞.
(18) Ron Suskind, *The Price of Loyalty: George W. Bush, the White House, and the Education of Paul O'Neill* (New York: Simon and Schuter, 2004). (武井楊

第12章　もう一つのスーパーパワー——グローバルなイラク反戦平和運動

一訳『忠誠の代償——ホワイトハウスの嘘と裏切り』、日本経済新聞社、2004年）

(19) Bob Woodward, *Bush at War*（New York: Simon and Schuter, 2002）, 99（伏見威蕃訳『ブッシュの戦争』、日本経済新聞社、2003年）.

(20) CBS, "Plans for Iraq Attack Began on 9/11," 5 September 2002, ＜http://www.cbsnews.com/stories/2002/09/04/september11/main520830.shtml?source=search_story＞.

(21) Bob Woodward, *Bush at War*, 49.

(22) Project for a New American Century, "Letter to President Bush," 20 September 2001, ＜http://www.newamericancentury.org/Bushletter.htm＞（2003年12月1日確認）。

(23) John B. Judis and Spencer Ackerman, "The Selling of the Iraq War: The First Casualty," *The New Republic*（30 June 2003）, ＜www.tnr.com/docprint.mhtml?I=20030630&s=ackermanjudis063003＞.

(24) ジャストレスポンス（justresponce.org）のウェブサイトを参照。＜http://www.justresponse.org＞。

(25) 筆者によるボブ・ウィングへのインタビューによる（2003年11月14日）。

(26) George Packer, "Smart-Mobbing the War," *New York Times Magazine*, 9 March 2003, 46.

(27) Packer, "Smart-Mobbing the War."

(28) 筆者によるレスリー・ケーガンへのインタビューによる（2003年8月26日）。

(29) トロツキスト社会主義労働者党はベトナム結集委員会のグループと張り合い、自ら独自の連合を組織して大集会を分断してしまったのである。ベトナム反戦運動から見た歴史的な見解は以下を参照。Tom Wells, *The War Within: America's Battle Over Vietnam*（Berkeley: University of California Press, 1994）and Charles DeBenedetti, *An American Ordeal: The Antiwar Movement of the Vietnam War*（Syracuse: Syracuse University Press, 1990）. 社会主義労働者党側の見解は次を参照。Fred Halstead, *Out Now: A Participant's Account of the Movement in the United States against the Vietnam War*（New York: Monad Press, 1978）.

(30) Todd Gitlin, "Who Will Lead?" *Mother Jones*（14 October 2002）,

〈http://www.motherjones.com/commentary/gitlin/2002/10/we_175_01.html〉.
(31) David Corn, "Behind the Placards: The Odd and Troubling Origins of Today's Antiwar Movement," *LA Weekly*, 1-7 November 2002.
(32) 1998年のイラク関連の連邦議会決議は以下の通り。Public Law 105-235, 105th Cong., 2d sess. (14 August 1998) [*Iraqi Liberation Act of 1998*] ; and Public Law 105-338, 105th Cong. Cong., 2d sess. (31 October 1998) [*Iraqi Breach of International Obligations*].
(33) Miles A. Pomper, "Bush Hopes to Avoid Battle with Congress over Iraq," *Congressional Quarterly Weekly* 60, no.33 (31 August 2002): 2252.
(34) Miles A. Pomper, "Senate Democrats in Disarray After Gephardt's Deal on Iraq," *Congressional Quarterly Weekly* 60, no.38 (5 October 2002): 2606-07.
(35) Jim VandeHei and Juliet Eliperin, "Congress Passes Iraq Resolution," *Washington Post*, 11 October 2002, A1.
(36) Andrew Taylor, "Though Neither Party is Crying 'Politics,' Election Year Puts War Vote on Fast Track," *Congressional Quarterly Weekly* 60, no.34 (7 September 2002): 2317; and Gebe Martinez, "Democratic Group Finds Tough Sell in Go-Slow Approach to War," *Congressional Quarterly Weekly* 60, no.37 (28 September 2002): 2500. 有権者からのメッセージ数の報告は、2003年12月22日にEメールによってリン・アースキンから筆者に渡されたものである。
(37) 議員団ごとでの反対票の割合は以下の通りである。黒人議員団：90％、ヒスパニック議員団：100％、女性議員：54％、議会全体では29％。これらの数字は、公的に入手可能な投票記録と連邦議会議員名簿を基礎にした集計による。
(38) ビル・フレッチャーへのインタビューによる（2003年12月16日）。
(39) Chris Hedges, "A Long-time Antiwar Activist, Escalating the Peace," *New York Times*, 4 February 2003, B2.
(40) レスリー・ケーガンへのインタビューによる（2003年8月26日）。
(41) Van Gosse, "February 15, 2003 in New York: A Preliminary Assessment," 17 February 2003, 〈http://www.yachana.org/haw/feb15van.html〉（訳者但書：原文には2003年11月21日アクセス確認とあるが、現在閲覧不可）。
(42) ケーガンへのインタビューによる。
(43) Mark Levine, "The Peace Movement Plans for the Future," *Middle East*

Report（July 2003），＜http://www.merip.org/mero/interventions/levine_interv.html＞．
（44）Gosse, "February 15, 2003 in New York."
（45）ケーガンへのインタビューによる。
（46）フレッチャーへのインタビューによる。
（47）ケビン・マーチンへのインタビューによる（2003年12月4日）。
（48）MoveOnの描写は次を参照。Michelle Goldberg, "MoveOn Moves Up," *Salon* (1 December 2003), ＜http://archive.salon.com/news/feature/2003/12/01/moveon/print.html＞．
（49）ギャリー・フレッドマンへのインタビューによる（2003年12月23日）。
（50）2003年12月23日にメリッサ・ダーからEメールによって筆者に送られたものである。
（51）Andrew Boyd, "The Web Rewires the Movement," *The Nation* 277, no.4 (4-11 August 2003): 14.
（52）Ibid.
（53）Saul Alinsky, *Rules for Radicals: A Practical Primer for Realistic Radicals* (New York: Vintage Books, 1971): 113.
（54）Peter Ackerman and Christopher Kruegler, *Strategic Nonviolent Conflict: The Dynamics of People Power in the 20th Century* (Westport, Conn.: Praeger, 1994): 26.
（55）2003年9月に行った筆者と3つの組織の指導者――スーザン・シェアー、ケビン・マーチン、そしてボブ・ムシル――との対談を基にしている。

〔訳注〕
〔1〕SANEとは1957年に結成された平和運動組織である。グループ名のSANEはエーリッヒ・フロムの『正気の社会』（Erich Fromm, *The Sane Society*, 1955.）からとったものである。
〔2〕1981年にアメリカのフィラデルフィアで巡査が殺害され、その現場で銃撃を受け倒れていたジャーナリストのムミア・アブ＝ジャマールが、現場に駆けつけた警官隊に瀕死の暴行を受けたあげく殺害容疑で逮捕され、その後死刑が確定した。しかし、人種差別的な裁判による不公正さが取りざたされ、さらに確定死刑囚となったムミアが無実である可能性を示す証拠も現れ、再審

請求が行われている。そういった一連の動きを支援する団体の一つである。
〔3〕トマス・マートン・センターとは、アメリカの神学者であり司祭であったトマス・マートンの名を冠した、平和と社会正義を推進する団体である。詳細は次を参照＜http://www.thomasmertoncenter.org/＞。
〔4〕フレンズ国法委員会とは、クェーカー系のロビー団体である。詳細は次を参照＜http://www.fcnl.org/index.htm＞。
〔5〕不正経理・不正取引が発覚して破綻したエネルギー取引会社エンロン、そして粉飾会計を行っていた通信会社ワールドコムのことである。特にエンロンは積極的に共和・民主両党へのロビー活動を行っていたが、なかでもブッシュ大統領やチェイニー副大統領とのつながりが有名であった。
〔6〕トランスアフリカ・フォーラムとは、ワシントンを拠点とする市民団体である。主にアフリカ系アメリカ人の人権運動や社会正義、アフリカに平等をもたらす外交政策を訴える活動をしている。詳細は次を参照＜http://www.transafricaforum.org/index.html＞。
〔7〕シエラクラブとは、1892年に設立された古くからあるアメリカの環境保護団体の一つである。1965年に、ウォルト・ディズニー社によるミネラルキング渓谷の開発計画に対して開発許可の無効性を求め、モートン内務長官（当時）を訴えた「シエラクラブ対モートン事件」は、「自然の権利」確立に向けての重要な出来事として知られている。詳細は次を参照＜http://www.sierraclub.org/＞。

あとがき

編者
千葉　眞

　　　　　　　　　　　　＊

　本書は、国際基督教大学21世紀COEプログラムの千葉眞グループが担当した課題の一つ「世界の平和主義の思想と運動の比較研究」の成果である。この課題を遂行するにあたり、2004年春からほぼ4年間にわたり、COE講演会シリーズ「9.11事件以降の平和運動と平和主義」というタイトルのもとで13回に及ぶ講演会、国際会議、セミナー、研究会、ワークショップを開催した。ここに収録した諸章の多くは、それらの機会に発表された報告が元になっている。本書の諸論考は、9.11事件以降の戦争と平和の問題について、さまざまな角度から考察、問題提起、議論を試みたものである。読者の皆さまにおかれては、これらの考察や議論や解釈に何らかの価値と意義と意味を見いだしてくださることを願ってやまない。

　上記のCOE講演会シリーズにおける四つの基調講演（それぞれ第1章の坂本論文、第2章のフォーク論文、第3章のガルトゥング第一論文、第10章のガルトゥング第二論文の元になった講演）については、それがなされた日付は各章本文のすぐ後に［編者注記］として記した通りである。また第11章のリード論文および第12章のコートライト論文についても、それぞれその元となった講演および由来に関して本文のすぐ後ろに［編者注記］として書いたので、それを参照していただきたい。その他、第4章のルイーズ論文、第5章の北村論文、第6章の片野論文は、2006年6月2日に開催された上記COE講演会シリーズの第5回セミナーにおいて発表された報告を元にして仕上げられたものである。さらに第7章の鈴木論文は、2007年6月2日にもたれた同シリーズ第10回セミナーにおける報告が元になっている。第8章の千葉論文と第9章のショーエンバウム論文は本書のための書き下ろしの論文である。

あとがき

＊＊

　二、三、私的な印象を記すことを許していただきたいと思う。本書の刊行についてとくに嬉しいのは、坂本義和、リチャード・フォーク、ヨハン・ガルトゥング、トマス・ショーエンバウムといった世界の国際政治学、国際法、平和研究などの学問分野を切り拓いてこられた研究者たちの基調講演や論考をこうした論文集の形で収録できたことである。現代の平和問題、平和主義、平和運動の意味と問題点などについて、これら世界の碩学と心ゆくまで議論し、多大の刺激と示唆を頂戴し、また数多くの学生、院生、若手研究者、熟年研究者を交えて意見交換ができたことは、これらの講演会やセミナーを開催したことの貴重な所産であった。複雑化した今日の戦争と平和の問題を考察していく上で、不可欠な知見や洞察の幾つかを共有できたことは、それ自体、意義ある学びであり、望外の喜びであった。それと同時に嬉しいことは、本書に幾人かの中堅および若手の研究者の論考を収録できたことである。その意味で本書の意義の一つは、世代を異にする研究者たちが力を合わせて遂行した「共同のプロジェクト」という意味合いを保持していることである。

　本書の上梓は、多くの方々の協力と努力とによって可能となった。まず、貴重な時間をさいて本書の諸論考を寄稿された著者たちのご厚意に対して、心からの感謝を申し上げたい。次に、元々英語で書かれた、難解な文章も散見される論文の翻訳と格闘してくださった翻訳者の皆さまのご労苦と訳業に対して、心よりのお礼を申し上げたい。また、ガルトゥング教授の二つの論考の訳文に関しては、自身、国際関係論のご専門である夫人の西村文子さんに、周到なご検討とご確認の骨の折れる作業をしていただいた。西村さんのご厚意に対して、ここに深甚なる謝意を申し上げたい。最後に、本書の刊行に際し、初めから終わりまで注意深く卓越した編集作業によってご尽力くださり、さまざまな局面でご高配を頂戴した風行社社長犬塚満氏に、厚く御礼を申し上げたい。

2008年1月7日

〔執筆者紹介〕

千葉　眞（国際基督教大学教授）……………………………はしがき、第8章、あとがき
坂本義和（東京大学名誉教授、国際基督教大学平和研究所顧問）………………第1章
リチャード・フォーク（プリンストン大学名誉教授、カリフォルニア大学サンタバー
　　バラ校教授）………………………………………………………………………第2章
ヨハン・ガルトゥング（TRANSCEND 創設者・共同代表）………第3章、第10章
レスター・エドウィン・J. ルイーズ（ニューヨーク神学大学学務副学長・教授）…第4章
北村　治（政治経済研究所研究員、関東学院大学非常勤講師）……………………第5章
片野淳彦（酪農学園大学非常勤講師）…………………………………………………第6章
鈴木規夫（愛知大学教授）………………………………………………………………第7章
トマス・ショーエンバウム（国際基督教大学大学院教授、ジョージ・ワシントン大学
　　客員研究教授）……………………………………………………………………第9章
T. V. リード（ワシントン州立大学アメリカ研究センター所長・教授）……………第11章
デイヴィッド・コートライト（ノートルダム大学クロック研究所研究員、フォース・
　　フリーダム・フォーラム会長）…………………………………………………第12章

〔翻訳者紹介〕

愛甲雄一（二松学舎大学非常勤講師）……………………………………第1章、第10章
小石川和永（デュケーン大学大学院博士課程）………………………………………第2章
野島大輔（立命館大学大学院博士課程、千里国際学園教員）………………………第3章
前田幸男（国際基督教大学社会科学研究所研究助手）…………………第4章、第11章
山中佳子（国際基督教大学国際関係学科副手）………………………………………第9章
高田明宜（国際基督教大学 COE リサーチ・アシスタント）………………………第12章

[ICU21世紀COEシリーズ　第9巻]
平和運動と平和主義の現在
2008年2月7日　初版第1刷発行

編　者　千葉　眞
発行者　犬塚　満
発行所　　株式会社　風行社
　　　　東京千代田区九段北1-8-2
　　　　Tel & Fax 03-3262-1663
　　　　振替 00190-1-5372527

印刷・製本　モリモト印刷株式会社
装　丁　狭山トオル

©2008 Shin Chiba　Printed in Japan
ISBN978-4-86258-013-9

「ICU21世紀COEシリーズ」刊行にあたって

＊＊＊

　9・11事件、アフガン戦争、イラク戦争を経て、21世紀初頭の世界は、「戦争と革命の世紀」であった20世紀の繰り返しであるかのような様相を呈し始めている。今日、戦争と平和の問題はますます複雑化の一途を辿っているようにみえる。こうした時代にあって「広域平和研究」は、その理論的および実践的必要性をさらに増し加えており、学術的にも政策的にも不可欠な課題となってきたことは自明であろう。複雑化した戦争と平和の問題は、学際的および多分野的アプローチによる分析と考察によってのみ十分な解明が可能となるであろう。

　国際基督教大学（ICU）は、2003年から2008年3月までの5年間、文部科学省の21世紀COEの拠点大学（学際・複合・新領域）として採択を受けた。その主題は「『平和・安全・共生』研究教育の形成と展開」というもので、常時、15〜21名程の事業推進担当者および30〜40名程の研究協力者を得て、大学院を中心としてその研究教育の課題を担ってきた。このCOEプログラムは大きく三つのプロジェクトに分かれている。それらは以下の通りである。プロジェクト1「平和・人権・ガヴァナンス」、プロジェクト2「安全・環境・サスティナビリティ」、プロジェクト3「共生・教育・ジェンダー」。われわれはこの学際的かつ多分野的アプローチを「広域平和研究」（comprehensive peace studies）と名づけた。

＊＊＊

　本COEプログラムの最終段階にあたる2006年後半から2008年にむけて、英語と日本語とによって25冊程（論文を除き著作だけをとってみても）の研究成果が刊行される予定である。そのなかでも特筆すべきは、風行社のご協力とご厚意を頂戴して、「ICU 21世紀COEシリーズ」（全9巻の予定）が出版されることになったことである。このことを心から感謝している。これらの著作のテーマはそれぞれ、前述のプロジェクトのどれか一つに帰属している。すなわち、平和のグランドセオリーの模索、近代化と寛容、心の安全空間の生成、共生型の教育と社会、共生型マネジメントの探求、分権・共生社会における森林政策、アジアにおけるジェンダー、東アジアにおける日本の戦争責任と平和構築、現代の平和運動と平和主義、と多様である。

＊＊＊

　これら一連の著作は、本COEプログラムが当初かかげた二重の課題のいずれか、つまり、（1）平和のグランドセオリーの模索、あるいは（2）「平和・安全・共生」にかかわる具体的政策の提言、と取り組んでいる。21世紀初頭の日本と東アジアと世界にあって、少しなりとも和解と平和をもたらすのに資するという喫緊の課題に、僅かでも学術的に寄与することができれば、私どもにとって望外の喜びである。

［ICU21世紀COEシリーズ］
（全9巻・A5判上製）

＊既刊

第1巻
植田隆子・町野朔編『平和のグランドセオリー 序説』
2100円

第2巻
村上陽一郎編『近代化と寛容』
2100円

第7巻
田中かず子編『アジアから視るジェンダー』
2415円

第9巻
千葉眞編『平和運動と平和主義の現在』
2835円

▽以後続刊（いずれも仮題）

第3巻
小谷英文編『ニューサイコセラピー
――グローバル社会における安全空間の創成』

第4巻
藤田英典編『共生の教育と社会――構成原理と実践課題』

第5巻
宮崎修行編『共生型マネジメントのために――環境影響評価の導入』

第6巻
西尾隆編『分権・共生社会の森林ガバナンス』

第8巻
笹川紀勝編『東アジアにおける戦争責任と平和構築』

2008年4月完結予定
＊価格は税（5％）込み